春秋

争霸300年

任超◎著

新世界出版社
NEW WORLD PRESS

图书在版编目（CIP）数据

春秋：争霸300年 / 任超著. -- 北京：新世界出版社，2022.10（2025.9重印）
ISBN 978-7-5104-7525-2

Ⅰ. ①春… Ⅱ. ①任… Ⅲ. ①中国历史－春秋时代－通俗读物 Ⅳ. ① K225.09

中国版本图书馆CIP数据核字（2022）第 168018 号

春秋：争霸300年

作　　者：任　超
责任编辑：丁　鼎
责任校对：宣　慧
责任印制：王宝根
出　　版：新世界出版社
网　　址：http://www.nwp.com.cn
社　　址：北京西城区百万庄大街 24 号（100037）
发 行 部：(010)6899 5968（电话） (010)6899 0635（电话）
总 编 室：(010)6899 5424（电话） (010)6832 6679（传真）
版 权 部：+8610 6899 6306（电话） nwpcd@sina.com（电邮）
印　　刷：三河市嘉科万达彩色印刷有限公司
经　　销：新华书店
开　　本：710mm × 1000mm　1/16　尺寸：170mm × 240mm
字　　数：370 千字　印张：22.5
版　　次：2022 年 10 月第 1 版　2025 年 9 月第 7 次印刷
书　　号：ISBN 978-7-5104-7525-2
定　　价：68.00 元

目 录

壹

父子仇杀

“狼来了”

历史是讲究传承的，所以，在讲春秋历史之前，我们必须先简单讲一下西周王朝。正是由于西周的灭亡，才造就了春秋缤纷绚烂的历史。

据《史记》载，西周灭亡的导火索，是一场名叫“烽火戏诸侯”的闹剧。西周末年，周幽王宠爱一个叫褒姒的妃子，这位妃子有点忧郁，难得一笑。周幽王为了让褒姒开怀大笑，竟听从了一个大臣的荒唐建议。

据说，当时为了防范北方的犬戎入侵，边境设置了烽火台，西周边军看到犬戎军队到来便会燃起烽火，以此传递信息，通知其他人早做准备。

周幽王与褒姒来到烽火台点燃烽火。诸侯收到信号，以为周天子被敌人攻击了，赶紧去救他。结果诸侯们赶到后，才发现敌情是假的，褒姒则被眼前的这一幕逗乐了。于是，周幽王反复玩了几回，褒姒也笑了几回。

周幽王玩到最后，玩砸了，当犬戎真来进攻了，周幽王再点燃烽火发出求救信号时，却没有诸侯来救，西周就此灭亡。

这么看，“烽火戏诸侯”的故事很像翻版的“狼来了”。但真考究起来，这则故事是假的。

首先，烽火报警系统要到秦汉时才有；其次，诸侯们需要同时赶到镐京，这一点更不可思议。在西周时期，单说崤山以东的诸侯，想要在这么短的时间内准备好物资、召集兵马赶去营救幽王，士兵的两条腿得有赛过高铁的速度才行，何况这还是反复进行了多次。

那么历史的真相是什么呢？

让我们从西周王朝的制度开始说起。

“西周股份制公司”

西周作为一个王朝，像极了现在的股份制公司。

为什么叫西周呢？是因为周朝都城一开始在丰镐，位于今西安市长安区。镐京作为办公地点与宿舍，丰京作为宗庙祭祀与园林所在地，丰镐周边区域叫王畿。两百多年后，由于周幽王管理不善，周王朝衰败。为了适应新的发展需求，周幽王的儿子周平王把国都迁到距丰镐很远的东方洛邑，即今洛阳市。为了便于区分，建都在丰镐的周朝称为西周，建都洛邑的周朝称为东周。

周天子是“西周股份制公司”的最大“股东”，同时还兼任“董事长”。周天子经常亲自领兵打仗，“礼乐征伐天子出”这句话可不是白说的。“公司”其他“小股东”是与周天子同姓姬的亲戚，以及具有同盟关系的小诸侯，他们的“参股”方式就是管理自己的领地与百姓。每个“公司”重要的工作任务就是“开拓市场”。

西周建立之前，东边有个强大的竞争对手，正是有着500多年历史的超级“老店”——商朝。

商朝国力雄厚，青铜业发达，同时又迷信鬼神。在祭祀品的加工技术方面，商朝堪称登峰造极。商朝用的祭品叫人牲，来源是奴隶和战俘。

商朝的继承制度是兄终弟及，兄弟一辈死光了，兄弟的孩子就来抢王位。商朝经常发生内乱，所以国都经常换地址，最后搬到殷这个地方，才算是稳定下来，所以后期商朝又称“殷商”。

西周的开国国君周武王在孟津举行诸侯会盟并积极谋划灭商。趁商王帝辛（就是我们常说的纣王）东征，老家空虚之时，周武王在吕尚（也就是《封神演义》里的姜子牙）的辅佐下，对商朝发起攻击。

牧野之战爆发，帝辛仓皇组织奴隶抵抗周军。奴隶们心想，即使打赢了周军，自己也有可能被殷商拿去作为人祭，还不如阵前倒戈。于是西周成功推翻了商朝统治，史称“周武革命”。

西周建立后，如何处置商朝丢下的广袤土地，是一个亟待解决的问题。当时天下土地很多都是无主地，需要开垦。于是，西周实行了分封制。

周天子把自己手下的小诸侯分封到天下各地建立各自的国家，也就是封土建国。同时，周天子也给诸侯制定了等级，也就是爵位，分别为公、侯、伯、子、男五级。这些诸侯国星罗棋布地分布在中原大地上，数量达71个之多。其中，有53个是天子的姬姓亲戚建立的。通过分封制，西周迅速扩大势力范围。

分封出去的诸侯照葫芦画瓢，对自己手下的卿大夫进行再次分封。分得土地的卿大夫有样学样，把自己的土地分封给家臣，也就是士。士只听命于卿大夫，不听命于国君。有了土地和家臣的卿大夫，随时可能干掉自己看不顺眼的国君。

不要以为这些土地是好占的，那里有被周人称作“野人”的当地土著民，有商朝残余反动势力，还有遍布各处的凶猛野生动物如大象、犀牛、老虎等。

被分封出去的诸侯，带着自己的人全副武装地来到封地。这些移民者每天白天拿着武器和生产工具出去抢地盘、搞生产，干得好的话晚上能活着回来，干得不好就被野兽吃了或者被当地人杀了。

那么，如何解决这些难题呢？

玩过即时战略游戏的人都知道，游戏开局会有一个基地，农民会在基地附近采集资源，让玩家可以开矿造兵。如果玩家打不过敌人，就可以往基地里跑。同理，西周武装移民也有自己的基地，叫作“国”，其实也就是一个个城市据点。

诸侯、贵族住在国里，随诸侯一起来的移民被称作国人。国外面的地区叫郊，是国人居住的地方，他们开荒种田，获取资源养活自己。其他无主地就是野人的地盘，又称野。如果国人遭到外敌攻击，就可以跑进国里躲一下。

西周的生产方式是井田制，就是把一块地分成类似九宫格一样的九块地。中间那块地就是公田，其余的是私田。无论是公田还是私田都是国有的，不能买卖。老百姓要在井田上集体劳作，耕种完私田，还要耕种公田，用于供养领主。

每个王朝都有自己独特的管理制度，西周的管理制度就是周礼。当时天下地广人稀，分封出去的诸侯群臣距离周天子很遥远，且那时没有现在的通信设备，更没有便捷的交通工具，天子与诸侯们很难见面，君臣双方的感情很容易败给距离与时间。而天子最担心的莫过于诸侯们跟自己的感情变淡，不理睬自己了。

为了让诸侯们即使不在天子身边，也能感受到自己作为周朝成员的光荣与责任，西周第二任天子周成王的叔父——摄政王周公旦，创建了周礼制度，将其作为人与人之间的行为规范。这是一套低成本的国家统治工具，但它的效率极高，影响了中国两千多年。

周礼内容无所不包，小到老百姓的婚丧嫁娶、衣食住行、休闲娱乐，大到国家的战争祭祀、礼仪外交。周礼与其说是制度，更不如说是文化。

其中，宗法制是周礼的重大创新，它解决了君王家里的财产继承问题。

古往今来，父母去世后，子女继承遗产时要先分家产，弄不好就会对簿公堂，吵得你死我活。可是无论如何，平民家庭分家产，每个子女或多或少都有一份。但这条约定俗成的规定用在天子家里可不行，因为天子家里最大的家产就是国土，如果几个王子分家产，这个国家就分裂了。

怎么解决这个问题呢？商人采用兄终弟及的方法，结果兄弟那辈死光了，兄弟的孩子就开始抢王位了。由此可见，商人的方法是有缺陷的。

周礼宗法制的核心是嫡长子继承制，就是大老婆生的大儿子作为法定继承人。继承王位的嫡长子，称为大宗；嫡长子的弟弟们分封出去，称为小宗。嫡长子继承制被众多王朝沿用了两千多年，这期间，它像一条高压线一样悬在各王朝头上。当然也有无数君主想逾越这一高压线，但逾越失败的就会被活活电死，比如我们下一节故事的主角周幽王，就是死于这条高压线。

一切为了真爱

公元前781年，西周第十二任君主周幽王姬宫涅端坐在大殿上，俯视着朝自己跪拜的诸侯大臣，心中甚是得意。周幽王的确有得意的资本，因为他的父亲周宣王姬静给他留下了大好河山。

说到这位周宣王姬静，他可是一点都不安静。他一生的主要精力基本都花在了征夷讨戎、开疆拓土上面，不是在征讨敌人的战斗中，就是在征讨敌人的路上。什么淮夷、徐方、猃允等，都被这位“蛮夷鬼见愁”打得落花流水。最为厉害的是，从不服管的“南方小霸王”楚国也被周宣王打服了。要知道，被周朝视为蛮荆的楚国，曾经可是把周宣王的老祖宗周昭王都打得落花流水，还令其命丧汉水。

周宣王一朝可以说是做到了“普天之下，莫非王土，率土之滨，莫非王臣”。但是连年征战，国疲民乏，东方诸侯也不断壮大。西周这个王朝虽然体量庞大，但只是虚胖，实则内部危机四伏。

面对这样的局面，周幽王理应休养生息、励精图治，听取各方意见。但实际上，周幽王凡事都要搞专制，一切必须按照自己性子来，不允许反对意见出现，这或许和周宣王年年对外打仗，疏于对儿子的管教有关。

奸臣虢石父很会迎合周幽王的脾气。如果要把周幽王比作一种动物，老虎是最适合的。虎毛要顺着摸，否则就会炸毛，而虢石父则是那位很会顺毛摸虎的人。

如果只是耍小性子的话倒也还好，毕竟周幽王还有父亲留下的两位重臣打理事务。这两位重臣是周幽王的叔叔郑桓公（周宣王同父异母的弟弟）和西虢国国君虢石父（西虢国国君历代辅佐周王室）。但是周幽王在位的第三年，遇到了一位改变他一生命运乃至西周国运的人，这个人就是褒姒，一位褒国献来的姑娘。

周幽王爱上了这个女人，而且从此对她倍加宠爱。很快，褒姒就为周幽王生了一个孩子，叫伯服，又称伯盘。爱情对于周幽王来说是那么迷人，令他深陷其中，不能自拔。周幽王有着美好又疯狂的梦想，一定要把心爱的人扶正为王后，并让她的孩子成为太子，给他们幸福。可是有两个难题摆在他面前。

第一个难题来源于个人。周幽王之前娶了正室妻子申后，但并不爱她。他看到申后就累，听到就烦，想到自己和申后还有一个儿子，更是懊恼不已。他之所以如此反感与申后的婚姻，是因为这是一场彻头彻尾的政治婚姻。而在这桩爱情买卖中，买方是周幽王的父亲周宣王，卖方是申后的父亲西申侯。

这场买卖属于卖方市场。按理说，把女儿嫁到天子家这么好的事，谁都想遇上，为什么到最后就成了卖方市场了呢？这得从周宣王在位的第三十九年说起。

周宣王这个“蛮夷鬼见愁”难得失手一次，在千亩与姜戎（西周少数民族，建立西申国）大战，结果把老本输了，引以为傲的南国之师彻底垮了。没人打仗，周宣王就成光杆司令了。打仗是既耗人力又耗国力的苦差事，但西申的威胁问题又必须解决，周宣王就想让儿子姬宫湦牺牲一次，用婚姻换和平。于是周幽王就娶了西申国公主，也就是申后。申后后来还生了周幽王的嫡长子宜臼，即日后的周平王。

按照周礼里的宗法制规定，嫡长子继承王位是立国根本，不可轻易废除。这让周幽王十分为难。

周幽王想让伯服继位的第二个难题则来源于国家。

周幽王继位的第二年，老天爷很不给面子，王室周边的泾水、渭水、洛水三川发生大规模地震，又大面积爆发旱灾，更要命的是，号称周朝祖上“龙兴之地”的岐山崩塌了。

此时太史伯阳父公开表示：“周朝要完了，最多撑十年，赶紧跑吧。”在这场天灾人祸中，贵族与老百姓争着往东边跑。就连郑桓公与虢石父都把自己的封国、子女、财产迁到东边，离王畿越远越好，自己在朝廷做“裸官”。他们想着，万一有啥不测，牺牲我一个，幸福全家人，结果后来他俩还真就牺牲了。

面对这两大难题，理智的君王是不会破坏这一政治婚姻的，毕竟现在国家不稳定，废长立幼一定会引起大臣和诸侯的反对。但是周幽王却有着倔强的性格，他偏要打碎禁锢在自己脖子上的这把枷锁，把申后与她的孩子宜臼赶回西申国。

就此，周幽王和申后的这场政治婚姻宣告失败，双方都是输家。

周幽王八年（公元前774年），周幽王终于如愿将褒姒立为王后，将伯服立为太子。

骊山之役

申侯看见女儿和外孙被赶了回来，很愤怒。毕竟当年周王室曾是西申的手下败将，现在周天子竟然欺负到自己头上了。

想挽回面子的申侯，干了一件能把幽王恶心死的惊天事——把自己的外孙宜臼立为天子。宜臼得到觊觎周天子领土的诸侯拥护，这让周幽王更加气愤：我还没死，你就敢僭越称王！

被惹怒的周幽王率兵围困西申，但申侯也不是吃素的，直接联合西周边上的犬戎来反攻周幽王。周幽王十一年（公元前771年），骊山脚下的戏水边上，周朝大军与申戎联军爆发决战。

周幽王这只大老虎被老丈人申侯打成了宠物猫，战争结果一边倒。披发左衽的申戎联军，疯狂屠戮着四散奔逃的西周军队。

乱军之中，盔明甲亮的周幽王站在指挥用的戎车上，拼命地敲着进军的金鼓，想挽回如同溃堤一样的战局。他一边敲一边喊：“不要跑，捡起你们的尊严，给我冲啊！”

可惜的是，鼓声越响，军队逃散得越快。唯一对周幽王不离不弃的是他的近卫虎贲军。虎贲军是西周军队里的精英，可他们虽骁勇善战，也已经死伤大半，面对铺天盖地杀来的申戎大军，只能是螳臂当车。

见大势已去，周幽王也不再敲鼓了，他无奈地站在戎车上，眼睁睁地看着敌军把自己团团围住。在不远处，郑桓公与虢石父躺在血泊之中，犬戎士兵正在割他俩的首级，好去申侯那儿领赏。周幽王明白，马上就该轮到自己了，申侯为了让外孙能名正言顺地称王，一定不会再让现在的天子活在世上。

周幽王转身望着身后的镐京，流下了两行泪水。那里有他心爱的女人和孩子，而他愧对这娘儿俩，自己原本想给他们一个幸福的家，结果却害了他们。申戎联军马上就会攻破镐京，这娘儿俩的结局可能比自己还惨。他更愧对列祖列宗，因为一个伟大的王朝即将葬送于他手中。

公元前771年，周幽王战死，西周灭亡，镐京被申戎联军所占。

公元前770年，周平王东迁，创建东周，春秋时代开始。

一天，周平王身边的大臣对他说："您父亲该有一个谥号。"周平王愣住了，在他的认知里，亲人只有母亲和外公，从来没有父亲这个角色。他只知道自己最大的仇人就是父亲，因为父亲抛弃了母亲和自己，并且一直想置自己于死地。

周平王对大臣说："请把谥法拿来，让我看看有哪些字。"周平王仔细地翻了半天，最后确定"幽"字。旁边的大臣大惊失色道："这可是恶谥啊！"周平王回应："他一意孤行，违反礼法纲常，残酷统治百姓，缺乏仁义，荒淫无道以致灭国，除了'幽'字，他还能谥什么？"

周幽王不光被儿子讨厌，就连爱憎分明的老百姓也唾弃他。到了秦汉时代，民间还编了"烽火戏诸侯"的故事来讽刺他。

周平王迁都洛邑后，周王室已经没有实力统治天下了，周平王及他的后世子孙一直宅在洛邑，而九鼎就成为"宅男"周天子手里最珍爱的大宝贝。周平王只想维持天子尊严，好好守住自己的一亩三分地。可是天不遂人愿，随后出现的一位诸侯直接把周天子的尊严踩在地上，这个人就是郑庄公。

贰

多行不义必自毙

少年老成

公元前757年，春秋时代第一位豪杰郑庄公出生了。

郑国与周王室是宗亲，郑庄公的爷爷郑桓公是周幽王的叔叔，父亲郑武公在周平王身边担任卿士，郑庄公与周平王是平辈。

这样含着金汤匙出生的孩子，本应在万般呵护下茁壮成长，但是郑庄公却没有得到应有的关爱，甚至受到了排挤，原因就是他那悲催的名。

古人的名字由姓、氏、名、字等组成。比如孔子，他就是姓子，氏孔，名丘，字仲尼。

古人生下来会先取名，名是父母长辈喊孩子用的。等人长到20岁时，就会取字并举行加冠礼，表示已经成人了。所以古人的字最重要，名就怎么方便怎么取。

而郑庄公的名取得太离谱了，叫寤（wù）生，字面意思是倒着生，这和难产是一个意思。这名从小就给他带来了很大的烦恼，而给他取这名的人正是他任性的亲妈——武姜。

武姜生郑庄公时难产。一般孩子出生是头先出来，而郑庄公胎位不正，是脚先出来的，这把武姜吓个半死。古代没有剖宫产这一技术，难产很容易引起胎儿窒息与产妇大出血死亡。但是郑庄公是个生命力顽强的小宝宝，最终还是平安地出生了。

本来大难不死必有后福，可武姜只觉得生这小子差点要了老娘的命，所以怎么看这孩子都不顺眼，于是给他取名叫“寤生”。作为父亲的郑武公看着任性的老婆给孩子乱取名，也实在管不了。因为武姜是他当年从申国迎娶的公主，武姜的父亲正是那位灭了西周的申侯。有这么彪悍的老丈人在，郑武公只能把武姜当姑奶奶供着。

当寤生小朋友还在为名烦恼时，一个不好的消息传来了——武姜生二胎啦，而且是顺产！这个二胎宝宝叫叔段，日后将成为寤生最大的政治敌人。

武姜对这个顺产的叔段十分溺爱，郑武公临死前，武姜软磨硬泡要他把小儿子叔段立为太子，但郑武公在死前硬气了一把，就是不答应。郑武公可是亲眼见证因废长立幼而引发西周灭亡的重大历史事件，父亲郑桓公也是因此丧命，所以他是不会让历史重演的。

公元前743年，14岁的姬寤生正式继位。现在的14岁少年可能才上初中，生理上刚刚步入青春期，而郑庄公少年老成，有着普通少年不具备的城府。面对母亲和叔段的强大势力，郑庄公清楚自己根基未稳，必须隐藏内心的想法，于是他在外人面前不动声色地展示出另一副面孔。

很快，考验郑庄公演技的时刻到了。

演员的自我修养

郑庄公刚刚继位，武姜就来找他。

武姜说："寤生，你都当了郑国的一把手了，不能把你亲弟弟叔段给忘了，你怎么也得给他块封地啊！我看'制'这块地不错，要不然你把这块地给你弟弟得了。"

郑庄公不傻，制地势险峻，易守难攻，一旦制地的割据势力造反，很难平定。

于是，郑庄公开始了他的表演。他语重心长地对母亲武姜说："亲爱的妈妈，制地那里风水不好，很久以前有个叫虢公的大人物就死在那里，那是凶宅。叔段还是小朋友，住凶宅对他身心发育不好，要么我把'京城'（这里的京城是地名，"京"表示大，不是首都的意思）封给他，那里环境幽雅，空气清新，适宜居住。"武姜表示很满意，安排叔段赶紧住过去。

叔段住到京城后，在母亲武姜的授意下，违反了祖宗制定的城市设计规划，拼命扩大城墙规模，疯狂盖"违章建筑"。一般人盖违章建筑都是偷偷摸摸的，生怕被举报，遭到处罚。而叔段的“违章建筑”盖得惊天动地，违建城墙的规模已经超过郑国首都。

郑庄公身边的大臣祭（zhài）足直接向郑庄公举报。郑庄公装作无奈地说：“这是我的母亲武姜要我做的，我是孝子，没办法啊！”祭足说：“武姜与叔段是永远不可能满足的。您现在不阻止，一旦他俩势力坐大，局势就很难控制了。”

此时，郑庄公说了一句震古烁今的实话：“多行不义必自毙，子姑待之。”祭足彻底被眼前这位少年君主震撼了，他这才知道原来这位少年心中正在下一盘大棋。

欲使其灭亡，必先使其疯狂。郑庄公为了满足母亲武姜的要求，将叔段封到京城，默许叔段坐大。郑庄公等待的就是叔段慢慢坐大，直到他坐实造反的罪名，自己则暗中积蓄实力，等武姜与叔段疯狂时，就可以名正言顺地以讨逆的名义，将他俩一举铲除。

这个少年郑庄公，有着远远超越自己年纪的政治智慧，他老练的演技和沉稳的态度迷惑了所有人，胸有激雷而面如平湖，可谓霸者。而在外人眼中，他只是一个孝顺母亲、不肯破坏家庭和睦的好孩子。

公元前722年，叔段终于造反。他主动攻击郑国首都，母亲武姜作为内应。苦苦等了20多年的郑庄公，终于盼来弟弟造反的这一天。现在的郑庄公也已经不再是少年，而是一位羽翼丰满的君主。郑庄公马上派了心腹大臣子封率领配有两百乘战车的讨逆大军，浩浩荡荡地迎战叔段。

叔段一败再败，如同落水狗一样，一路上被追着打，老巢京城也丢了。周历五月，叔段和他的残余势力在鄢这个地方被彻底打败。叔段被打成光杆司令，只能跑到共国保命，所以历史上又称叔段为共叔段。

既然叔段被赶跑了，郑庄公也没必要赶尽杀绝，毕竟他也不想把自己仁义的羽毛弄脏。

任性的武姜则被软禁在城颍。寤生这个孩子从来没有得到过母亲的爱，一直渴望母爱的他等来的只有母亲的杀机。郑庄公终于把埋藏在心里多年的话说了出来：“不到黄泉，咱娘儿俩不见面。”此时武姜才幡然醒悟，意识到自己这个母亲是彻头彻尾的失败者。自己的任性，最终导致兄弟阋墙、母子成仇、家庭破碎、国家内乱。软禁对于武姜来说，真是便宜她了。

不过，郑庄公虽然恨母亲，可他也爱惜自己仁义的羽毛，他希望自己是臣子眼中仁孝慈爱的君主和全国百姓眼中的好榜样。

他需要一个台阶下，而君主想要台阶下，马上就会有臣子来砌。

有一天，来自颍谷的护卫长官颍考叔与郑庄公一起聚餐，郑庄公赏给他肉汤喝，他却要打包带回去。郑庄公问他为什么，颍考叔回答："我母亲还没有喝过您赐的肉汤，我带回去给她喝。"郑庄公很感动，也想给自己母亲送汤，当一名孝子。

但是自己发过狠话，不能说话不算数啊！于是颍考叔从土木工程的角度，给出了一个完美的解决方案。这个方案就是向地下挖泉水，挖到的泉水就相当于黄泉。然后郑庄公在泉水旁挖一条隧道，母子俩地下见面，就不违反当初的誓言了！

郑庄公命人按照颍考叔的办法挖了一条隧道，并在此与母亲相见。郑庄公进入隧道后赋诗道："大隧之中，其乐也融融。"武姜与郑庄公走出隧道后，也赋诗道："大隧之外，其乐也泄泄。"

"掘地见母"是郑庄公与母亲武姜合演的一出家庭苦情戏。郑庄公因此得到了仁孝的美名，武姜也免于被终身囚禁的命运，同时，从这个故事中还产生了一个成语——其乐融融。

然而郑庄公再怎么演，也逃脱不了一位史官的法眼。此时，这位史官身在鲁国。

春秋大义

就在郑庄公平定叔段叛乱的这一年，鲁国新任国君隐公继位。鲁国一位不知姓名的史官把这一年的重大历史事件，按照年、季、月、日刻在竹简上。对于郑国内乱这件事，这位史官只写了一句话："夏五月，郑伯克段于鄢"。

“郑伯克段于鄢”短短六个字，字字珠玑，每个字蕴藏的信息量极大。

这句话的主语是“郑伯”而不是“郑国”或者“郑人”，表示这不是郑国的国家意志而是郑庄公个人的行为，是嘲讽他没有尽到教育好弟弟的责任，才导致了这场战争；用“克”字表示这和两国君主对战是一样的性质，不打死对方誓不罢休，说明这对兄弟毫无手足之情；叔段是郑庄公的弟弟，史官却没有写明这一点，而只简单地用一个“段”字来表述，表明叔段起兵造反，大逆不道，不是弟弟该有的行为。

在史官的笔下，没有绝对的好人，也没有绝对的坏人，只有秉笔直书和客观公正的记述。郑庄公精湛的演技早被史官一眼洞穿。在史官的刻刀下，郑庄公彻底被打回原形。在史官眼中，郑庄公虽然是个伟大的君主，但他仁孝的外表下有一颗残忍的心。

鲁国史官及他的后继者，把每年各国重要的事件认真地刻在竹简上。他们虽然不像君王大臣那样拥有财富与权力，但是他们有敏锐的洞察力和不畏强权的精神，他们敢于把自己对历史是非善恶的看法用刻刀刻在竹简上流传后世。这种记载持续了两百多年，后被孔子整理成册，成为后世学生学习的必备教科书——《春秋》。《春秋》记载的不光是历史，更是民族大义、国家大义。《春秋》那微言大义的文风，则被后世称为“春秋笔法”。

叁

争霸游戏

糟糕的地缘格局

作为一个具有宏图大志的君主，郑庄公在平定完国家内乱后，就想成就一番霸业，在这场只有诸侯才玩得起的争霸游戏中取得绝对胜利。而郑国在这场游戏的开局是比较糟糕的，准确地说，是地理位置非常糟糕。

如果把天下看作即时战略游戏里的一张地图，那么郑国恰恰就在游戏地图正中间。对于这么一个糟糕的地理位置，郑庄公也很无奈，因为爷爷郑桓公之所以会选在这里安家，是因为充分听取了太史伯阳父的建议。

周幽王在位的第八年，郑桓公到镐京担任司徒，管理地籍与户籍。郑桓公看自己的侄子周幽王烂泥扶不上墙，知道他迟早要垮台，而自己的封国（今陕西榆林附近）又靠近王畿，一旦城门失火，自己这条鱼也要玩完。如何将资产和家人平安转移，是郑桓公日夜思考的问题。

为了解决这一问题，郑桓公找了太史伯阳父咨询。太史伯阳父在周幽王上台两年时，就发表过著名言论，说周朝要完了。伯阳父到底是名人，被诅咒的周幽王并没有去抓他。

郑桓公想，找他应该不会错。于是，伯阳父放下自己记录历史的本职工作，客串了一把业余置业顾问。

伯阳父从历史、地理、养生、阴阳等多方面分析，为前来咨询的郑桓公精心挑选了一片土地。这片土地在济水、洛水、黄河、颍水一带，位于东虢国（今河南荥阳市汜水镇）与郐国（今河南郑州市西南）之间，也就是在如今的郑州市一带。伯阳父解释说：“东虢国与郐国君主昏庸无道，比较好拿地。以你郑桓公的身份过去，不用动手抢，两国肯定白送给你一大块地。”

郑桓公听完心想：“这个地方好啊！适合居住，又没有蛮族，治安环境要比镐京好，旁边的诸侯都比较弱；又是在黄河下游大平原上，交通方便，四季分明，气候宜人，土地肥沃。如果在这地方定居，子孙后代一定旺！”

随后伯阳父又多说了一句：“周王室衰败后，东边的齐、西边的秦、南边的楚、北边的晋会兴起。”这句话是伯阳父所有话里最有价值的一句。但郑桓公一心只想咨询新家位置，对方只要告诉自己明确地址就可以了，其他的话他哪还听得进去？

于是，郑桓公利用自己职务之便，以王室亲戚的身份火速抢下东虢国与郐国的十座城市，把自己的资产与子女迅速转移到那里。这下，只听上句没听下句的郑桓公算是彻底把子孙后代带进了沟里。

适宜居住的地方，未必适合发展。伯阳父选的地方虽说没啥蛮族，环境也不错，适宜居住，但是所在位置非常敏感。东周时期，如果把洛邑作为天下的政治中心，那么郑国就是天下的交通中心。郑桓公拿的那块地属于现在的河南省郑州市，如今郑州市是全中国铁路的心脏，横贯东西的陇海铁路与纵贯南北的京广铁路这两条铁路大动脉就在此交汇。所以说，谁控制郑州，谁就控制了中原，这句话不无道理。

郑国所处位置乃是兵家必争之地，而郑国四周又都是大平原，地缘政治格局极其糟糕。环绕在它四周的国家有东齐、西秦、南楚、北晋，并且这几个国家都不是善茬儿。

这四大国的位置，就在天下这张即时战略游戏地图的四个边上，他们一旦获得良好开局，就会去地图中间打野、升级、抢资源。春秋时期，这几个大国打仗时都要从郑国地盘上经过。

强人郑庄公以后的郑国历史，用一句话概括就是，要么跪下，要么挨揍。跪下是为了生存，只能向大国屈服；如果不想屈服，宁愿站着，那就只能被大国暴揍，死得更难堪。当年伯阳父明确预言周边几个大国会崛起，要怪只能怪郑桓公自己没把话听全。

郑庄公面对如此糟糕的争霸游戏开局，必须扩大自己的领土，获得较好的战略纵深，才有机会取得胜利。他开局有两个优势：一、父亲郑武公已经灭掉了东虢国、郐国、胡国，领土得到扩大；二、郑庄公时期，齐、秦、楚、晋四个大国虽然都有地理上的优势，但是都位于地图的角落，游戏才刚刚开局，他们还没实力往地图中间跑。郑庄公必须在这些大国坐大之前，在地图中间打出属于自己的一片天。为了头顶上的这片天，郑庄公制定了挟天子、打诸侯的方案，这样既稳定了中央，又能扩大自己的生存空间。

郑周交质

很多人认为“挟天子以令诸侯”是三国时曹操首创的，其实早在春秋时期，郑庄公就已经“挟天子”了。

后世挟天子的人，生怕被人视为乱臣贼子，表面功夫做得很足，一定要在别人面前表现出自己对天子的赤胆忠心。在面对傀儡天子时，他们该跪还是跪，该称臣还是称臣，顺带嫁个女儿给傀儡皇帝，拉近彼此之间的关系，以便利用天子这块大招牌，灭掉对手，树立自己的权威。

而我们的郑庄公，他的做法比较简单粗暴。他不是挟持天子，而是要挟。他不顾自己臣子的身份，采用黑社会惯用犯罪手段——绑票来要挟周天子，而人质就是周平王的太子狐，更搞笑的是，这人质还是周平王自己送来的。

绑票过程是这样的：

凭借外公势力杀死自己父亲夺得王位的这个做法，在周平王心里一直是个疙瘩。周平王最怕诸侯把自己晾一边，不和自己愉快地玩耍，为此，只好把自己手上的蛋糕分给他们来拉拢人心。郑武公与郑庄公父子二人都有雄才大略，先后在周平王身边担任卿士，相当于总管国家政事的执政官。郑国当时位于洛邑东面，在周平王默许下，抢地皮、促发展，拿到的蛋糕是相当多的。

周平王对郑庄公一家独大很是担忧，毕竟自己手上蛋糕就那么多，还要分给别的诸侯。为了破解这种局面，很多君主都会用一个小伎俩，就是找一个人来制衡你，给他和你差不多的职位，分你的权，在你们两人之间制造矛盾。当两人矛盾集中爆发时，都要跑去求助君主支持自己。这种场面是君主最喜欢看到的，因为君主要的不是你们有多能干，而是自己拥有最终的仲裁权。

周平王很快就找到了制衡郑庄公的合适人选，正是虢国国君虢公忌父。大家可能会惊讶，觉得周平王是不是脑子短路了，虢国可是周平王的死敌，他们曾支持周幽王，在周幽王死后还拥立周携王与周平王分庭抗礼。

然而周平王能在乱世中活下来并开创东周一朝，也绝非平庸之辈。周平王得位不正，以鲁国、虢国为代表的不少国家都不服他，周平王要的就是化敌为友。把曾经的反对势力拉入自己阵营中，这不仅可以获得更多支持，更能制衡郑庄公一家独大的局面，可谓一箭双雕。

周平王想到就做，立马把虢公忌父召入洛邑。但周平王也怕，如果强势的郑庄公知道自己在背地里偷偷摸摸地搞事情，绝不会善罢甘休，所以他只能偷偷地把一些权力分给虢公。

周平王偷偷摸摸的小动作，很快被嗅觉灵敏的郑庄公发现了。感觉受到欺骗的郑庄公恼羞成怒，立马找到周平王当面质问："你为什么背着我任用虢公，难道你不信任我了吗？既然你无情无义，那我就离开这里，回郑国去。"

周平王被彪悍的郑庄公吓得半死。周平王心里清楚，如果失去郑国的支持，自己也是一局死棋。他只能无奈地面对郑庄公，说了一句连自己都不相信的话："没有这回事！"周平王为了表示诚意，还把自己的嫡长子太子狐送给郑庄公当人质。

郑庄公差点没乐晕过去。国家送出去当人质的一般都是小老婆生的庶子，庶子那么多，多一个少一个没多大影响。但周平王送给郑庄公的人质竟然是嫡长子！周王室家里的嫡长子，就是未来的周天子，未来的周天子在郑国当人质！郑庄公心想，自己的地位得多崇高，周平王对自己得有多信任，哪个诸侯敢不服自己？

郑庄公为了表明自己与周平王心连心，也把自己的嫡长子公子忽送到洛邑做人质。但是郑国的嫡长子能和周王室的嫡长子比吗？

周平王与郑庄公将自己的嫡长子互做人质的历史事件，史称"周郑交质"。此事让郑庄公顿时光荣无比，也让周王室颜面扫地。

郑庄公摆平中央后，就要在周边众多地方势力中扩大自己的战略生存空间。

他采用远交近攻的战略，与东方较远的齐、鲁两国处好关系。毕竟郑国与齐、鲁两国隔得较远，没有较多的利益冲突，只要常聚个餐，搞个会盟，关系还是很好处的。而周边的都是与自己抢食吃的国家，郑庄公就把它们都打翻在地，势焰极盛。

中兴之梦

成周洛邑的周王宫内，重病缠身的周平王躺在床上，听着一位大夫向自己汇报工作。

这位大夫刚从宗周丰镐回来。他泪流满面地讲述他在丰镐看到的凄凉场景：丰镐那里没有人烟，有的只是满目衰败。曾经巍峨壮丽的宗庙宫殿已化为废墟，黍子与野高粱在瓦砾之中肆意生长，周围时不时传来野狐的哀鸣。

周平王听完汇报后长叹一声，自己的故国家园竟然沦为了动植物栖息地！他感慨万分，不禁潸然泪下。哀伤的周平王无法亲眼看见老家的场景，于是他请这位大夫将他在宗周看到的那些画面赋成诗，唱给自己听。

大夫沉思了片刻，决定将这首诗歌命名为《黍离》，吟唱出了传唱千古的黍离之悲。

彼黍离离，彼稷之苗。行迈靡靡，中心摇摇。知我者，谓我心忧，不知我者，谓我何求。悠悠苍天！此何人哉？

彼黍离离，彼稷之穗。行迈靡靡，中心如醉。知我者，谓我心忧，不知我者，谓我何求。悠悠苍天！此何人哉？

彼黍离离，彼稷之实。行迈靡靡，中心如噎。知我者，谓我心忧，不知我者，谓我何求。悠悠苍天！此何人哉？

周平王听完后，内心产生了强烈的激荡，这首诗的悲怆感深深地触动了他。

曾经的宗周，那里有自己的童真记忆，有自己的母亲，更有剪不断、理还乱的过去。如今，那些往事都随着自己这一代的离去而远去……

听大夫唱完《黍离》后没多久，公元前720年，周历三月二十四日，周平王逝世。同年，周桓王继位。

新继位的周桓王叫姬林，是周平王的孙子。有人会问，怎么是孙子继位，周平王的太子去哪了？答案是，周平王的两任太子都熬死了。

当太子有一种难言之隐叫作熬。古代太子是一个高危职业，有时候危险程度甚至不亚于君王。因为想当君王的人太多了，太子时时刻刻都要提防敌对势力的阴谋诡计，做任何事情都要小心翼翼，生怕被别人抓住把柄。太子这种高压的处境绝不是一般人能忍受的，很多太子在位期间都是度日如年。

然而这种痛苦如果明着说出来就是谋反，难道你想让父王早点死，自己早点继位吗？在太子中，结局圆满的，熬到父王去世，自己得以顺利继位；结局悲惨的，就是很有可能还没看见登基的曙光，自己就先被熬死了。周平王的两任太子就是这种结局。周平王这辈子虽然窝囊，但是在位时间很争气，长达51年！

周桓王的父亲太子姬泄父死得早，叔叔姬狐接任太子之位。原本当太子是好事，但姬狐却被送给郑庄公当人质。姬狐好不容易熬到周平王去世，自己被释放归国，却又死在登基前。王位如同击鼓传花，传到了太孙周桓王手中。他是个幸运儿，没有遇到任何政治斗争，就这样一帆风顺地继位了。

但有句话说得好："吃亏要趁早，一帆风顺不是好事。"

周桓王是一个有理想、有抱负、有行动力的好青年。他有一个伟大的梦想，就是在自己手上中兴周王室。他要改变爷爷窝囊的作风，他要主动出击，打出自己的天下，当一个真正的天子。

但是他前半生太顺，没有经历过政治斗争的磨炼，缺乏基本的判断力与社会经验。他这样的人接过王位很容易心高气傲，把很多问题想得太天真。而他即将面临的对手，都是修炼多年、比猴还精的超级人精！

想要在广阔天地大有作为的周桓王，继位时的人事班底少得可怜。能帮自己的只有两个人——周公黑肩、虢公忌父。

周公黑肩是周王室的宗亲，也姓姬。黑肩这个名取得和郑庄公寤生一样随意。估计是因为姬黑肩出生时，肩膀上有一大块黑色的胎记。古人的字是最重要的，尊称别人时都用字，名是长辈喊自己时用的，就可以随便起。春秋时代取的名绝对另类，比如鲁成公名叫黑肱，意思是黑色的胳膊；晋成公名叫黑臀，意思是黑色的屁股，这名取的，让长辈怎么叫？

周公黑肩虽然名字独特，但他是一个做事稳健的人，看问题也比较全面。但是作为宗室大臣，周公黑肩没有自己的封国和军队，只能算是一个智囊。

西虢国国君虢公忌父则有地盘有军队。西虢国在成周洛邑的西边，是周王室的西门户，而郑国在洛邑东边，是东门户，虢公一直是郑庄公的死对头。虢公是周平王后期扩大联盟范围、抑制郑庄公的重要棋子，一直被周王室重用。

郑国对洛邑的战略威胁极大。郑庄公在周桓王眼中是一个赖在自家门口要吃要喝的地痞无赖。周桓王刚继位的时候，郑庄公竟然指使手下大臣跑到天子地盘来割麦子，给天子下马威。周桓王卧榻之侧，岂容郑国酣睡？他只有把郑国这个头号敌人干掉，才能打开自己的中兴之路。

周桓王决定好好惩治郑庄公。

周桓王继位三年后，郑庄公第一次来洛邑朝见周桓王。周桓王内心想："我刚继位时，你不仅不来朝见我，还直接砸场子，派人跑到天子地盘上割麦子，光天化日抢夺王室财产。平时你郑庄公在天子家门口小偷小摸，大家毕竟都是王室宗亲，我睁一只眼闭一只眼也就算了。我现在都继位快三年了，你才来朝见我，这是什么意思啊？"

暴怒的周桓王火力全开，在公众场合处处给郑庄公难堪。郑庄公在洛邑被弄得灰头土脸，极其恼火。

毕竟是在天子脚下，满脸是灰的郑庄公在洛邑也不好发怒。自己的郑国虽强大，但现在还不是与周天子彻底翻脸的最佳时机。郑庄公心想："老子很生气，后果很严重。周桓王你给我等着。这次丢的脸，下次要你加倍偿还。"

周桓王与郑庄公的梁子这算是彻底结下了。

肆

礼乐征伐自诸侯出

战术革命

作为一个成熟的政治家，灰头土脸的郑庄公回到郑国后并没有继续生闷气。他心里清楚，自己与周桓王彻底撕破脸是迟早的事情，但在此之前自己还有很多事情要做。

首先要打造一支高素质、专业化的军队，这样自己在以后与周天子和诸侯的战争中才能更有胜算。

春秋时军队都是以战车为核心武器来实施战术的。一乘战车，连车带马算在内，长和宽分别达到3米。战马与车上的重要部位都有铠甲保护。战车既能像大象踩蚂蚁一样碾压步兵，也能发射弓箭进行远程射击，可以说战车就是春秋时的陆战之王。

春秋时，人们根据这个国家拥有多少乘战车来衡量它的军事实力。一个诸侯国要是想当老大，没有个几千乘战车，实在不好意思跟人打招呼。各诸侯为了自己的大国梦，起早贪黑地工作，省吃俭用地存钱，就是为了多攒些战车。如果一个诸侯国战车数量达到千乘，那么，恭喜你进入了大国俱乐部，可以不被人欺负，甚至可以欺负别人。如果一个诸侯国战车数量达到万乘，恭喜你，你将拥有“霸主”这一头衔，从此就可以称霸中原，号令诸侯，莫敢不从。

在西周与春秋时期，中原战场上到处撒欢跑的全是四匹马拉的驷马战车。驷马战车具有动力强、跑得快等优点，“驷马难追”这个成语就是这么来的。当时的驷马战车就像现在的超级跑车一样，既能飙车，又能彰显身份，是贵族们极其喜欢的大宝贝，绝对不是普通老百姓玩得起的。

战车主要由车厢、一根车轴、两个轮子组成。春秋时战车的制造者们为提高战车的战斗力，对车身进行大幅改进。他们增加了车轮的辐条，既提高了车辆的通行能力，也提高了载重性能。其中最大的改动是缩短车身两个轮子之间的距离，使转弯更加灵活轻便。

车身重要部件都由青铜制成，车身还有用于安插旗帜和武器的圆筒。为了冲击孱弱的步兵，很多战车在轮子上搞起了创意，在车轮中心安装矛、刀。车轮一旦高速转动，就会变成一把旋转的大镰刀，让步兵如同人肉庄稼一样被收割。

讲完战车构造，我们来说说战车上的战斗成员。

驷马战车上只载三个人，多了不好载，也没必要。三人分别叫“车御”“车左”“车右”，都是重甲士兵，从头到脚披着甲，非常酷炫。

春秋时贵族也要像现在学生一样学好相关课程，他们的课程分别是礼、乐、射、御、书、数。其中射（射箭）、御（驾车）是打仗用的，都是必考科目，“射御足力则贤”，只有通过这两门考试才算合格的贵族。考试成绩好的贵族可以当车御和车左；成绩不好但四肢发达的贵族也不要伤心，战车为他们保留了车右的位置。

车御就是在战车中间位置的“驾驶员”。驾车既是一门驾驶艺术，也是一门驯兽艺术。车御要在没有方向盘、换挡杆、油门、刹车的情况下，靠手上的六根缰绳，达到人马合一的境界。他需要控制四匹马同时完成前进、加速、减速、转弯、停车等高难度动作。只要其中一匹马不听话，“驾驶员”就无法掌控整个局面。

车左是战车的车长。他站在车的左侧，负责指挥全车，同时自己兼任弓箭手，对敌人进行远程火力打击。能在战车上指挥和射箭，一定是品学兼优的好贵族。

车右是勇士兼苦力。车右在战车右边，打仗时只要能拿动长杆武器，准确刺死对手就可以了。这个角色只需要力气大，不需要动脑子。

根据《五经正义》记载，驷马战车上三个人配备的武器叫车之五兵，分别是矛、戈、剑、盾、弓。我们可以将这五个兵器分成三类：矛、戈属于长杆兵器；剑、盾用于近身防御；弓用于远程火力输出。

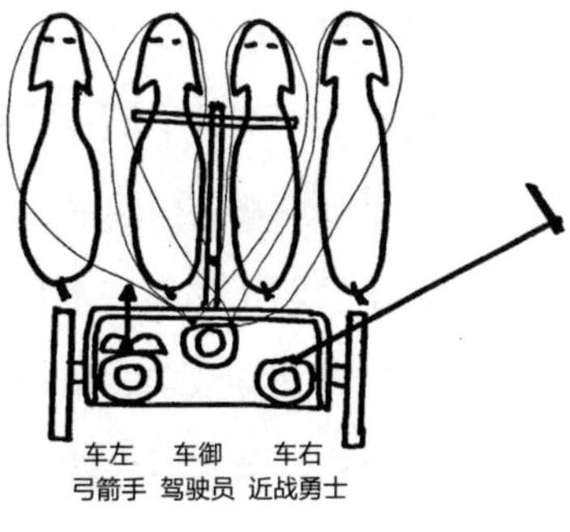

驷马战车

不要小看战车给车右配的长杆武器，矛、戈都长达3米，而且一辆车会配备好几根。在战场上，车右要挥舞那么长的武器去刺人，这绝不是一般人能做得到的。如果战车遇到泥地、障碍物等陷在里面跑不了了，力气最大的车右还要下去推车，客串一把苦力。

车战时，如果敌我双方战车距离较远，车左会射箭，进行远程火力打击。假如战车直着行进，车左射箭会误伤车前正在奔跑的马匹，所以战车会走S形，这样就能让车左具有良好的射界，可以进行精确射击。

但当两车靠近时，就要遵守“交规”了。

当你看到敌方战车开过来，马上要进行近战时，必须遵守战场上的“交通规则”，一定要靠左行驶、相互避让、错车格斗。如果你靠右行驶，就会被敌人甚至自己人痛骂，说你不懂规矩。因为两辆相对而行的战车不避让，会直接撞在一起，造成两败俱伤，而且战车上的车右也无法使用长杆武器刺杀对方。

春秋时，战车中有适合长途奔袭的“轻车”，相当于轻型坦克；有适合攻坚破阵、绞杀步兵的“冲车”，相当于重型坦克；有用于侦察敌情的“巢车”，相当于装甲侦察车；有用于装载粮草的“大车”，相当于军用大卡车；有用于作战指挥、车上装有金鼓的“戎车”，相当于装甲指挥车。

介绍完了战车，我们来讲讲以战车为核心的战术。

最具代表性的车战就是西周开国之战——牧野之战。当时军队打仗是将战车与步兵两线配置，阵线一字摊开。战车在前面冲，步兵跟在战车后面助攻。但是如果战车与步兵速度不协调，容易出现一个严重的问题：战车跑得快，跑着跑着就不见了；步兵跑得慢，跑着跑着就散了。这样极容易导致队形被打乱，从而被敌人包抄，聚歼散兵。

那时部队训练水平低，周武王的军队其实都是亲朋好友来作战，说好听点是打仗，说难听点就是打群架。谁先创造出新的战术，谁就能赢得战争。

周武王发明了先秦战术1.0版本，原则就是大家排好队，踢起正步一起走。自己部队方阵在接敌前，每走7步就要停下来整理队形。与敌人接触作战时，每进行4到7个击杀动作后，就要停下来整理队形。不能像打群架一样，敌我双方混在一起，打得你中有我，我中有你。

周武王用战术1.0版本对军队进行升级，升级后的军队在牧野之战中大胜商朝军队。这种战术如同万金油，一直从西周用到春秋早期。

其实，武王军队的训练水平，还不如现在大学生军训时踢正步、齐步走的水平，至少大学生踢正步不用走7步就整理队形。不过，虽然1.0版本战术呆板，前进速度慢，又需要经常整理队形，机动性差，但是只要队形不乱，参战的人越多，阵形的排面就越大，部队方阵可以像一台压路机，碾向任何没有良好组织纪律的敌人。

郑庄公一直想不到可以替代1.0版本的更好的战术。直到有一天，大臣子元请郑庄公来聚餐。

子元知道郑庄公爱吃鱼，特意让厨师做了好几种以鱼为主的菜，让郑庄公吃得很开心。席间，子元还为郑庄公吟唱了一首贵族流行歌曲《鱼丽》：

鱼丽于罶，鲿鲨。君子有酒，旨且多。
鱼丽于罶，鲂鳢。君子有酒，多且旨。
鱼丽于罶，鰋鲤。君子有酒，旨且有。
物其多矣，维其嘉矣！
物其旨矣，维其偕矣！
物其有矣，维其时矣！

歌词的意思是：鱼儿钻进竹篓里，是黄颊鱼。君子有美酒，酒多味道好。鱼儿钻进竹篓里，是鲂鱼和黑鱼。君子有美酒，酒多味道好。鱼儿钻进竹篓里，是鲇鱼。君子有美酒，酒多味道好。食物很丰盛，非常棒。食物很美味，品种很齐全。食物应有尽有，供应很及时。

听着子元的歌声，郑庄公突然灵光闪现，脑洞大开，发明了战术2.0版本。

过去战车与步兵两线配置，战车与步兵脱离，缺乏灵活性。每辆战车之间还有巨大的缝隙，得不到掩护。要想让战车发挥核心作用，就需要战车得到很好的保护，就像鱼篓里面的鱼，时时刻刻被鱼篓保护着。

如果把步兵分散在战车的左、右、后三个面，每个面安排一个“伍”，也就是五个人组成的最小步兵单位，那么战车向前冲时，步兵也能填补战车之间的缝隙，掩护好战车，这就提升了战术的灵活度。

战车三面的步兵像鱼篓一样保护着战车，这种以战车为核心、步兵在战车三面掩护的战术，就是著名的“鱼丽之阵”。

脑洞大开的郑庄公迅速与子元交流想法，得到子元的支持。吃完鱼后，两人火速用战术2.0版本对军队进行升级改造。升级后的军队，战斗力大大增强。

繻葛之战

完成军队的升级后，郑庄公看周围哪个国家不听话，上去就是一顿猛揍，还把周天子在鲁国祭祀泰山的地盘从鲁国手中换了过来。闻知此事的周桓王异常愤怒，直接提升郑庄公的死对头虢公为卿士，并把权力交给虢公。

郑国毕竟紧挨着周王室东面，郑庄公在周王室门口到处打架斗殴，分明没把周天子放在眼里。周桓王看着家门口躺着一地被打死打残的诸侯，内心不是个滋味，总觉得搞不好下一个躺地上的就是自己。

数年过去了，周桓王对郑庄公的恨越来越深。满怀中兴理想的周桓王心想，与其苟且偷生，不如一决雌雄，于是他火速罢免了郑庄公的卿士身份，并且联络各诸侯，准备一起攻打郑国。

理想很丰满，现实很骨感。周桓王万万没想到，下一个躺地上的还真是自己。

郑庄公也明白，撕破脸的时刻终于到来了，卿士身份不要也罢，反正也不能多长一斤肉。洛邑是不能再去了，去了估计回不来，还是赶紧整军备战，迎接周天子的联军吧。

公元前707年秋天，周桓王以郑庄公不来朝见为由，率领联军杀向郑国。

这是历史上最后一次“礼乐征伐自天子出”。但是这天子出得有点寒碜，能来帮忙的只有陈、蔡、卫三国，实力还都不怎么样。而且，这三国都是之前被郑庄公按在地上反复教训过的。与其说是天子带着联军征讨郑国，不如说是一个大受气包带着三个小受气包去讨公道。

但是一向具有“迷之自信”的周桓王相信，虽然我个人实力不如你郑庄公强大，但是我们联合起来就人多势众，一定能压倒你。

周天子率领的联军与郑国军队在繻葛（今河南长葛市北边）爆发了会战。

周桓王依然采用老祖宗1.0版本的战术，将战车与步兵两线配置。周王师作为主力，周桓王自己坐镇中军，他的左膀右臂担任战线两翼的指挥。蔡、卫两国组成的右军由新任的虢公林父指挥，陈国组成的左军由周公黑肩指挥。

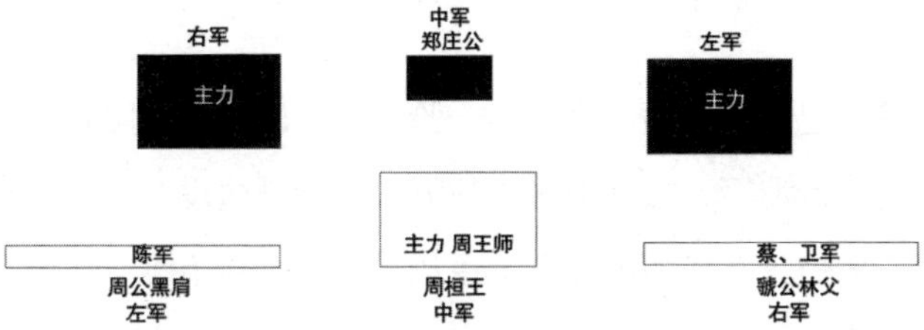

繻葛之战　周郑两军布阵图

这次周王室联军人多势众，阵线拉得长，而郑国军队人数没有联军多，阵线就没有联军长。看到此景，周桓王得意地想，只要自己阵形不乱，稳步压过去，让自己宽大的两翼把郑军包围起来，自己就能打赢这场仗！但幼稚的周桓王忽略了一点：虽然联军两翼宽大，但实力却不强！

郑军之中，大臣子元看见周王室联军阵线拉得那么长，己方两翼有被包抄的可能，于是急中生智，就此发明了战术3.0版本——侧翼击战术。

子元赶紧把自己的想法告诉郑庄公。子元说：“周军左翼陈国经历过内乱，毫无斗志，右翼蔡、卫两国实力薄弱。我们郑军应将兵力重点放置在战线两翼，用郑军两翼强大的兵力去打击周军孱弱的两翼。周军为了保持队形，行动迟缓，在我们击溃他们两翼前，周军中军很难迅速对两翼做出救援。”

郑庄公听完后，立马批准了子元的想法，马上对军队进行战术升级。之前郑军已经升级到2.0版本，能熟练操作鱼丽之阵系统。由于鱼丽之阵系统灵活性与兼容性好，军队阵形得到迅速调整，主力配置到阵线两翼，因此郑军的战术3.0

版本得以顺利升级完成。

不要小瞧这个侧翼击战术。在繻葛之战三百年后，古希腊爆发了著名的留克特拉战役。打遍希腊无敌手，终结雅典霸权的斯巴达，竟然被实力较弱的底比斯彻底打败。底比斯能取胜，就是因为在自己战线的一侧重点配置兵力。这种在战线一侧重点配置兵力的战术，国外叫作斜线战术，被西方军事史吹捧了两千年。其实，繻葛之战中，子元的侧翼击战术就是升级版的斜线战术——双斜线战术。

战斗开始了。郑庄公一挥大旗，郑军迅速杀入正在踢着正步缓缓前进的周王室联军中。3.0版本的郑军对1.0版本的周军，这是一个高维度军队在对低维度军队实施降维打击！很快周军两翼就崩溃了。两翼得手后，郑军主力又开始向周王室中军夹击。

周桓王看着自己的军队面临崩溃，一脸惊恐。周桓王想阻止如潮水般溃败的军队，他大声地呵斥溃军，拼命地敲击战鼓，可是身边没有一个人理他，所有人都在争相逃命。周桓王在华丽的战车上手舞足蹈，上蹿下跳，目标显眼的他很快就被郑军里的一个人盯上了。

这个人叫祝聃。他干了一件惊天动地的事——朝周桓王射了一箭！这一箭差点把周桓王杀死，也把郑庄公吓个半死。

祝聃射出的箭直接命中周桓王的肩膀，差点就射中脑袋。中箭的周桓王瞬间被箭头强大的力量击倒在战车上。命大的周桓王此时方知大势已去，再不跑路自己就要被郑军当肉馅包饺子了。他勉强站立在战车上，带伤指挥残兵败将赶紧撤退。

郑庄公看见周桓王被自己手下射中，也吓得半死，火速命令郑军停止追击。虽说他从来没把周天子放在眼里，但周天子毕竟名义上是天下共主。这场战争只要打赢就行，没必要置人于死地。如果真把周天子打死了，自己就是弑杀天子的大罪人，这罪名可大了！以后谁想打郑国，借口都不用编，直接用弑君之罪这根道义的大棒，就能把郑国打死。

造成如今这个局面，只能怪郑庄公战前思想工作没做好。闯了大祸的祝聃接着又展现出了他政治低能儿的一面，他主动向郑庄公请缨，要继续痛打落水狗周桓王，直到弄死他为止。郑庄公听完差点没把一口老血喷在祝聃的脸上，他大骂道："做人不能欺人太甚，你哪能杀死周天子呢！"如果傻乎乎的祝聃真杀死了周天子，郑庄公第一个宰的就是他。

郑庄公停止追击周桓王，既是为了周桓王的安全考虑，也是遵守当时交战的规则。那时的打仗很像一场讲究礼仪的体育比赛，打仗的主力队员都是贵族，还是很讲究贵族精神的，只要把对手打服，决出胜者，战争就结束了。双方打仗通常一天时间就打完了，胜利一方追击失败一方，一般也不会穷追猛打。毕竟王公贵族之间是通婚的，相互之间都是大表哥、大表弟，不能像老百姓一样打架下黑手。

郑庄公站在战车上目送溃散的周军向远处奔逃，内心十分忐忑。此时，他突然无比牵挂周桓王，希望周桓王只是受了点轻伤。如果周桓王重伤不治，自己的冤屈就是跳进黄河也洗不清了！

当晚，暖男郑庄公派心腹大臣祭仲带着丰厚的慰问品去看望周桓王。祭仲对周桓王嘘寒问暖，关爱备至。好在周桓王伤势不重，祭仲也替郑庄公放宽了心。

当着天子与众人的面，祭仲表示，郑国一直以来对周天子都是忠心耿耿的，这次打仗纯属误会，作为周王室宗亲的郑国，以后会始终拥戴周天子。

曾经自负无比的周桓王彻底被郑庄公打服了。周桓王心想，自己还是回到洛邑，好好地学习爷爷周平王，当一个好宅男吧。

祝聃朝周天子射出的一箭意义重大。自打周平王东迁后，天下大乱，一直没有出现能真正称霸中原、号令群雄的老大。而祝聃射出的一箭正式宣告：谁胳膊粗谁就是老大！

郑庄公在繻葛之战后已经是事实上的中原霸主，周边国家唯命是从。能力越大责任就越大，作为霸主的郑庄公还得义务为小弟们充当保护伞。齐国在繻葛之战后的第二年受到北戎侵略，眼看要撑不住了，郑庄公立马带上中原诸侯们去救援齐国，很快打败了北戎。

公元前701年，郑庄公举行诸侯会盟，齐、卫、宋国都来参加，一致推荐郑庄公为“伯主”，意思是天子任命的诸侯长，也就是霸主的意思。郑庄公正式成了中原老大，中原诸侯都紧密围绕在郑庄公周围。他们知道跟着郑庄公有肉吃，不听话的就要吃他的棒子。

郑庄公掀起了一个新时代的帷幕，这个新时代的主旋律就是礼乐征伐自诸侯出！众多诸侯都想代替周天子成为天下霸主，用自己的理想与武力，重新构建新的天下秩序。

月盈则亏，水满则溢。郑庄公会盟诸侯后不久就去世了，郑国陷入长达二十年的王位争夺战，君主走马灯似的换个不停。郑庄公的后继者们没有一个继承好了郑庄公传下来的家业。最终，郑国内乱结束时，家业也败光了，最后的胜者郑厉公（郑庄公次子）想再次振兴郑国，却没有时间去施展抱负了。

从郑庄公称霸到他死后内乱的这几十年间，天下这张即时战略游戏地图四个边上的几个大国一直在努力兼并，发展国力，没有掺和中原的烂局。而当郑国内乱结束时，他们也完成了自我壮大，开始向中原进发。

中原地区是天下的热门地段，那里历经夏、商、周三朝的开发，教育资源丰富，农业兴旺，交通发达，经济繁荣。中原聚集着众多诸侯，而且有好几个是经营了上百年的公爵级"老店"。虽然他们之间征战不休，但如果没有超强的实力，也根本不可能吃掉对方。即使郑庄公在中原不停地打这个打那个，也始终没有把宋、卫、曹、陈、蔡、许、鲁等国彻底吃掉。

地图的四个边上，是春秋时期农耕文明的边缘，那里不是荒郊野岭，就是有彪悍蛮夷。但是边缘地域有一个巨大的好处，就是好开发。地图四个边上的国家，主要对手就是周边的小国和落后的蛮夷，竞争激烈程度远不如中原，只要自己稳扎稳打，努力经营，成为一方霸主只是时间问题。

历经时间的磨炼，四大国从地图边上脱颖而出，成为春秋历史舞台上的"霸主"。这四大国分别是东齐、南楚、西秦、北晋。春秋四国争霸的故事就是围绕中原展开的。

跟后世那些霸主比起来，郑庄公只能算是小霸主，因为他的影响力也只限于中原地区，而后世霸主的影响力却是全天下！接下来，春秋五霸将会相继登场，他们分别是齐桓公、宋襄公、晋文公、秦穆公、楚庄王①，这五位将会各自演绎属于自己的传奇故事。

---

① 关于"春秋五霸"是谁有不同的说法，此种说法出自孔子删定的《春秋》。

伍

蛮夷的崛起

九头鸟

公元前710年的秋天，被中原霸主郑庄公震慑怕了的蔡桓侯，邀请郑庄公聚会。

聚会期间，不仅有美酒佳肴，更有婀娜多姿的侍女翩翩起舞。就在郑庄公喝酒观舞的兴头上，蔡桓侯毕恭毕敬地对郑庄公说：“大哥，问您件事。”

被搅兴的郑庄公不耐烦地说：“什么事？”

蔡桓侯认真地说：“大哥，您听说过楚国吗？”

郑庄公愣了一下，把目光从侍女身上收了回来。郑庄公抬起头来，认认真真想了半天，说：“我只记得我爷爷郑桓公提起过楚国。那是个南方国家，在遥远的长江、汉水边上。楚人都是未开化的蛮夷，说话很难听懂。但是楚国民风彪悍，经常惹是生非，搅得南境不得安宁。当年周王室为了平定楚国，周昭王御驾亲征，结果竟死在那里。最后还是我爷爷的哥哥周宣王把楚国打老实了。如今很多年都没有听说楚国的消息了！”

蔡桓侯说：“大哥，我这里有些南边逃过来的难民，他们说楚国现在在南边的势力可大了。”

郑庄公不屑地说：“楚国势力再大，能大到哪里去啊？江汉地区有周朝历代先王分封的众多姬姓诸侯国，他们实力都不弱。有江汉诸姬挡着，楚国难道还能跑到中原来？”

蔡桓侯看到郑庄公如此不屑，面露惊恐。他提高嗓门说道：“现在楚国的领地比我们中原几个国家加起来都要大！现在江汉诸姬被楚国像小鸡一样宰，已经宰得差不多了！万一有一天，楚国冲到中原来宰我们中原诸姬咋办？大哥，你姓姬，我也姓姬，大家都是亲戚，到时候你可不能不管啊！”

郑庄公听完后，顿时也非常惊恐。他实在想象不出来，一个国家的领地竟然能和中原一样大！

不过惊恐归惊恐，中原霸主的面子还是要撑的。郑庄公很快就又面露笑容，和蔼可亲地安慰蔡桓侯：“兄弟，没事。大哥我对天发誓，只要大哥我在一天，中原就没有人敢造次！就是我不在了，到时候还有我的儿子在。你就放一百二十个心吧！”

蔡桓侯听完后，放宽了心。

然而，誓言听听就好了。戏精郑庄公的话，更不能信。

郑庄公在中原不停折腾时，楚国在南边也一直没有闲着。二十多年后，作为“宰姬”专业户的楚国果真冲到了中原。蔡桓侯的继任者蔡哀侯被楚国当人质绑走了，郑庄公的儿子郑厉公则被楚国兵临城下！

下面我们来隆重介绍这个令人生畏的楚国。

东周时期，男人称氏不称姓，女人称姓不称氏。比如熊氏、吕氏的贵族男子称自己熊某某、吕某某，子姓、姜姓、嬴姓的贵族女子就称自己为某某子、某某姜、某某嬴。而楚国王室是芈（mǐ）姓，熊氏。

楚国的图腾很特别，是凤凰。中国历代王朝的图腾都是龙，很多皇帝生怕别人不知道自己是真龙天子，拼命往自己的袍子上绣龙，而楚国从一开始就不走寻常路。楚国在历史上一直不怎么理会周天子和中原诸侯，就是因为他们崇拜的是神鸟，跟中原那些崇拜龙的国家不是一路人。

楚人刚建国时，具备“草根”两大基本属性：一是穷，二是地位低。楚人是深居在荆山（今湖北省境内）一带的山民，远离中原核心文明区，贫穷落后，一直被中原地区看不起。由于楚国属于南边的蛮夷，连个爵位都没有，所以地位也极其低下。但山民的性格像大山一样粗犷豪迈，生存环境的艰苦，造就了他们精于算计的性格。

熊绎是楚国第一任国君，说白了就是山民代表。熊绎为了摆脱草根的命运，必须找一个能赏识自己的大靠山，对自己进行“天使投资”。正巧的是，天下共主周成王刚刚在周公旦的辅佐下平定了三监之乱。周成王为了更好地体现自己“武林盟主”的地位，向天下广发英雄帖，欢迎各路诸侯到岐阳（岐山的南面）

参加会盟。

熊绎听说后异常兴奋。他想，如果自己能见到周天子并得到周天子的赏识，那么升爵发财、分封小诸侯、出任大卿士、迎娶白富美、一步步走上人生巅峰，都是迟早的事。于是，山民代表熊绎带上仅有的土特产——滤酒用的苞茅，穿着自己民族的服装楚服，走出大山，奔向岐阳。

等待山民熊绎的岐阳会盟，是一场规模空前的大会议。主持人周成王和与会的天下诸侯共同制定天下新秩序，从此奠定了西周两百多年的天下格局。

熊绎跋山涉水，走了很久，终于来到岐阳。虽说旅途劳顿，但第一次走出大山的熊绎算是真正开了眼界。他第一次看见巍峨的宫殿、硕大的青铜器、威武的周王师。原来天下是如此广阔，自己是如此渺小。

到达岐阳后，熊绎想得到周天子的亲切接见。在他心中，这是一场平等的会晤，但实际上，山民代表熊绎滚烫的热脸即将贴上周成王冰冷的屁股。

大会期间，各个诸侯按照级别高低依次落座。而山民代表熊绎却发现自己没有地方坐，因为他没有爵位。没有爵位不要紧，反正会议事情多，很多地方需要帮忙，大会“组委会”给熊绎安排了一个光荣的差事——守燎。

守燎其实就是看守会场前的主火炬，该加柴时就加柴，别让火熄灭，就和现在奥运会场看管主火炬的工作人员一样。熊绎心想，虽然差事简单，但看管火炬光荣呀！

等到熊绎走到火炬旁时，才发现已经有一个人在那儿添柴加火了。那人和自己一样，也穿着不同于周人的服装。他看见熊绎就热情地向熊绎打招呼，而他也说着一口难听懂的“鸟语”。熊绎顿时明白了，原来守燎这事在周天子眼中，就是用来打发蛮夷的！

会盟结束后，会议“组委会”代表周成王颁给了熊绎一个小纪念品——子爵的爵位。子爵既不能当饭吃，也不能当工具使，和中原诸侯的爵位比起来，实在太寒碜了，无非就是周天子笼络蛮夷的小伎俩。

具有山民务实性格的熊绎对此表示不屑。

内心无比愤怒的熊绎只想找周天子好好聊聊，可是始终没有找到机会。会后，周成王率领诸侯在岐阳举行了“大蒐（sōu）礼（军事大演习）”。旌旗猎猎、战马嘶鸣，一眼望不到边的周王师如同潮水般地从观演的诸侯与蛮夷面前涌过。

周王师的军演是对天下诸侯与蛮夷的震慑。熊绎被彻底震撼了。他明白，在没有实力的前提下，提出任何要求，换来的都只会是被周天子暴揍一顿的下场。

熊绎回到老家后，内心极其矛盾。他既羡慕周朝的繁荣，又对周朝充满敌意。他心想：“今天你周王室对我爱搭不理，明天我让你周王室高攀不起！我熊绎要的不是子爵的虚衔，而是和你周天子一样大的领地，和你周天子一样强大的军队，和你周天子一样尊贵的地位……”

要提高国力，楚人就必须开采手上的资源。楚国手中的资源只有荆山，但是这荆山却不得了，山上拥有春秋时期最重要的战略资源——铜。那时，铜既可以做农具、日用品，也能做成武器，是一种重要的战略资源。

为了开采这一重要战略资源，首先要修路，有了路才能把铜运出去。熊绎扮演了“基建狂魔”的角色，他和山民一样穿着破烂的工作服，带领山民推着简陋的柴车，开辟山林道路。“筚路蓝缕”这个成语就是这么来的。

在熊绎的领导下，楚国铜矿业得到空前发展。无论是青铜的铸造工艺还是青铜器的产量，楚国都是远超北方诸侯的。

先秦时的铸铜业就如同现在的重工业。据现在考古发现，楚国境内的铜绿山，光先秦炼铜剩下的炉渣就有40万吨之巨，可见当时开采的规模之巨大。楚国有如此惊人的铜矿石供应量，就可以大量地铸造兵器与农具了。

不过，铜矿产业再怎么发展，也不能当饭吃。于是熊绎又在江汉平原上抓农业、促生产，拼命提高粮食产量。有一次，国家举行重要祭祀活动，需要用牛来当祭品。熊绎舍不得耕田的牛，就干出了一件让人瞠目结舌的事：让手下人去隔壁鄀国偷了一头牛回来。

只要能提高国家综合实力，无论多苦多累多卑鄙，熊绎都无怨无悔地去做。经过老熊家几代人的奋斗，楚国在南边迅速扩张。很久之后，周王室才反应过来，南境竟然出现了这么恐怖的家伙。

楚国人既聪明又狡猾，生命力像九头鸟一样顽强，经常在南境惹是生非。“天上九头鸟（楚国人崇拜的九凤神鸟），地上楚国佬”，楚人骨子里就自命不凡，就是不服周朝。

只要是姓姬的，就是楚国的敌人，楚国有事没事就要上去打一顿，能打死最好，打不死也要让周人不得安宁。楚人这个不服周的心理，深深融入了他们的基因里。现在湖北人在不服气、不甘心时，还会说一句话：“不服周！”

周王室对南蛮楚国十分头疼，为此在江汉地区分封了不少姬姓亲戚去那里当诸侯。说好听点是去当诸侯，说难听点就是去当肉墙挡着楚国。而分封到江汉地区的肉墙们，经常被楚国打得满头包。

为了彻底解决边境安全问题，周成王的孙子周昭王亲自率领大军，以江汉诸姬的地盘为前进基地，连续三次发动战争，想要灭掉楚国。结果在第三次灭楚战争中，楚国没灭，周昭王所率领的六师全军覆没，自己也溺死在汉水里。

春秋前期楚国形势图

不服周的楚国人，把西周打得内心充满阴影。在战胜周朝后，楚人的领地与自信心不断膨胀。到了楚国第六任国君熊渠即位时，楚国已经控制了江汉平原大部分区域。这已经不是楚国与周朝的对抗了，而是长江流域文明与黄河流域文明的碰撞了。

熊渠虽然自信心爆棚，但也知道自己在经济、文化、军事上与西周还是有点差距。为了弥补这一差距，熊渠使出了精神胜利法。

熊渠充分掌握了精神胜利法的两大原则：老脸皮厚、妄自尊大。

熊渠说出了楚人的千古名言："我蛮夷也，不与中国之号谥。"言下之意，老子就是野蛮人，就是流氓，我就是不用你们的称号，你能把我怎么样？熊渠的这句话，一直被楚人用作欺负其他诸侯的口头禅。

后来到了周幽王时期，西周灭亡了，楚人也迎来了春天。一个奠定了楚国未来发展格局的君王也随即诞生。

楚国公族俱乐部

公元前741年，楚厉王熊眴去世，他的弟弟熊通杀死自己的亲侄子，夺取了王位，这就是楚国历史上著名的楚武王。

楚武王采用暴力的方式干掉了自己的亲侄子，其实在楚人看来没啥不妥。楚国王室经常上演着子杀父、弟杀兄的家庭血案，楚人已经习以为常了。

楚国在很多方面学习周朝文化，如君主继位采用嫡长子制度。但规矩是立了，王室遵不遵守，可就不好说了。如果继位的嫡长子年富力强那最好，如果继位的是个年少的嫡长子，那就不好意思了。如果小朋友不能让熊氏一族天天有肉吃，这个年少的君主就很有可能被熊氏自己人吃掉。反正熊氏家族里的孩子多的是，谁能让大家有肉吃，谁就是国君！

熊氏家族眼中，没有永恒的亲人，只有永恒的利益，谁能耐大，谁就是老大！熊通作为熊氏家族中的有为青年，自然是当国君的不二人选。

熊通本来并不想用暴力的方式达到当国君的目的，毕竟那是自己的亲侄子。但在楚国，楚王最大的敌人都是自己血脉相连的至亲。如果自己在楚国国君位子上干得不好的话，下一个躺在血泊之中的就是自己。即使自己干得好，能寿终正寝，万一哪个子孙干得不好，他们也要躺在血泊之中，想想都可怕！所以，楚国国君是个相当辛苦的职业，每天都要把脑袋别在裤腰带上。

青年熊通能怎么办呢？他不上位，也会有别的熊氏上位，干掉自己和侄子。既然侄子迟早都是死，况且亲戚都支持自己，那就杀了侄子，自己上位吧！

新继位的楚武王熊通心里明白，自己只是符合公族自身利益的代表，公族尊他为国君，只是给个面子罢了。公族是王室成员里和楚王血缘最近的人，他们是能左右楚国命运的一股力量。楚国很多国君能成功篡位，跟公族暗地里的支持是分不开的。

楚国公族经过多年的发展，已成为一个“俱乐部”，因为它实行“会员制”，不是随便谁都能加入的。公族的入会条件只有两条，可这两条对普通人来说却是难于上青天。

楚国公族俱乐部章程

一、会员入会条件

1.姓必须是“芈”。

2.本人必须与在位国君是直系血亲关系。

二、会员的权利

1.可以参与国家方针政策的制定。担任国家重要职务。

2.享受国家红利。

3.选择合适的会长，也就是国君。

三、会员的义务

1.必须参加国家对外军事战争。

2.必须参加政事，不能坐享其成。

四、会长当选方式

1.必须是王室成员，采用嫡长子继承制。如果对在任俱乐部的会长不满意，可以参看下一条。

2.如果你可以带领全体会员吃香的喝辣的，又是王室成员，在其余会员表示默许的情况下，可以选择暴力方式干掉会长，自己来担任会长。

五、退会方式

1.本俱乐部会员身份不是永久性的。如果该会员传了五代，和在任君主不是直系血亲，应退出俱乐部，因为你已经不属于王室了。

2.届时本俱乐部会考虑到该会员没有功劳也有苦劳，允许保留该会员的芈姓身份。

六、转会方式

1.退出公族俱乐部成员，可申请转会到卿族俱乐部。鉴于你不再具有王室身份，而是卿大夫的身份，王室就不养你了，你就得靠自己了。

2.加入卿族俱乐部的会员，无论你愿不愿意，都要起全新的氏。新的氏可参照父辈的字、自己的官职、自己的封地（邑）。已经新起的氏，有蒍（wěi）、屈、申等。

3.加入卿族俱乐部后，可以和其他卿族一样拥有官职、封地，但是权力的核心圈子你就别想挤进来了，安心在外面当吃瓜群众吧！

楚国公族俱乐部入会难，会员少，但是它像金刚石一样稳定与坚硬。公族牢牢地将楚国所有大权攥在自己手中。

同时，公族退会与转会的方法是一种低成本高效率的养人方式，毕竟国君家也养不起那么多亲戚，血缘关系远的谋生就靠自己吧。到了两千多年后的明朝，穷苦出身的朱元璋就没有转过这个弯，认为只要是老朱家的人全都不用干活，让国家财政来养。不用为吃穿发愁，那就生孩子吧，于是老朱家人数像蹿火箭一样飙升，到了明朝后期，已经高达100多万人，给国家财政带来巨大的负担。结果明朝末年，老朱家绝大部分子孙都被战争无情地屠戮了。

公族俱乐部把楚国变成了“股份制公司”，每个公族成员都是“股东”，楚国国君只不过是股份最多的大股东而已。楚人虽是中原人眼中的蛮夷，但是却有中原人不具备的超远眼光。楚国公族明白，绝不能让熊氏以外的卿族拥有楚国公司的股权，卿族在楚国永远只能是打工仔。股份制公司确保了楚国在整个春秋战国时期的政权稳定。

春秋时，受周朝分封制荼毒的诸侯国都让卿族也拥有了国家“股份”，最后不少国家都死在了卿族手上。到了春秋末年，作为与楚国相爱相杀的死对头，超级大国晋国股份制公司就是因为让卿族做大做强，结果被卿大夫赵氏、魏氏、韩氏拆分成三家独立公司，另一大国齐国股份制公司的最大股东也换成了卿大夫田氏家族。

这里顺带提一下，还有一个政权超级稳定的国家，那就是秦国。秦人在西陲天天和野蛮人打得你死我活，他们外表看是文明人，但扒开内心看，个个都是超级野蛮人。

如果春秋时你在秦国当官，因为才华横溢，能力超群，成绩突出，国君对你说：“小伙子，我很赏识你哦！”你可千万不要为此得意。不要以为你会平步青云，登上人生巅峰，你其实已经半截身子入土了，因为你很有可能被选为国君的陪葬品。当这位夸你的国君驾崩时，你就要殉葬了。

既然卿族以后会做大做强，那死掉的卿族才是好卿族。在秦国，卿族生是君主的人，埋进殉葬坑还得接着为君主效力！

在权力垄断上，楚国公族的做法相比秦国就太人性化了。

我自尊王

作为公族俱乐部会长，楚武王的一生就是在打打打。他把扩大楚国利益作为一生的奋斗目标。如果把楚国比作一栋摩天大楼的话，楚武王就是为楚国这栋大楼打下坚实地基的人。

楚武王刚上台的时候，楚国的疆域主要在长江中游江汉平原的广大土地上。除了北边是可以打劫的江汉诸姬，东、西、南三个方向，要么是田都不好种的山区，要么是比自己还落后的蛮夷，在这三个方向扩大地盘成本极高，搞不好还会亏损。只要头脑清醒，楚武王就该明确，能让楚国获利的只有北边！

楚国北面杵着一道巨墙，死死地挡住楚国北去中原开疆拓土的道路。江汉诸姬就趴在这道墙上冲着楚国笑，喊着："你楚国有本事就来啊！"巨墙左侧是南阳盆地，蜗居在盆地里的是实力较强的南申国。这个南申国国君是姜姓，与周王室是亲戚，与灭了西周的申国不是一回事。

盆地门口有权、邓、罗三国守着，盆地的身后正是天下政治中心洛邑与天下交通中心郑国。巨墙右侧是大别山，盘踞在大别山的诸侯有随、唐、息，其中随国是老大。大别山的身后是靠近中原的淮河流域，蔡国就在那儿。

楚国历代国君面对一盆一山很是头疼，进盆容易出盆难，爬山攻坚难度又大。但是再难的骨头楚国国君也得啃，再高的风险也必须承担，因为风险越高，回报越高。楚武王选择了攻打南阳盆地，因为这里离中原最近。只要拿下南阳盆地，就能在一马平川的中原大地上纵横驰骋。南阳在手，天下我有！

楚武王为了降低扩张风险，更轻松地进入盆地，也要做出点牺牲。他迎娶了南阳盆地门口邓国的公主邓曼，楚国与邓国做起了好朋友，楚军便可以毫无顾忌地进入南阳盆地。

公元前738年，楚武王攻打盆地里的申国，但是由于申国死扛，楚国并没有得手。既然搂了草，就顺带打只兔子吧，总不能让此次出征一无所获。这只肥兔子就是南阳盆地门口另一个国家权国，楚武王班师回朝途中，顺手灭了权国。

国好灭，但怎样处理这个国家，就是摆在楚武王面前的一个难题。别的诸侯国都是封给有功劳的人，作为功臣的地盘。精明的楚武王则打起了小算盘：自己干得再好也是为公族干的，在为公族打拼的同时，也必须为自己留点可以制衡公族的好东西。权国这块刚吞并的地，绝不能赏赐给他人。

于是楚武王干了一件在中国历史上开天辟地的事——把权国设置为权县，这是中国历史上第一个县。楚武王想，与其把好东西给别人，还不如揣自己兜里踏实。权县成为独立于楚国"股份制公司"以外的"独资公司"，而这个"独资公司"的"股东"只有一个，就是楚国国君。

大家千万别把楚国的县和现在的小县城联系在一起。楚国的县规模大、地位高，很多县的前身都是被灭掉的诸侯国。实力强的县，战争动员时可以出动数百乘战车。县的长官叫县公，是仅次于王的爵位，由楚王直接任免，不世袭，他人无权干涉。为了不让公族觉得国君吃独食，县公的人选通常从王室近亲里选拔，但他们来到县这个“独资企业”做官，只是担任“职业经理人”，一点“股份”都没有。

县就是楚王兜里的私人财产，概不外借。楚国县的武装既是国君的私人安保力量，也是国君丰厚的小金库，更是国君制衡他人的重要利器。兜里的县越多，国君在公、卿两族面前说话的底气也就越足。以后，历代楚国国君都把吞并的诸侯国设置为县的做法当作祖传秘籍，持续使用。

楚武王在南阳盆地扩大地盘碰了壁，只能转向北方巨墙东侧的大别山。那里虽然不如南阳盆地离中原近，但也不算太远。大别山盘踞着随国（今随州市），又称曾国。随国是西周初年分封的姬姓诸侯国。楚人看着姓姬的随国，嘴里的口水止不住地流，因为随国有丰富的有色金属资源。

春秋时代，每个国家唯一的重工业就是青铜器制造。当时的兵器、农具、日用器皿都是青铜铸造，而制造青铜器不光需要铜，还需要其他金属元素，所以矿产资源是春秋时各个国家的工业命脉所在，就如同现在石油对国家经济的重要性一样。

随国的运气好得爆表，不光产铜，还有金、银、铁。有了这些重要的金属资源，随国也算得上小强国。1978年出土的曾侯乙墓（随国也叫曾国，曾侯乙就是随国国君）出土的青铜器，数量众多，规模巨大，造型精美。曾侯乙编钟堪称中国青铜乐器巅峰之作，举世无双。

楚武王看随国，看得口水直流，只想一口吞进嘴里。不过楚武王还是很高明的，他不急于直接攻占，而是希望随国成为自己的附庸国，这样既省成本，也同样能攫取资源。

公元前706年，随国粮食歉收，楚武王抓住机会，率领大军攻随。随国避战不出，楚国就一直围困随国。随国国君被围得实在受不了了，主动找楚武王和谈。此次和谈也让随侯算是明白了什么叫弱国无外交。

随侯说：“我无罪。”言下之意，我从来没干过对不起楚国的事，你打我好歹要有理由吧？

楚武王祭出了祖先熊渠使用过的精神胜利法第一大招——脸皮厚。他说：“我蛮夷也。”这句话直接把随侯噎死。楚武王简单粗暴地告诉他，我就是野蛮人，就是不讲理，我打你需要理由吗？随侯算是明白了，和流氓讲不了道理，只要能把这个大魔头送走，什么都好谈。

楚武王接着说：“今诸侯皆为叛相侵，或相杀。我有敝甲，欲以观中国之政，请王室尊吾号。”意思是，现在诸侯都不理会周王室，都在相互残杀抢地盘，我有军队，也想掺和中原的政事，但是我的子爵级别太低了，请随侯帮我跟周王室沟通一下，给我一个级别高的爵位。这就是历代楚国国君的终极梦想。

随侯马上答应。只要楚武王能走，哪怕让我随国和外星人沟通都可以，反正成不成另说。但是随侯也有一个附加条件：我随国离洛邑比较远，来回一趟时间比较长，您楚王要耐心地等一等。

于是，楚武王一等就是两年，终于随国传来周天子回话，一个字：“滚！”当时在位的周天子正是骄傲的周桓王，在他眼中，你楚国就是一群蛮夷，还想问我天子要爵位，你梦想有多远，就给我滚多远！

感到羞辱的楚武王为了找回面子，祭出精神胜利法第二大招——妄自尊大。暴怒的他干了一件震惊天下同时气死周天子的事——称王，并且发表了称王宣言：“我的祖先鬻（yù）熊是周文王的老师，而我楚国开国国君熊绎却只被授予了子爵的低级爵位。我们居住在楚地，周边部落都归顺了我们，你不给我加爵位，我就自尊为王！”

其实，楚武王说的这些话，完全是给自己脸上贴金。楚国人说的话很难听懂，到了战国时期，孟子都嘲笑楚国人是“南蛮鴃舌之人”，意思是说楚国人说话像鸟叫一样难听。如果楚武王的祖先鬻熊真给周文王当老师，估计周文王也听不懂。

楚武王还干了一件令人瞠目结舌的事，就是给自己加谥号“武”。谥号都是人死后才加上去的，哪有活人给自己加谥号的。这在中原诸侯眼中，相当于活人身上穿寿衣，太晦气了。而在楚武王眼里，只要是能恶心周王室的事，他都能做出来。你周朝开国国君是武王，那我也是武王。

面对楚武王称王的事，全天下的诸侯都感觉不可思议。在诸侯们看来，天下只有一个王，就是周天子。虽然现在周天子只是一只纸老虎，但自己祖上的爵位与地盘都是周王室分封的，具有合法性。你熊通称王，难道是想当我们天下诸侯的老大吗？你分明就是假冒伪劣产品！九鼎你有吗？天命你有吗？

中原诸侯就此对楚国产生了巨大的对立情绪，而这在楚武王看来无所谓。既然你们不带我玩，那楚国就自己逐鹿中原，做你们的老大！

楚武王学起了周天子，召集周边诸侯来会盟。然而随国没有来，刚称王的楚武王感觉脸挂不住了。现在随国不服自己，那就继续打，打服为止。于是他第二次攻打随国，随国大败，签订盟约，表示顺从楚国。

转眼间，楚武王在位已经有五十一年了。此时他已经是一个七十多岁、风烛残年的老人，这个岁数在春秋时期已经算是老寿星了。周边一些零星的小国，能吞并的他都吞并了，整个江汉地区彻底被纳入楚国版图内。楚国境内太平祥和，铜矿产业蒸蒸日上，肥沃的江汉平原让楚人衣食无忧。

按理说楚武王该颐养天年了，可这时随国又出问题了。周天子把随侯找了过去，痛斥随侯叛变周王室。倒霉的随侯夹在周天子与楚武王之间，对周王室念念不忘，对楚武王态度暧昧。

楚武王不允许随国和周王室有一腿，随国只能一心一意做自己的人，不能玩暧昧。于是，公元前690年3月，楚武王第三次举兵攻打随国。

在出兵前，楚武王做了一件重要的事，就是对部队武器进行换装升级，用戟替换戈。戟是戈与矛的复合体。戈是一种横刃武器，就像一把镰刀一样，作战时可以钩、啄敌人，是中国独有的兵器。矛是一种直刺武器，破甲能力好，军队中有个说法叫“刺死砍伤”，形容直刺武器杀伤力巨大。戟则同时具有矛和戈的优点，但春秋时，戟的铸造成本比矛和戈高很多。因为青铜器较脆，如果武器过长，在交战过程中容易断裂，想制造不易断裂的长武器就需要有极其精湛的青铜铸造工艺。但这些难题对于楚武王来说都不是事，因为现在楚国最不差钱的就是青铜铸造业。

然而就在这时，楚武王发现自己身体快不行了，但明知将死的他，依然最后一次踏上征途。路上旅途劳顿，年迈的楚武王想找个地方歇歇，正好路边有一棵樠木树，他就背靠树坐了下来，小睡了一会儿。然而这一睡，楚武王就再也没有醒来。对于为楚国劳累了一辈子的楚武王来说，这就是最好的休息。一代江汉霸主，就这样在樠木之下陨落了。

随军出征的楚国大臣们决定秘不发丧，带着楚武王的遗志进攻随国。随国国君不知道楚武王已死，看见楚国大军立马就屈服了。从此，随国彻底臣服于楚国，只要随国敢造反，楚国立马能灭了它。

不过楚国也没有亏待随国，而是一直罩着这位小弟。随着时间的推移，随国和楚国产生了深厚感情。两百年后，吴国痛打楚国，楚国差点被灭，难民楚昭王逃难的首选地就是随国。最终，随国竟然成了楚国复国的基地。

数百年前，楚人还在荆山上吃土，而到楚武王死时，楚国已是一个规模庞大的国家机器：王权空前强大，国家经济发达，军事实力强盛，具有碾压中原诸侯的彪悍能力，大别山的随国也已经掌握在楚国手中。只要翻过大别山，楚国就可以看见淮河流域的中原土地了。可惜楚武王没有看见进军中原的那一天，“欲观中国之政”的梦想只能由他的子孙实现了！

就在楚国南边独大时，东边的齐国也迎来了大国崛起。

陆

王位争夺赛

乱局

公元前694年，春夏之交，天气开始热了起来，空气里弥漫着躁动的气息。在齐鲁两国边境上，一队装扮华丽的马车，从鲁国向齐国浩浩荡荡地进发。车队最豪华的马车里，坐的就是鲁国国君鲁桓公姬允和夫人文姜。夫妻俩即将对齐国进行友好访问，交流探讨共同关心的话题。齐国国君齐襄公吕诸儿为迎接鲁桓公的到来，已经在边境等候多时。

这一场看似再普通不过的外交访问，实则暗藏玄机。齐襄公盼星星盼月亮，盼着鲁桓公能来齐国，这倒不是因为齐襄公与鲁桓公是什么铁哥们儿，而是因为鲁桓公把他朝思暮想、阔别十五年的老情人文姜也带来了。

齐襄公看到车队缓缓驶来，感觉自己像是回到了十五年前。他再也顾不得什么国君的礼仪，反而像一个桀骜不驯的少年一般，迫不及待地朝主车飞奔过去。他只想看看昔日爱人是否容颜依旧。

当齐襄公跑近主车旁，看见鲁桓公身旁文姜那熟悉的倩影时，他激动不已，热血不停地往大脑涌。而文姜看见老情人齐襄公突然出现，自己的春心也瞬间激荡了起来。傻乎乎的鲁桓公完全被蒙在鼓里，一个劲向车旁的齐襄公打招呼，而齐襄公却不正眼看他，一直饱含深情地凝视着文姜。

估计有读者会脑补出一个苦命鸳鸯的故事：少年齐襄公与少女文姜相恋，而文姜却被政治婚姻裹挟，被迫嫁给了鲁桓公。齐襄公苦苦思念爱慕文姜十五年之久。

但事实的狗血程度，超出了普通人的想象。他俩的爱情说难听点叫奸情，说准确点就是乱伦，因为齐襄公与文姜是亲兄妹。

这一切的始作俑者，就是齐襄公与文姜的父亲齐僖公。

齐国王室是姜姓吕氏，是姜子牙（吕尚）的后人。春秋早期，齐僖公在位，此人表现一般般，经常跟在“中原一哥”郑庄公后面混。

齐僖公十分溺爱自己的子女。心理学家弗洛伊德说过一句话：“性和攻击是人类的两大基本动力。”人与人在社会交往的过程中慢慢学会如何约束自己的行为，而被娇惯的孩子从来都是无限制地被满足，他们在性与攻击上只会比其他人更危险，自私、任性是他们的标签。齐僖公的子女就是典型。

齐僖公有两个女儿——文姜和宣姜，他视她俩为掌上明珠。这两位公主是当时的大美女，乍一看都是岁月静好、人畜无害的好姑娘，但是千万不要被她俩的美丽外表所迷惑，她们有着阴险歹毒的蛇蝎心肠。

很多国家的公子为这两位公主的容颜所倾倒，有事没事就来齐国献殷勤。在众多前来相亲的公子中，齐僖公看中了郑庄公的大儿子公子忽，想把最漂亮的文姜许给公子忽。这样既能拉近与“中原一哥”的关系，也能让女儿有个好归宿。

但公子忽只是过来凑热闹的，他继承了父亲郑庄公的情商。看到文姜后，公子忽内心坚定地认为，这女人私生活无比混乱，于是他主动推辞说：“齐国是大国，我们郑国是小国，我实在配不上文姜。”

齐僖公的如意算盘没打响，搞得他很没面子。但婚姻毕竟是双向选择，齐僖公也不能强求公子忽。不过只要公主伪装得清纯可人，“老实人”总会有的。

很快，真正的“老实人”来了，这个人便是刚刚继位的青年鲁桓公。鲁桓公自小在哥哥鲁隐公的庇护下成长，后来鲁隐公被大臣杀死，鲁桓公被推举成鲁国国君。

鲁桓公涉世未深，恋爱与政治经验都比较匮乏。公元前709年，鲁桓公一见到文姜就被她的容貌所俘获，于是主动向齐僖公提亲，齐僖公立马答应。

按照周礼，护送文姜出嫁去鲁国的人应该由卿大夫来担任。齐僖公因为舍不得宝贝女儿，一把鼻涕一把眼泪地亲自护送。而更舍不得文姜的人，就是文姜的情人，也就是当时还是太子的吕诸儿，但他也只能看着文姜远去，什么事也做不了。

十五年过去了，韶华已逝，齐襄公与文姜青春不再，但他们的激情却依旧不减。文姜到达鲁国后，与齐襄公火速私通，隔三岔五地约会苟且。但奸情总有败露的一天，老实人鲁桓公终于发现了不对劲。

一般面对奸情败露的事，出轨者要么死不承认，要么杀人灭口。文姜告诉了齐襄公奸情败露的事，心狠手辣的两人一致选择了杀人灭口的选项。

通常，杀人手法无非是毒死、勒死、刺死、砍死等，而齐襄公杀鲁桓公的方法十分残忍。

有一天，齐襄公请鲁桓公吃饭，鲁桓公傻傻地来了。齐襄公在酒席上把鲁桓公灌醉后，就开始动手。他命令手下的大力士彭生把鲁桓公抱上马车，然后使用各种蛮力手法，反复暴击。当鲁桓公被抬出马车时，已经肋骨尽断，这个“老实人”就这样在醉梦中稀里糊涂地死了。齐襄公用这种变态的方式，发泄了对情敌的刻骨仇恨。

齐襄公为了摆脱自己的嫌疑，就杀了彭生，让他背黑锅。鲁国人也没办法，立了鲁桓公与文姜生的公子同当国君，这就是鲁庄公。儿子在鲁国办公，文姜则在齐国远程遥控儿子，因此，鲁国成了齐国的小弟。

鲁桓公虽然死了，但他只是一个人当了“老实人”，而齐僖公另一个女儿宣姜嫁到了卫国，让整个卫国都成了“老实人”。

宣姜原本嫁给了邻国卫国的太子，可她长得太漂亮了，竟然被公公卫宣公看上，把她收为自己的小老婆。而宣姜也不是省油的灯，她为了让自己儿子当上太子，使尽阴谋诡计，引发了卫国长达数年的王位争夺战。

鲁、卫两国作为齐国西边公侯级的国家，被齐国两位公主荼毒得够呛。齐僖公子女教育的失败，反而让齐国就这样兵不血刃地搞定了西边国家，保证了西边局势的稳定，也算是因祸得福。估计九泉之下的齐僖公看到这个局面，心里能乐开了花吧。

不过，天道有轮回，苍天饶过谁，齐襄公的报应也来了。

齐襄公十一年（公元前687年），齐襄公派连称、管至父两人去葵丘驻防。本来说好第二年瓜熟的时候就换防，两人都要把瓜吃完了，也没见齐襄公派人来接替。面对言而无信的君主，两人恼羞成怒要复仇。赶巧也有一个人想找齐襄公麻烦，这个人叫公孙无知，是齐襄公的堂兄弟。齐僖公在位的时候很喜欢这个侄子，给他太子的待遇，结果齐襄公一上位就剥夺了他的待遇，让他很生气。于是这三人组成了“复仇者联盟”。

齐襄公十二年（公元前686年），“复仇者联盟”杀了齐襄公，并立公孙无知为国君。

很多人都知道，齐襄公荒淫无道，迟早会面临树倒猢狲散的局面。在齐襄公死前，他的三弟公子小白就提前跑路了。齐襄公死后，他的二弟公子纠也跑路了。齐襄公费尽心机，最终距离春秋第一霸主仅一步之遥，而这决定性的一步他没有跨过去，三弟公子小白却成功跨过去了。

射偏的一箭

新任的齐国国君公孙无知可能太无知了，不知道国君的位子风险系数有多高。公元前685年的春天，公孙无知上位还没几个月，就在去雍林游玩的途中被大夫雍廪杀掉了。

雍廪建议国内大夫们重新找个公子来当国君。虽然连续两任国君都是非正常死亡，但仍然挡不住人们对权力的渴望。此时，死去的齐襄公有两个兄弟流亡国外。一位是公子纠，他由管仲与召忽辅佐。因为他的母亲是鲁国人，所以他首选的流亡地就是鲁国。另一位是公子小白，由鲍叔牙辅佐。他的母亲是卫国人，但他的流亡地却是莒国，这一点很值得玩味。更有趣的是，作为下层贵族出身的管仲与鲍叔牙，早在辅佐两位公子前就已经是铁哥们儿。鲍叔牙辅佐公子小白，就是管仲极力推荐的。

面对齐国国君职位空缺的情况，公子纠与公子小白展开了王位争夺赛。这是一场与时间竞争的赛跑，谁跑得快，谁就能取得王位。

公子纠为了能在王位争夺赛中获胜，选择了作弊。他让自己的心腹管仲带领一队兵马半路截杀公子小白。管仲为了对主公表忠心，马不停蹄地赶到公子小白之前，并以精湛的射箭技艺，朝马车内的公子小白射了一箭。好在公子小白命大，这一箭只射中了他的衣带钩。反应迅速的公子小白咬破舌头，吐了口血，即兴表现了装死技能。管仲以为射死了公子小白，赶紧驾车逃走。公子小白则继续高速驶往齐国，到达齐国后，被拥立为国君。

管仲回去后便将公子小白已死的假情报告诉了公子纠，公子纠很开心，以为大局已定。他表现出了和《龟兔赛跑》里兔子一样的骄傲情绪，路上边走边玩，六天才到齐国。当他到达齐国后，公子小白已经上位成为齐桓公，正在等待他。

公子纠背后有个愣头青鲁庄公，鲁庄公原本想扶持公子纠上位，好进一步控制齐国，结果事与愿违。不甘心失败的鲁庄公在国力明显弱于齐国的情况下，主动帮助公子纠挑起王位争夺战。结果鲁庄公露多大脸，现多大眼，鲁军在乾时这个地方被齐军打得大败，鲁庄公本人差点被俘。

齐桓公命令鲁庄公杀死公子纠，并要求鲁国将管仲与召忽押回齐国，自己亲自处死。鲁庄公把公子纠当“潜力股”养了那么多日子，浪费了不少粮食，只为最后获得高回报，结果不但损兵折将，自己还差点当了俘虏。面对已成“垃圾股”的公子纠，鲁庄公只得按照齐桓公的意思，痛杀公子纠解恨。

公子纠被处死后，召忽自杀，管仲却主动请求把自己押送回齐国。他一到齐国边境，就受到鲍叔牙的隆重迎接，并被鲍叔牙主动向齐桓公举荐。齐桓公二话不说，让管仲担任相国主持政务。

这个故事有个有惊无险的结局。齐桓公惊险上位，最终成为一代明君。但是历史的真相并不这么简单。其实，公子纠从一开始就输了，他即使到了齐国，也不可能成功，因为公子小白早已和齐国政坛的“天子二守”串联在一起。

在齐国政坛，“天子二守”是让国君都害怕的角色。

“天子二守”

对于“天子二守”，《史记》是这么记载的：“高、国先阴召小白于莒。”意思是高氏、国氏抢先暗中从莒国召回小白。高、国二氏的首领分别叫高傒、国懿仲，在齐国历史上，这两家被称为“天子二守”。

“天子二守”的称号可是西周时周天子赐予的，并且世袭罔替。周天子封这两家为齐国上卿，让他们作为周天子的代理人辅佐齐侯。但凡重要政务，齐侯必须与高、国二氏共同讨论后才能做出决定。齐侯要是干不好，这两家可以让他下台，因为他们的“老板”是周天子而不是齐侯。“天子二守”赶你齐侯下台，只是代替周天子对齐国进行“人事调整”，不存在什么大逆不道!

而“天子二守”的设立，源于周王室对老姜家发自内心的恐惧。齐国第一代国君就是吕尚，他是姜姓，也就是神话故事里的姜子牙。在神话故事里，姜子牙很生猛，身骑四不像，手拿打神鞭，上通元始天尊，下打妖魔鬼怪，在姜子牙的辅佐下，周武王才打败了大反派纣王与狐狸精苏妲己。

神话毕竟是神话，不能当真，但吕尚在现实生活中也是个猛人。从周武王草创西周时期的孟津会盟，到牧野之战，再到周成王平定三监之乱，吕尚展现了卓越的政治与军事才能。作为周武革命的功勋大臣，他一直被周王室视为“核武器”，一旦投入使用，就可以给予敌人毁灭性打击。

周王室也害怕，万一哪天老姜家的吕尚或者他的子孙后代叛变，也对自己搞个姜吕革命，这颗“核弹”砸自己头上，自己肯定被炸得连灰都没有了。周王室也想卸磨杀驴，无奈吕尚太猛，老姜家势力太大，只能将他封得越远越好。所以老姜家的齐国被封到东方的大海边上，与中原被泰山隔开。泰山的西边还设有一个监视者——鲁国，鲁国的所有者是和吕尚一样生猛的周公旦。

周王室觉得齐国外部有鲁国这一道封印还不够，于是又祭出了第二道封印。周王室祭出了领导惯用的管理艺术手法——内部分化，常见办法就是给你的下属安排一定的职位与权力来架空你。周王室很巧妙地选择了高、国二氏。这两家以前是吕尚的子孙，同属姜姓大家庭，只不过繁衍了几代后，这两家和在位国君已经没有直系血缘关系，就被踢出公族，进入卿族。

吕氏不能再用，但姜姓得以保留，这两家分别选择高、国两个字作为自己的新氏。周王室选择这两家作为自己的代理人，给予他们极大的权力，这样就可以对老姜家进行内部分裂。你老姜家再怎么斗，消耗的都是你们的内部实力。

分化瓦解的策略很成功。“天子二守”作为齐国卿族的两位大佬，只要看齐侯不爽，便可随时轰他下台。连称、管至父、雍廪有个共同的身份——大夫，而管仲与鲍叔牙也都是大夫家庭出身，这些卿族的大夫都只是“天子二守”的手下。

周王室这两道封印成功封住了齐国这枚“核弹”数百年。

但作为第二道封印的“天子二守”，既矛盾又统一，既是齐国动乱的制造者，同时也是齐国王室的捍卫者。

高、国两家虽然在齐国一手遮天，但让吕氏子孙继承国君之位，是他们的共识。因为“天子二守”存在的目的是替周天子看守齐国国君，吕氏国君要是换成别人，那自己去看谁呢？所以齐国历史上，只要国君不乱来，能保证高、国两氏的既得利益，那么反正大家都是老姜家的人，和谐共处还是可以的。

“天子二守”在齐国国君眼中是周天子的狗腿子，对自己的位置威胁极大。可是大家都姓姜，有矛盾也是内部矛盾。一旦外敌入侵，“天子二守”与国君还是会一致对外。

齐国历次重大事件中，“天子二守”还是捍卫了齐国国家利益。尤其是春秋后期，“天子二守”与从陈国来的外来户田氏进行惨烈的生死决斗，充满野心的田氏利用阴谋诡计，最终将高、国两氏全灭。从此，失去“天子二守”后，齐国王室也如同被砍去左膀右臂的废人，田氏要干掉齐国王室并取而代之，也仅仅是时间问题了。

齐国核心权力被清零后，齐桓公作为新国君上位，管仲、鲍叔牙辅佐管理。此时齐国权力核心焕然一新，它要开始新的运作。

柒

『穿越者』管仲

齐国大改革

齐国政局的幕后操盘手是“天子二守”，而齐桓公具体政策的操盘手是管仲。

管仲，姓姬，氏管，名夷吾，字仲。超级英雄电影中，主角都有个固定成长套路，就是早年亲人过世，自己过早地步入社会，受尽挫折，历经磨难。而在主角最惨的时候，会有一位贵人来帮助他，让主角正视自己，激发潜能，最终成为英雄。管仲的经历就是按照这样的超级英雄成长套路走的。

管仲父亲管庄是齐国大夫。由于出身贵族，管仲接受过良好的教育。但不幸的是，管仲在年少时，父亲就死了，家道也从此中落。管仲没时间去伤心，因为他还有个老母亲要赡养。为了养活老母亲和自己，他早早步入社会，成为一名社会人。很多从穷苦家庭走出的人对赚钱有着莫名的执念，管仲也不例外。贫穷一直是笼罩在他头顶上的乌云，而这也锻炼了他超越常人的理财能力。

社会是所大学，管仲在这所大学里，体会到了人情冷暖，也体会到了生活的不易和友情的珍贵，他的社会经验得到了极大提高，这些在书本上是学不到的。作为社会大学的优秀毕业生，管仲对老百姓生存的艰辛有充分的认识。他知道，如果自己以后成为政策制定者，绝不能像那些贵族老爷们一样，脑门一拍就去制定政策，不管百姓死活。

管仲明白，上位靠“天子二守”，施展才华则要靠君主，只有成为君主的左膀右臂，才能爆发自己的小宇宙。而齐桓公对管仲极其信任，称管仲为仲父。

想要成就一番霸业，首先就得有称霸的实力。齐国和周王室一样，已经经营了好几百年了，内部组织架构都是分封制，土地、人民、军队就是“股份”，国君和卿大夫都“持股”。现在竞争这么激烈，周王室都已经玩不转这套制度了。为了适应新发展，齐国必须改革，否则没落只是时间问题。

管仲内心很清楚，对于处在十字路口的齐国，任何一次政治变革都是牵一发而动全身。变革得好，国家焕发活力；变革得不好，政策推动者就得玉石俱焚。齐国内部的利益关系错综复杂，管仲得多方统筹考虑，不能激进。

利益的重新分配与内部“组织架构”的重新设计，是这次改革的两大核心问题。

在利益分配的这块大蛋糕上，体现着以国君为首的公族与卿大夫组成的卿族之间的零和博弈。春秋另外三大国，国君都有压制卿族的办法。

楚国国君依靠强大的公族，想要碾压卿族也就分分钟的事。

秦国公族压制卿族，方法简单，态度粗暴。国君一死，就把能力强的卿大夫直接埋殉葬坑里。

晋国后来的卿大夫多如牛毛。只要国君能力强，就可以拉一派打一派，分化瓦解，各个击破。无论哪派被削弱，都要寻求国君的支持。晋国只要能统合国家内部各派力量，成为超级大国是没有问题的。

而齐桓公很悲惨，自己的公族本来就不强，两个亲哥哥和一个堂哥还都被卿族清洗了。想学楚国碾压卿族或是秦国埋了卿大夫，还是算了吧。更尴尬的是，齐桓公面对的卿族是“天子二守”，其余大夫都是高、国两家的手下，只要这两家抱团，根本没法分化瓦解。

“天子二守”是力推齐桓公上位的功臣，也是管仲的贵人，更是齐国政坛的大老板，管仲必须让他们在这次改革中获益，喂饱他们，让他们与自己成为利益共同体。同时，管仲还需要握有能制衡“天子二守”的第三方力量。这个第三方力量最好毫无政治根基，容易操纵，并依附于君主。

管仲经过深思熟虑，向齐桓公提交了一套可行方案。

齐国改革方案

一、齐国基本情况

1.历史沿革

齐国历史悠久，实行分封制。齐侯把土地分封给卿大夫，卿大夫再把土地分封给子孙与家臣。分封制让国君与大臣都有土地与百姓，既合理又合法。

2.改革的必要性

当前外部环境恶劣，周王室衰落，礼崩乐坏，各诸侯国战争不断，吞并不止，各国弑君现象层出不穷。为了提升齐国的竞争力，确保国君身份的安全性，必须进行改革。

3.改革原则

（1）坚持分封制不动摇，确保卿大夫人心稳定，工作积极（主要是确保“天子二守”稳定）。

（2）由于齐国数百年采用分封制，存在经济利益与政治权利不分的情况，影响办公效率，不适合时代发展，需要对经济和政治利益进行明确划分。

（3）提高国君的地位，让国君充分掌握行政权、人事权、财产权等。

二、利益重新分配方案

1.土地划分

土地作为重要财产，必须按照区域清晰地划分。这样既方便国家收税，也方便管理。

管仲做了一个大胆创新，将土地与户籍捆绑在一起进行划分。士、农、工、商分开居住，不能混杂在一起。齐国全国被划成二十一个乡，作为社会中坚力量的士、农占有十五个乡，工、商占有六乡。那时商品经济不发达，工商六乡远不及士农十五乡值钱。

士、农的十五个乡可以说是齐国的绝大部分土地资产，是极其重要的固定资产。因为士农乡既是产粮食的地方，也是征兵的稳定来源，没有粮、地、兵的国君与卿大夫，什么分量也没有。齐桓公、高氏、国氏各统领其中五个乡，这三家均分了齐国绝大部分财产。

为了体现齐桓公国君的重要地位，管仲把土地资产较少的工商六乡也交给了齐桓公。

通过土地划分，管仲确保了齐桓公占有多数土地，同时也让高、国两家尝到了甜头，成为齐国改革的既得利益者，他们也就成为齐国利益的捍卫者。

不要小看这个区域划分，它很大程度上有利于士、农、工、商这四个社会阶层的稳定，能为国家提供稳定的劳动力与产品，对后世影响很大。

2.军队划分

管仲的思路是寓兵于民，每家出一人当兵，然后按照居住地编成武装组织。齐桓公、高氏、国氏每人手里的五个乡都可以征召出一万人，这一万人就叫一军。全国十五个士农乡总计可征召三万人，统称三军，分别由齐桓公、高氏、国氏统领。

按照居住地编组的士兵，战斗力是很强的。上战场时，每个士兵周边的战友都是自己的亲朋好友，谁的侄子被敌人砍了，谁的叔叔被敌人射死了，都会使其他人同仇敌忾。撤退时，士兵也会相互照应，不会丢弃战友。用血缘捆绑的军队，战斗力是极强的，后世曾国藩的湘军组织体系和这很像。

军队的划分，给予高、国两家对国君的否决权。两家手上的兵力对齐桓公手上的兵力是2：1，两家要是看齐桓公不爽，赶他下台一点难度也没有。但是只要齐桓公不胡来，能给贵族带来红利，“天子二守”也不会乱来。管仲想要的是“天子二守”当好“股东”、拿好“分红”，至于具体的行政事务，你们不要插手。

三、行政结构改革方案

1.创建相国领导的五官制

中央必须集权。相国管仲作为齐国二把手，负责制定和执行齐国的重大方针政策，而且只向齐桓公一人负责，其他贵族不得干涉具体政务。

为方便相国管仲开展各方面工作，齐国选择有能力的人出任五大部门长官，五官由相国管仲亲自领导。这就是“制令传于相，事业程于官”，和现代西方政府采用的内阁制相似。

2.五大部门长官选拔标准

（1）个人出身：大臣必须是完全依附国君公族或者毫无政治根基

的人，坚决杜绝“天子二守”插足齐国政务及担任重要职务。

（2）效忠服从：五大部门长官完全效忠齐桓公，并且服从相国管仲管理。

（3）建立选拔机制，欢迎广大条件符合者应征报名，一经录用待遇从优。

3.五大臣组成

（1）大行（主管外交），担任者隰（xí）朋。

出身：齐桓公的亲戚。

特点：知书达理，仪表堂堂，且口才极佳，天生适合担任国家形象代言人，出席各种外交活动。

大司田（主管农业），担任者宁戚。

出身：“草根”。

特点：种田小能手，畜牧小行家。

大司马（主管军事国防），担任者王子成父。

出身：周王室亲王。

特点：外籍军事专家，齐国第一打手。此人身份尊贵，从小接受正规军事教育，具有很强的指挥作战能力。由于周王室里的兄弟为夺家产打得面红耳赤，自己离家逃难到齐国。

大司理（主管司法），担任者宾须无。

出身：下层贵族。

特点：铁面无私，宽厚仁慈，不滥杀无辜。

大谏（主管监察），担任者东郭牙。

出身：“草根”。

特点：只要存在违法问题，就算对方是天王老子，也要上去手撕。

四、改革小结

此次改革获得巨大成功。齐桓公、“天子二守”、管仲领导的五官形成了稳定的政治三角。

这是春秋时代诸侯第一次对封建制大刀阔斧地重塑，管仲让齐国重新焕发了活力。

“天子二守”吃饱了，至少在齐桓公一朝，这两家都很老实本分。同时，管仲领导的五官乃是齐桓公与“天子二守”博弈的第三方力量。第三方的介入，让齐桓公有了政治博弈的底气，也帮齐桓公把行政权抢到手里。

五官制的实行，让公族和毫无根基的能人可以施展才华，这符合历代君主的用人原则。自己亲戚办事比较放心，毫无根基的人则容易依附自己，便于掌握。用这种人来打击树大根深的大贵族，很划算，打赢了就赚，打输了也不赔本。而且这种人一抓一大把，属于政治打击的廉价消耗品。

虽然出身卑微、毫无根基的人在政治斗争中会被当作棋子，但这也为下层人士提供了施展抱负的平台，提升了国家竞争力。管仲为国家选贤举能，让有能力而非有背景的人担任国家重要职务，这在看中出身的春秋时代是破天荒的。

管仲在用人重要性上说过：“一年之计，莫如树谷；十年之计，莫如树木；终身之计，莫如树人。”说通俗点，就是“十年树木，百年树人”。

改革成功后，就要开始提高财政收入，否则，齐国想成为天下的主宰者将是痴心妄想。这就是作为国家二把手的管仲要为齐国创收的重要目的。

齐刀食盐霸权

想给国家增加收入，这比搞政治创新还要难。收不上钱，国家穷得连打仗自卫的钱都没有。但收钱太多，国家就成了土匪、强盗，老百姓也会揭竿而起推翻你。

春秋时，中原诸侯国提升实力的方法简单粗暴，就是拼命种田、收税，有钱了就出去打仗抢地皮，这些方法在管仲看来都是很低级的。他想出来的点子都是反其道而行之，充满了现代经济学色彩。

平原地区平坦的地形把人们束缚在土地上，让他们卷入对土地无穷的依赖中。管仲则要把齐桓公的霸权打造成商业霸权，而非中原的农业霸权。管仲建立商业霸权的基础，就是货币与硬通货。齐国是个沿海国家，大海邀请人们去征服掠夺，同时也鼓励人们从事商业，追求利润。

因此，齐桓公作为春秋第一霸主，在称霸过程中竟然没有打过一场大规模的争霸战争。我齐国要对付你，直接通过经济战制裁你，何必要那么暴力地打打杀杀，一下死个几万人呢？

齐国的商业霸权体系，我可以称它为“齐刀食盐体系”。

在春秋早期，市面上流通的货币是贝壳。那时大家拿贝壳当钱，实在是没办法，因为当时最值钱的是铜，但大家都舍不得把铜当货币，只用来铸造珍贵礼器与武器。春秋时，君主打赏大臣用的所谓黄金，其实也就是铜。因为中国古代产金、银极少，而纯铜是金灿灿的，所以可以用来替代黄金。

为了规范国家金融市场，管仲开始大规模铸造和发行法定金属货币，成为春秋铸币第一人。齐刀就是管仲发明的货币。

管仲不光铸造了金属货币，更是发动了中国历史上的第一场货币战争。

管仲造货币的原材料就是珍贵的铜。齐国货币外表精美，是把小砍刀的样子，所以被称为“齐刀”。因为齐刀货真价实、童叟无欺，所以一出现就把贝壳挤出了历史舞台。齐国率先造出金属货币，也就操纵了金融市场，进而可以对他国进行经济打击。

齐刀的横空出世，使得各诸侯国争先恐后与齐国进行贸易以换取齐刀。当各诸侯国用齐刀用得不亦乐乎时，管仲又开始了有针对性的经济打击。方法很简单：故意大肆收购邻国稀少产品，提高其价格，反正自己有的是齐刀，不缺钱。

当邻国百姓纷纷放弃种田，转而生产来钱快的“出口产品”时，齐国突然拒绝购买。这就严重打击了邻国的经济，因为百姓没有粮食吃了，手里只有啃不动的齐刀。人是铁，饭是钢，当饿着肚子的百姓想要造反时，齐国正好通过援助的方式控制该国。

在稳定国内粮食价格方面，齐刀又起到了平抑物价的作用。当农民丰收时，国家开始大量收购粮食，避免“谷贱伤农”；当庄稼歉收，粮食价格上涨时，国家再低价抛售手中粮食，避免“谷贵伤民”。

要建立商业霸权，光有齐刀是远远不够的，必须有硬通货支撑，齐国的硬通货就是食盐。

虽然齐国被周王室赶得远远的，但是靠近大海，就可以用海水煮盐。盐是人类的必需品，人如果十天不吃盐，就准备进医院抢救吧！春秋时，食盐的地位就相当于现在的石油，每个国家都缺不了。而各国要吃盐，就都要从齐国进口，那时的齐国就像现在的中东产油国一样富得流油。

在此之前，齐国从来没有想过要把食盐当作一项战略资源来使用。

嗅觉灵敏的管仲自然不会放过这一暴利行业，他把食盐这个行业彻底交由国家垄断经营。绝对的垄断也就产生了绝对的暴利。

任何国家要想实现大国崛起，都要保证钱包里不差钱。如何让钱包快速鼓起来，又不能民怨沸腾，这是一个大难题。齐桓公为此咨询过管仲。

齐桓公：仲父，我想征房产税！

管仲：不行，百姓会不敢盖房子，你这是逼人拆房！

齐桓公：我想征林业税！

管仲：不行，百姓为了合理避税，肯定会拼命砍树，破坏绿化！

齐桓公：我想征牲畜税！

管仲：不行，百姓会宰杀幼畜来避税，这样不利于畜牧业的发展！

齐桓公：我想征人头税！

管仲：不行，生一个娃就要交税，这比绝育手术都猛！

齐桓公：这也不行，那也不行。没钱，那我齐国怎么运行，直接关门吧！

管仲：拔最多的鹅毛，听最少的鹅叫。你拔老百姓毛太多，老百姓没钱了，到时候他们就不管礼义廉耻，直接造反了。咱别搞得跟土匪打劫一样，不如寓税于价。对重要物资进行国家垄断经营，控制山海资源，山里有矿、海里有盐。人每天虽然吃盐不多，但是始终有需求，全国老百姓向国家来买盐，这能创造多少国家收入？让老百姓主动交钱，总比横征暴敛强多了。

齐桓公：听仲父一席话，颠覆人生观啊！就依你。

光垄断还不够，管仲还要对食盐进行出口管制。齐国看周边哪个国家不顺眼，就直接实行食盐禁运，不让他吃盐。这样一来，即使是山珍海味，对方也如同嚼蜡，而且长期不吃盐，打起仗来不战而败。被齐国实行食盐制裁的国家，只能屈服于齐国，这比直接去打仗省事儿多了。

齐刀的大范围流通与齐国对食盐贸易的垄断，使黄河中下游各国都不自觉地被纳入这个“齐刀食盐体系”。谁不听话，管仲就会发起货币战争与食盐禁运。

不费一刀一枪，齐国的霸权已经悄然建立。

管仲作为齐国的国相，必须抓住国家核心命脉，如食盐、矿，有个专有名词叫“官山海”，一直被后世的王朝当作高超的敛财手段。只有手里有钱，才能在国家建设和打仗上不差钱。而对于能提高老百姓生活质量与满意度的商业行为，管仲不去管。

管仲在春秋早期提出了极为先进的施政理财思想，在国家理财方面运用了现代的金融思想。他似乎早已清楚了历史的每一步走向，在命运的每个十字路口都能选对方向，这让人怀疑管仲是不是从现代穿越到过去的经管专业高才生。后世很多管仲的粉丝在他的思想基础上写了很多文章，然后把这些文章合成一本书叫《管子》。

经过管仲改革，齐国焕然一新：内部空前团结，“国内生产总值”快速增长，国力大增。有一项指标可以作为证明，那就是齐国军队的行军距离。过去，春秋诸侯国打仗都是邻里矛盾，只能在家门口打，不会跑太远，因为后勤跟不上。而齐桓公时期，齐军行军最远距离达五百多公里，这在春秋早期是很惊人的。

昔日周天子在齐国身上贴有两道封印，其中一道是“天子二守”。如今，“天子二守”与齐桓公紧密团结，这道封印已经被管仲改革给解除了。另一道封印是鲁国。年轻的齐桓公急于成就霸业，迫不及待地要自己去解除封印，结果捅了大娄子。

捌

尊王攘夷

曹刿论战

“君二代”齐桓公和众多纨绔子弟一样，整天吃喝玩乐，私生活混乱，什么坏习惯都有。但自从被仲父管仲调教后，齐桓公收敛了不少，算是走上了正轨。不过他有一个坏毛病始终没有改掉，就是爱出风头。

很多君二代因为从来没有吃过亏，总觉得自己能量大到可以呼风唤雨，遇到可以展现自己的机会一定要出尽风头。上位才一年的齐桓公觉得，国内有管仲主政，再加上之前在乾时之战打败过鲁国，就异想天开地想一次性解决鲁国，把齐国头上第二道封印揭去。

对此，明白人管仲极力反对，因为自己的改革才开展一年，效果不会立竿见影。现在齐国最应该睦邻友好，休养生息。只要国力强了，就可以通过经济战打服鲁国，完全没必要动刀动枪。

但齐桓公却什么都不管，他要的就是能出风头。管仲拗不过这个任性的年轻人，只能任由他胡来。既然你不撞南墙不死心，那你就去撞一回吧，等撞得头破血流，后面就老实了。

齐桓公二年（公元前684年）的周历正月，齐桓公率领大军浩浩荡荡地杀向鲁国。

鲁国如临大敌，此时在位的鲁庄公可以算是春秋史上最惨的外甥，没有之一。亲爹被大舅齐襄公弄死了，自己对二舅公子纠进行“风投”，结果亏得血本无归，只能宰了二舅，现在三舅齐桓公又要来干掉自己。

二十几岁的鲁庄公肩负着鲁国的重担。自从上次“风投”二舅吃过亏后，他就认清了自己的斤两。

世道太险恶，他需要一个能人来帮助自己。

国难显忠良，就在鲁庄公一筹莫展时，一个叫曹刿（guì）的人主动来求见他。

在曹刿求见鲁庄公前，同乡人调侃他：“齐国打鲁国，这是那些吃肉的高级贵族该谋划的事，你去干吗？”面对调侃，曹刿义正词严地回答道：“高级贵族目光短浅，只为自己着想，不会深谋远虑的。”

在曹刿看来，凡人因没有远大梦想，而被现实所困，自己有着鲲鹏之志，必然要在这乱世中建功立业。

曹刿与鲁庄公初次见面，按理说，应该是身为国君的鲁庄公考考曹刿有什么御敌之策，但实际情况却反过来，变成了新员工面试老板。

曹刿：跟齐国打仗，可以依靠哪些东西赢得战争呢？

鲁庄公：我有吃的有穿的，不敢独享，都分给大家。

曹刿：小恩小惠，只能收买身边的人，没有得到实惠的老百姓是不买账的。

鲁庄公：祭祀用的羔羊玉帛，我不敢乱增加。

曹刿：一点诚心是不能打动神灵的。做事不要指望神灵，只能靠自己。

鲁庄公：大小案件，我虽然不能仔仔细细查明，但都会尽量合情合理地去办理。

曹刿：这是为老百姓办实事办好事，老百姓会支持你，这仗可以打。打的时候，请带上我。

曹刿要的是一个在百姓中有威望的君主，因为即将与齐国开展的战争是一场正义的卫国战争。只有民心所向，才是胜利的基石。

齐军马上就要到达鲁国。鲁庄公带上曹刿，同乘一辆车奔赴前线。此次是鲁军主场作战，决战地点在长勺（今山东省莱芜市西杓山村），这是曹刿精心选择的。长勺在泰山余脉之南，地势平坦，适合主力决战。著名的长勺之战即将在这里展开。

刚翻过泰山的齐国大军，惊奇地发现鲁军早已在这里默默等着他们。齐桓公很感谢鲁军选择这块平坦的好地方，齐军很快就摆好了阵形。面对等待多时的鲁军，爬完山已经快累趴下的齐军只求速战速决，赶紧打完收工。

齐桓公天真地以为，自己人多势众，冲垮鲁军是轻而易举的事情。但是他万万没想到，对面的敌军阵中有个和自己干爹一样的“社会人”在坐镇指挥。

鲁庄公见到齐军摆好阵形，下意识地拿起鼓槌，准备击鼓进军。就在鲁庄公要击鼓的那一刹那，曹刿阻止了他。曹刿要在敲鼓上耍个花招，这个花招直接改变了战局——他要以不变应万变，让敌人自乱阵脚。

之前我们讲过，春秋时贵族打仗都是讲规则的。两军对垒，排好阵形，双方敲鼓，大家踩着鼓点，踢着正步，保持队形，朝着旌旗所指的方向开始进攻。这种打法，阵形整齐很重要，阵形一乱基本就输了。

过去，繻葛之战时，郑庄公再怎么提升战术水平，还是要遵守交战的规则，不鼓不成列，敌人阵形没排好，就不会率先攻击。鼓声就相当于体育比赛的哨声，谁率先攻击，就是犯规，要重新比赛。

此时，排好阵形的齐军开始击鼓进军。战车上的车御开始挥起手中的缰绳，四匹马开始慢慢奔跑起来，准备加速冲击敌军，步兵也紧随战车掩杀而来。就在齐国全军亢奋、杀气满盈时，令他们疑惑的事发生了：鲁军并没有敲鼓进军，而是在原地一动不动。

主帅齐桓公想，这一定是鲁军没有准备好，出了什么状况，如果这样杀过去，自己就违反了交战规则。于是保持贵族精神的齐军退了回去，重整队形。就这样，齐桓公反复击鼓进军三次，对面的鲁军如同木头桩子一样岿然不动，一丝鼓声都没有传来。

齐军如同被判了三次抢跑的运动员，内心无比崩溃，阵形也乱了起来。步兵还好，关键是驷马战车的马儿被反复折腾了三回，已经不听话了，想再让它们听话，比让马儿说人话都难。失去控制的战车就丧失了重要的冲击力，成了一个个大活靶子。而失去战车战斗力的军阵，也丧失了机动性，基本上就失去了获胜的机会。

曹刿看到齐军的阵形乱了，意识到他等待的时机终于来了。曹刿示意鲁庄公击鼓进军，鲁庄公兴奋地敲起鼓来，静候多时的鲁军如脱缰的野马般朝齐军冲杀过去。长勺平坦的地势让鲁军的机动性得到充分的发挥，一下子就把齐军冲垮了。

溃散的齐军开始往后撤。鲁庄公想乘胜追击，遭到曹刿的否决。社会经验丰富的曹刿先是下车检查了齐军撤退的车轴印，他发现齐军车轴印乱七八糟，没有整齐划一。随后曹刿再登上车前横木远眺，发现齐军的旗帜东倒西歪。这些迹象证明齐军没有设伏，而是确实溃不成军了，曹刿这才同意鲁庄公追击齐军。

其实他过于谨慎了。对手齐桓公是个毫无社会经验的君二代、死要面子活受罪的贵族，让齐桓公违反贵族精神设伏，这比要他命还难受。

长勺之战以鲁军完胜告终。曹刿违反了交战规则，用了不符合贵族精神的战术，但他却拯救了鲁国。在那个动乱的年代，鲁国作为小国，追求的不是开疆拓土、争霸天下，而是不被吞并。长勺一战打出了鲁国此后四百年不被吞并的国运。而经验不足的齐桓公，则在长勺之战中交了巨额的学费，撞得头破血流。

带着残兵败将回到齐国的齐桓公，从此完全听从管仲的决策。此后齐桓公在管仲的辅佐下，基本上顺风顺水，没有出大的纰漏。看来这学费虽然贵，但是交得值。

让人上瘾的会盟

如果用一句话来概括齐桓公的一生，那就是：他不是在搞会盟，就是在去会盟的路上，可以算是中国历史上第一“会霸”。

会盟满足了齐桓公爱出风头的虚荣心，同时也是不得已的办法。

过去，天下的老大是周天子。周天子分封诸侯，为了让分封出去的诸侯不忘记自己是周天子的员工，周天子会让他们常回家看看，这就是朝觐制度。但齐桓公不是周天子，没办法让那些诸侯都往齐国首都临淄跑，只能通过会盟的方式来彰显自己老大的身份。

其实，诸侯过来开会完全是给东道主面子，不一定要有盟约。但一心想当霸主的齐桓公要求开会时必须要有盟约：我齐桓公让你来开会是看得起你，你在我面前签保证书，以后我作为老大一定会罩着你。

会盟是有一套标准流程的。

为了彰显会盟的隆重，不能在平地上举行。首先要搭个坛，然后大家一起草拟盟书。关于盟书的内容，参会的小弟就不用操心了，因为老大已经拟好了。盟书经过大家一致同意（老大草拟的盟书，小弟谁敢不同意），就可以颁布了。

各诸侯来到坛上，正式订立盟约。为了见证这一伟大时刻，需要杀头牛，而且老大会亲自割牛耳、取牛血。不要小看那只牛耳朵，这东西不是谁都能拿的。那只牛耳朵在谁手里，就代表谁是老大。取到的牛血，每个诸侯要喝下去。如果有诸侯嫌恶心喝不下去也不要紧，可以把牛血抹自己嘴上，这就叫作歃血。

接下来，祝史（祭司官员）会昭告各方神仙来监督，谁违背盟约就会遭到天打雷劈。随后祝史当众宣读盟书。宣读完毕后，盟书一式多份，一份放在被宰的牛背上，挖坑埋了，称为“坎牲加书”。另外几份由各诸侯分别带回去一份，放置在宗庙里，不能弄丢了。最后盟主邀请大家一起吃个饭，诸侯们就各自回家了。

齐桓公四年（公元前682年），齐桓公迎来了一次好机会：宋国内乱了。宋国在鲁国西边，处于中原腹地，是公爵级国家。如果齐桓公抓住此次机会，控制住宋国，便可将势力深入到中原，还可以在鲁国背后形成战略威胁。

这一年的春天，齐桓公不请自来地帮助宋国平定内乱，并且扶持了宋桓公。为了确保宋桓公的君位，齐桓公在北杏（今山东东阿）召开了人生中第一次会盟。

然而齐桓公的第一次会盟极其惨淡，除了宋国以外，只有陈、蔡、邾（zhū）三个小国来了。

齐桓公第一次执牛耳，闹得很不开心。一出道就想迈入人生巅峰的齐桓公被现实无情地抽了一记响亮的耳光。

会盟人气不旺，就找个借口来出气。

大国想出气，小国往往就是出气筒。但是出气归出气，可不能亏本，于是管仲为齐桓公挑了遂国做出气筒。遂国收到了齐国的邀请，但是没来参加会盟，这正好给了齐桓公拿他出气的理由。遂国就在齐军回国的必经之路上，因此齐国顺手就将它灭了。而且，遂国在泰山背面，又是鲁国的死党，灭了遂国，齐国便可以从泰山背面直接攻击鲁国，不用再翻泰山了。

现在鲁国遭遇了前所未有的战略威胁，齐、宋两面夹击自己，身边的遂国又被齐国占领，这相当于在自己枕头旁装了一颗随时会爆炸的炸弹。被齐国死死扼住脖子，鲁国只能乖乖屈服。

就在北杏会盟的这一年冬天，齐桓公邀请鲁庄公到柯这个地方来会盟。

面对三舅齐桓公的盛情邀请，外甥鲁庄公不敢不来。鲁庄公去柯的随行队伍里有一个叫曹沫的倒霉蛋，身材魁梧、力大无穷。他曾经三次担任主将与齐国交战，三次全负，割地赔款。这战绩换一般人都不好意思见人，自己引咎辞职算了，但是鲁庄公并没有罢免他，他依然待在将军的位置上。

鲁庄公知道，曹沫虽然打仗不行，但他也是一个社会人。之前鲁庄公任用社会人曹刿，采用流氓战术打赢了齐军，这次则要用社会人曹沫完成一次著名的绑架行动。

鲁庄公到了柯地，与等待多时的三舅齐桓公相见。在盟坛上，齐桓公与鲁庄公订立盟约。这下齐桓公终于搞定了鲁国，就在他兴高采烈的时候，一个黑影突然蹿上盟坛，以迅雷不及掩耳之势闪到了齐桓公身后。齐桓公还没反应过来，曹沫已经拿着一把锋利的匕首抵在他的咽喉处。周边的齐国护卫看到这惊险的一幕，都不敢轻举妄动。

被刀架在脖子上，齐桓公第一次尝到了当人质的痛苦。他故作镇定地问：“你要干什么？”

曹沫严正地说：“齐国强大，鲁国弱小。齐国作为大国老是欺负小国，你好意思吗？这事你看怎么办吧？”

面对绑匪曹沫的质问，齐桓公既愤怒又紧张。他开始用理性思考：如果不答应曹沫，鬼知道这个五大三粗的曹沫会怎么弄死自己。人一死，生前再多的努力都是白费的，还是保命要紧，先答应再说。

于是齐桓公说："我把之前齐国侵占鲁国的土地，都还给你们。"

曹沬要的就是齐桓公在盟坛上对天发誓，把鲁国的土地吐出来。他一听到齐桓公这话，就扔下匕首，回到坛下坐了下来，就跟没事人似的。

要交这么一大笔赎金，齐桓公内心极不情愿。管仲安慰道："如果想做天下霸主，就不能丧失对诸侯的信用，土地还是还给鲁国吧。"齐桓公被曹沬抓住，被拼命敲诈了一把，但为了当霸主，也只能做出牺牲。

大国想称霸必须讲道义，否则别国不跟你玩；小国想生存，只能耍流氓、当无赖。春秋已经是一个礼崩乐坏的时代，在乱世中，大小国家和社会各阶层都在选择不同的生存方式。

曹沬后来位列先秦五大刺客排行榜第一人。其他四位刺客——专诸、豫让、聂政、荆轲的下场都很惨，没一个善终，而曹沬竟然在完成任务之后全身而退，不得不说是个传奇人物。

柯地会盟后，齐桓公立起了诚信的招牌。有了这招牌后，齐桓公广揽人心，处处充当正义使者，维护天下和平。公元前680年，齐国在鄄（juàn）地会盟，宋、陈、卫、郑这几个中原核心国家都来捧场了，其中还有重量级的嘉宾，就是周天子派来的代表。

有了周天子的认可与中原国家的拥护，齐桓公终于登上了霸主之位。

能力越大责任越大，霸主不是那么好当的，他要肩负起维护天下秩序的责任。当时天下的秩序并不稳定，其中的破坏因素就是蛮夷。

华夏文明的大危机

公元前661年某晚，正要入睡的齐桓公听到一个从北方传来的噩耗：狄人将攻破邢国（今河北邢台市）。接到消息后，齐桓公大惊失色，连夜找管仲商量对策。

齐桓公与管仲焦虑的心情完全可以理解。邢国曾是周公旦第四子的封国，它北挨燕国，南接卫国，东临齐国，是中原诸侯在黄河北岸的门户和抗击北边蛮夷的最前线，地理位置极其重要。如果邢国失守，那么黄河北岸将成为狄人的嘴边肉，齐国能否保全都成问题，更不要谈称霸了。

西周时，周天子还是老大，中原周围到处都是不听话的蛮夷，分别是东夷、西戎、南蛮、北狄。这些蛮夷都以游牧部落的形式在各诸侯国附近生活与打劫。即使暂时消灭一批蛮夷，很快又会有新的一批出现，为此周天子会定期有组织地统领各诸侯去征夷。

到了东周，周天子没人理了，这清理蛮夷的事也就没人管了。蛮夷在中原大地上撒欢横行，如入无人之境，甚至连洛邑、郑国这样的中原腹地，也常遭蛮夷袭击，这在过去是想都不敢想的事。

春秋前期，西戎已经被秦国打得半身不遂，东夷要么被齐国灭掉要么被华夏文明同化。中原现在最主要的威胁来自南北两面，即南蛮的楚国和北面的狄人。

最令中原诸侯害怕的是北狄。楚国已全面学习中原，国力蒸蒸日上，大有进军中原、吞并群侯的架势，说他们是南“蛮”，完全是地域歧视。而狄人势力极大，那时，山西、河北大部分地方都是他们的地盘，而且他们披头散发，连文明都谈不上。

齐桓公很快率领大军赶至邢国，但他发现自己起了个大早，赶了个晚集。邢国已满目疮痍，基本被狄人打残了。狄人来去如风，齐军连个影子都没看见。如果狄人再搞个二次袭击，邢国肯定不保，为此齐桓公与管仲很是头疼。

然而这还仅仅是噩梦的开始。就在第二年，令中原诸侯震惊的灾难再次发生了：黄河北岸，有着四百年悠久历史的公爵级卫国，竟然被狄人灭国！就连爵位等级最高的公爵级国家都会被灭，下面的侯、伯、子、男这些国家岂不更是岌岌可危。中原诸侯人心惶惶，一想到狄人就瑟瑟发抖。

狄人这次是绕过了黄河北岸的门户邢国，以迅雷不及掩耳之势攻下卫国，卫国国君卫懿公当场战死。狄人大肆烧杀抢掠。卫国残存的老百姓一直被追击到黄河边上，眼看就要跳河自杀了。黄河南岸离卫国最近的宋国赶紧派出军队赶往黄河岸边，实施救援行动，最终也总共只有五千人被救出来。

身后的公爵级卫国被灭，黄河北岸孤零零的邢国就处在狄人包围中，灭国已进入倒计时。果不其然，卫国被灭后没几个月，狄人再次大举进攻邢国。

齐桓公集结了离邢国较近的宋国与曹国的军队，浩浩荡荡地奔向邢国。结果刚到邢国地界，齐桓公就看到邢国难民朝自己奔来。他明白自己又来晚了，现在只能帮难民把身后追杀的敌人赶走。

这几年，霸主齐桓公被狄人弄得灰头土脸，很没面子。这事办不好，还怎么当老大？可是狄人来无影去无踪的打法又让他很是头疼，他多么希望狄人能来个面对面的对决。

为这事，齐桓公专门询问了管仲："仲父，咱们老是这么长途救援，打着狄人还好，打不着的话，这军队就成了公款武装旅游，既费钱又费力。"

"狄人势力太强大，实在惹不起。不如就让邢、卫两国异地复国吧！"

"啊，异地复国？仲父，在哪里复？"

"这两个国家地处黄河北岸深处，一旦遭到狄人攻击，我们很难救援。最好让这两国向南迁移，邢国迁到夷仪（今山东聊城），卫国迁到楚丘城（今河南滑县），这样既方便快速救援，也能为黄河南岸的诸侯国充当防御。"

"这异地复国，要重新盖房子，还要买家具、弄粮食，这一大笔钱谁出啊？"

"作为天下霸主，让狄人在眼皮底下横行，已损霸主威名。为了不让诸侯对我们失望，这重建的钱必须咱们齐国出，否则这霸主就别干了！"

经过管仲改革，作为霸主的齐国还是挺富裕的，能用钱解决的问题，对齐国来说都不是问题。财大气粗的齐桓公很快把邢、卫两国搬家的事情解决了，还派军驻守，提防狄人。

重建邢、卫的事让中原诸侯对齐桓公充满钦佩，在他们心中，齐桓公不光是慷慨的大金主，更是一个无私的救助者。此后，齐桓公利用尊重周天子的名义，组织中原诸侯有计划地清除蛮夷，解决了北狄大规模入侵黄河南岸的危机，更避免中原出现"华夷杂处"的局面。过去周天子清理蛮夷的任务，就交给了齐桓公来做。齐桓公虽无周天子之名，却已有周天子之实。

后世的孔子，对管仲的尊王攘夷政策赞不绝口："微管仲，吾其被发左衽矣。”意思是，如果没有管仲，我们就要披头散发，穿左衽[①]的衣服了。

然而，跟南面的楚国相比，狄人的进攻只能算是小打小闹。

公元前684年，也就是长勺之战的同一年，楚国攻占了蔡国并俘获其国君。很多国家对此并不在意，但这个事件就像一只蝴蝶扇动翅膀产生了微弱气流，随后气流越来越大，最后竟变成龙卷风，在中原大地肆虐起来。

楚国的强大和楚武王、楚文王、楚成王三代君王的努力是分不开的。

楚文王把首都从丹阳迁到郢（yǐng），即今天的湖北省荆州市北面。这里土地肥沃，又处在南来北往的中心，进可攻，退可守，此后四百多年一直是楚国的首都。楚成王熊恽是楚文王的小儿子。原本王位根本轮不到他，幸运的是他有一个治国成绩不及格的亲哥哥熊艰。公族对在位已三年的熊艰很不满意。

要知道，在楚国如果业绩不行的话，哪怕贵为君王也是要换人的。公元前671年，公族借随国的军队杀了熊艰，立熊恽为王，即楚成王。

楚成王刚继位时和母亲息夫人相依为命。息夫人的大儿子已被害，她只希望自己的小儿子平平安安。但寡妇门前是非多，把持楚国朝政的公族首领子元，也就是楚成王的亲叔叔，竟然不顾公众影响，多次调戏息夫人。

为了年少的楚成王，息夫人只能委曲求全。而年少的楚成王面对母亲被叔叔调戏的屈辱，也早已学会了隐忍。少年楚成王有着超越同龄人的城府，他每天一边面带笑容地听叔叔说话，一边却在等待报复的时机。

少年楚成王明白一条残酷的道理：如果没有权势，纵是有一国之君的名分，也只是砧板上的肉，任权臣宰割。在这种环境下成长的他，做事风格就是爱玩阴的。七年后，成年的楚成王终于借助若敖氏之力杀了子元，自己掌握实权。

不过，楚成王虽然掌了权，但在过去的七年里，他一直活在血腥的政治斗争中，这让本该阳光灿烂的少年内心充斥着不安。一个人如果小时候缺乏安全感，那终其一生都会没有安全感。楚成王此后一生都在寻找安全感。

在弱肉强食的春秋时代，楚成王深知要想不被人吃掉就得拼命吃别人。他为

① 左衽，衣服的前襟向左掩，是古代一些少数民族的穿衣方式。

楚国的命运感到不安，故而他也成为楚国历史上吞并国家最多的君王；当他自己的王位受到威胁时，他会想方设法弄死威胁者，即便牺牲国家的利益也在所不惜。

少年多磨砺，男儿自横行。

在春秋风云激荡的时代，楚成王开始在中原大地横行无忌。从公元前659年起，他连续三年进攻天下的交通中心——郑国。这样猛烈的攻击令天下诸侯震惊，郑国紧急向齐桓公求援。郑国一旦被拿下，楚国便可在中原腹地四处出击，到时候各诸侯国将鸡犬不宁。

齐桓公在位总计四十三年，当他老年的时候，过得就不那么舒服了。波澜不惊的湖面上突然刮起了龙卷风——楚国来了。

原本，齐国与楚国一南一北，压根儿就不接壤。只是南方楚国实力逐渐强大，最终已成为天下政治格局里的一极。作为天下政治格局的另一极，北方的齐国终于不得不出手了。

精明的管仲觉得，齐、楚两个大国为了郑国直接硬碰硬太不划算，既然你楚国打齐国的小弟，那我齐国就打你楚国的小弟，看你救不救！

管仲为齐桓公挑选的攻击对象是蔡国。蔡国是楚国的附属国，算是在楚国的地盘上，进攻蔡国可以威胁楚国的战略缓冲区。进攻蔡国，楚国必救。

齐桓公一听管仲的建议，开心得不得了，因为他和蔡国曾有私仇，蔡国做过一件让他觉得很没面子的事。齐桓公曾有一位从蔡国娶来的夫人蔡姬，有一次，齐桓公与蔡姬泛舟水上，调皮的蔡姬知道齐桓公怕水，故意摇晃船身，想来个鸳鸯戏水，结果旱鸭子齐桓公被晃得大惊失色。作为一代霸主，怎么能让他人看到自己胆小的一面呢？于是气疯了的齐桓公把蔡姬赶回了家。

眼见蔡姬被赶回来，蔡国国君蔡侯以为这算是正式断绝关系了，就把蔡姬再嫁给他人。齐桓公得知此事后觉得很没面子，而在他眼里，有的时候面子比国家利益还重要。现在齐桓公借此机会，正好教训一下蔡国。

为了解救郑国，也为了教训蔡国、震慑楚国，公元前656年，齐桓公纠集鲁、宋、陈、卫、郑、许、曹，打着“尊王攘夷”的旗号，组成了一支规模空前的八国军队，就是要灭掉蔡国，给楚国看。

蔡国真是倒了八辈子血霉，之前被楚文王打得差点灭国，国君都被抓到楚国接受改造，现在老老实实给楚国当小弟，结果所有的中原诸侯又都倾巢而出来打自己。蔡国没有还手的余地，而楚国援军连个影子都没有。因为在楚成王看来，为一个小弟消耗自己的元气，不值得。

齐国大军一到，孤立无援的蔡国人四散逃命。齐桓公很是高兴，私仇终于报了，下面就等楚国大军前来对阵。可是齐桓公左等右等，楚军没来，却来了一个不速之客。

这个人是楚国的使者，究竟姓甚名谁，史书上并未提及。齐桓公派能言善辩的管仲出面，希望给楚使一个下马威。但是楚使不是来谈判的，而是来怼人的，他这一怼竟成了千古名怼。

楚使说："齐国国君住北海，我楚国国君住南海，相距那么远，即使是像发情期的牛马那样狂奔，也不会相遇。没想到齐国国君会到我的地盘上来，总得给个理由吧？"

从这一番话中可以看出，楚国态度极其强硬。这里的"北海""南海"并不是指地理位置上的大海，而是表示距离很远，更表示你齐国是北边的老大，我楚国是南边的老大。

管仲听完楚使的话，大义凛然地说："很久以前，周王室的召康公（周成王的太保，地位仅次于周公旦）对我齐国开国之君太公（吕尚）下令说，哪个诸侯有罪过，齐国都可以去讨伐，以捍卫周王室。你们作为周天子的臣子，不按时进贡苞茅，害得周王室祭祀用的酒都没法过滤。更为重要的是，三百年前周昭王南征楚国，没有回来，这是咋回事啊？"

不愧是管仲，能把死的说成活的，直接抢占了道德制高点：你楚国不进贡苞茅，就是对周天子的不敬，而我齐国的政治理念就是"尊王攘夷"，自然要敲打你。另外，他把三百年前周昭王因南征楚国而死的事都搬了出来，表示出兵就是要为周昭王讨回公道。这一席话，直接抢占了大义。

如果是一般人，听了管仲的话，肯定会气不打一处来，觉得这分明是欲加之罪，何患无辞。当年周王室东迁洛邑后，我没有进贡苞茅，但是不待见周天子的诸侯多了去了，你齐国怎么就来打我，不打其他人啊？更厚颜无耻的是你竟把三百年前周昭王征楚而死的旧账翻出来，这都隔了十八代人，算什么理由啊？

面对这种无稽之谈，回答就应就事论事，不要做过多纠缠，否则会越陷越深。在这方面，楚使做得很好，他就回答了两句："不进贡苞茅是我们楚国的过错，下次不会再出现。至于周昭王的死，你还是到水边去问问吧！"

楚国使者主动承认自己的错误，还将管仲的无理指责直接怼了回去，使管仲没有讨到一丝便宜。

既然在外交上讨不到便宜，那就在战略上抢占先机。管仲让齐桓公不要停止进军步伐。打败蔡国后，齐国将陉山确定为下一个进军目标。这步棋下得太妙，让楚国上下惊出了一身冷汗，因为陉的背后就是楚国的咽喉——方城。

方城是一个重要的军事要塞，它夹在楚国申县与息县两大前进基地之间，地理上处于南阳盆地与大别山之间的缺口上，是进出中原的咽喉要道。要命的是，楚国在外线作战向来都是主动出击，自己却没怎么修过像样的防御工事。一旦人多势众的八国军队攻破方城，那么楚国将无险可守，随时会出现亡国的危险。

从小就学会隐忍的楚成王此时头脑极其冷静。面对楚国有史以来最严重的一次国家危机，临危不乱的他并没有选择主动交战，因为他有九成的把握，这场仗打不起来。首先，齐国是一个很精明的国家，会计算打仗的得失。齐国与楚国离得很远，实力差不多，打起来只会两败俱伤。即使打赢，齐国也占领不了楚国的土地，只会便宜了其他国家。其次，齐桓公来只是为了灭灭楚国锐气，威慑一下楚国，赚足霸主的面子。你齐桓公好面子，那我楚成王给足你面子就是了。对楚国来说，安全是第一位的，"霸主"只是个名号而已，这玩意儿在楚成王眼中一文不值。

因此，楚成王主动选择放下身段，用成本最低的方法来解决危机，那就是和谈。但是这和谈也不能马上谈，要让齐桓公慢慢等，吊足他胃口。

八国军队一直等到这一年的夏天，原本想给楚国一点颜色看看的齐桓公终于熬不住了。春天时将领带着一大帮子人出征，到了夏天还没回去。士兵都是从国人里征召的，春天出征在外已经误了农时，夏天一过，秋天就来了，再不回去务农，全国上下就等着吃土吧。更何况出征在外这么长时间，这么多人的吃喝拉撒，已经给后勤造成了巨大负担。

就在齐桓公与管仲纠结打还是撤的时候，楚国终于伸出橄榄枝。齐桓公闻之大喜，赶紧就坡下驴，主动后撤到召陵。楚成王派大夫屈完全权代表自己进行谈判。同时，为保险起见，他命令楚国大军出方城，随时应对因谈判破裂而引起的战争。

屈完到达对方驻地后，受到了齐桓公的隆重欢迎。齐桓公盼星星盼月亮终于把屈完盼来，为表现对屈完的高度重视，他还让屈完与自己同乘一辆马车检阅军队。检阅的时候，两人表面装得极其友好，其实心里都明白要见好就收，不要撕破脸皮。

为此，齐桓公虚伪地说着客套话："我们此次出兵，不是为了我个人，主要是我国先君喜欢和别的国家建立友好关系。要不咱两国也建立友好关系，怎么样？"

屈完一改楚国过去谁都不理、逮谁怼谁的外交辞令，对齐桓公极其谦恭地回答："承蒙齐国国君为了造福我楚国社稷，专门惠临这里。您这样接纳我们，正是我楚国国君的愿望。"

屈完把齐桓公马屁拍得震天响，让他的虚荣心得到了极大满足。齐桓公开始飘起来了："我有这么多军队去征战，谁能抵抗得了？我有这么多军队去攻城，哪个城攻不下来？"

面对齐桓公这么咄咄逼人的武力炫耀，屈完也开始委婉反击了。

屈完说："一国之君要用仁德来安抚诸侯，谁会不服从呢？如您执意要用武力解决的话，我楚国将以方城为城墙，汉水为护城河，即使您兵马再多，也没有用处。"言下之意，一个明君是用仁德来服众的，即使你齐国来打我们，我们也不怕。

过去楚国和中原国家交涉都是直来直去，谈不拢就开打，这次屈完竟然用仁义道德去回应齐桓公。听了屈完绵里藏针的话，齐桓公知道，该见好就收了，不要再争执下去，赶紧把正事办了。

齐桓公开出的和谈条件很简单，就两条：一、继续向周天子进贡苞茅；二、承认齐桓公是老大。

面对如此优厚的和谈条件，屈完立马表示赞同，只要能让八国军队赶紧走人就行。于是，屈完代表楚国与齐桓公举行了“召陵之盟”。齐桓公老大的身份获得了楚国承认，楚国也恢复了对周天子的朝贡。

后世用“南夷与北狄交，中国不绝若线”这句话来表彰齐桓公保卫中原的行动，说他不光抵御了北方狄人的侵扰，也阻止了楚国北掠的企图。实际上，这句话完全说错了。“召陵之盟”没有任何赢家与输家，楚国仅仅是为了解决一次重大安全危机而实施缓兵之计，齐桓公也只是得到了楚国暂时的恭维。

经历此次危机，楚成王吃一堑长一智，不再只注重外线作战，也要做好自身防御工作。于是从楚成王开始，历代楚王皆化身基建狂魔，他们以方城为起点，大规模修建楚长城。这规模宏大的楚长城作为楚国北方重要屏障，数百年来多次阻挡了北方中原的来犯之敌。

总体来说，楚成王的谋略远在齐桓公之上，他头脑清醒，做事稳扎稳打。在残酷的国内外斗争中，他知道什么时候该进，什么时候该退。他是春秋史上著名的霸主陪跑人，一生陪伴了齐桓公、宋襄公、晋文公三位霸主，但是他虽无霸主之名，而有霸主之实。楚成王要的只是实实在在的东西，也就是土地与安全。

“召陵之盟”只是揭开了春秋超级大国楚国争霸中原的序幕，不久以后，楚成王将会在中原大地上刮起更猛的超级台风！

葵丘之盟

公元前643年初冬，齐桓公从寝殿偌大的床上醒来，身边空无一人。他发现自己动弹不得，浑身都被病痛折磨着。当闻到裤子里传来的恶臭时，他知道自己快要死了。

齐桓公已经记不清上一次昏迷是什么时候了。他实在不想再醒来，因为每一次醒来都是对自己尊严与生命的拷问。他现在肚子很饿，裤子里面又脏得难受，可是没人来搭理他。曾经的天下霸主，到最后也成了一位孤独无助的将死老人。他只希望自己在被病痛折磨死之前，能体面地走完人生的最后一程。

躺在床上的齐桓公，费力地转动脖子向门外望去，想找个人来帮帮自己。可是门外连一个人影都没有，只有飘进屋里的雪花与寒风。远处寝殿的围墙被加得很高，高到只有鸟儿能飞进来。宫门被大木条钉得死死的，门上只留下一个洞眼，每天都会有一双眼睛出现在洞眼里，看自己是否死了。齐桓公知道，外面的人是多么希望自己快点死啊，但他们又不想因亲自动手而背上弑君的罪名。所以，困死自己是他们最好的办法。

绝望无助的齐桓公呆呆地看着房梁。行将就木的他只能通过回忆，来减轻自己的痛苦。他想来想去，自己一代霸主，戎马一生，最辉煌的成就就是葵丘之盟。

八年前的夏天，在中原大地称霸已久的齐桓公，已是一位耳顺之年的老人了。他这辈子已经折腾够了，不想再折腾了，只想召开一场旨在终结天下一切战乱的大会，让天下太平，也让身为霸主的自己能安享晚年。

于是，齐桓公在葵丘召开了一场规模空前的大会盟，并干了一件具有里程碑意义的事——与会盟的诸侯签订了具有法律意义的盟约。

大会当天，中原诸侯全部到场，被齐桓公一手扶持上位的周襄王也很给面子，直接派出自己的大臣宰孔作为王使参加会盟。当年，周襄王还是太子郑，他的父亲周惠王想立自己喜欢的小儿子王子带为国君。周天子带头破坏宗法制，霸主齐桓公召集中原七国会盟于首止，背着周惠王，把太子郑定为下一任周天子。

葵丘大会上，白发苍苍的齐桓公站在盟坛顶上，威严地环视自己身边毕恭毕敬的诸侯，内心充满了得意。这场会盟是对自己政治生涯的最好概括。

齐桓公望着远处，等待着王使的到来。王使宰孔缓缓而来，整场会盟走向高潮。宰孔带来的都是象征天子地位的王室御用品，有用来祭祀周文王和周武王的祭肉、朱红色的弓箭、天子座驾、缀有九条流苏的龙旗和渠门大旗，这些贵重礼物都是周襄王赐予齐桓公的。此外，宰孔还传达了天子的旨意："伯舅（天子叫异姓诸侯为伯舅）年纪大了，加赐一级，不用下拜了！"

听完周襄王旨意的齐桓公，内心如同一只氢气球般飘飘然，他真打算不去跪拜了。还好站在一旁的管仲走来贴在他身后说了一句"不可以"，齐桓公才突然醒悟，意识到自己的政治招牌就是"尊王攘夷"，不能砸自己招牌啊！

于是齐桓公向王使宰孔恭敬地回答："天子威严就在眼前，小白哪能贪受天子恩令，废掉下拜的礼节呢？"

有了周天子礼物的加持，齐桓公可以算是一人之下，万人之上了。如果忽略毫无实权的周天子，齐桓公就是中原大地的主宰、无冕天子！

在这场会盟中，这位无冕天子想凭借自己的一人之力，用盟约创建新的天下秩序，彻底终结天下礼崩乐坏的局面。为了能让盟约具有更高的法律效力，齐桓公借周天子之名，发布了五条禁令，这五条禁令的精神都来自周礼。齐桓公希望借此彻底终结天下动乱，不再君不君、臣不臣，让天下井然有序，重现西周时期天下太平的景象。

在盟坛下，司盟（相当于司仪）宰杀了一头牛，割下牛耳放在珠盘上，并把牛血倒入玉敦中。司盟缓步登上盟坛将牛耳交与齐桓公，然后大声诵出盟约，这声音响彻全场，震荡天下。齐桓公站在盟坛中央，手里拿着还在滴血的牛耳，仿佛掌握着宇宙苍生的命运。他闭眼聆听着盟约，浑身有种莫名的快感。

天子五禁

第一条，讨伐不孝之人，禁止随意废立太子，禁止把小妾扶正（周王室东迁后，很多诸侯都违反宗法制，引发动乱。只有把嫡长子继承制作为国本，这个国家才能长治久安）。

第二条，尊敬贤人，培育人才，表彰有良好道德之人（树立道德榜样，消除礼崩乐坏的不良风气）。

第三条，尊老爱幼，禁止怠慢来访的贵宾（这是曾当过流亡公子的齐桓公在为各国流亡公子考虑。如果国家发生动荡，有了这条禁令，万一哪天自己的子孙流亡到国外，至少还能过得下去）。

第四条，官职禁止世代相传，一个人当官禁止兼任多职，选用人才要得当，禁止乱杀士大夫（世禄可以，世卿不行。选拔官员要看才能而不是看出身，更不能让臣子担任多职，避免他们大权独揽。这一条很可能是管仲加上去的，他要为齐桓公进一步集权，以天子的名义去削弱“天子二守”这样的世袭大贵族，但这也为齐桓公死后齐国内乱埋下伏笔）。

第五条，河流上游国家禁止阻塞流往下游国家的水源，邻国闹饥荒的时候不能禁止邻国来采购粮食（避免争端，让大家和平相处）。

诵读完毕后，司仪拿来牛血，准备让诸侯们歃血为盟。齐桓公对所有人大声喊道：“凡是来参加会盟的诸侯，订立盟约后，大家就都是好朋友！我相信大家不会违背盟约，这歃血就不用了！”

会盟不歃血，就像现在一群国家搞个国际公约却不签字一样。齐桓公不歃血的底气来自自信，他相信没人敢不遵守盟约。他已经不是把自己当霸主，而是把自己当作了天子。他的命令，所有诸侯必须无条件服从！

病瘫在床的齐桓公回忆完葵丘之盟的场景后，内心陷入无尽的哀愁。一个曾将天下玩弄于股掌之间的人，现在只能与病魔为伴。管仲、鲍叔牙相继去世后，能和自己推心置腹的人都没有了，剩下的人如同饿狼一般，都盼着自己早点死，好从自己身上分一杯权力的羹。

此时刺骨的疼痛钻进齐桓公的心窝里。躺在床上的他本想挣扎一下，可是他连抬起胳膊的力气都没有了。

油尽灯枯的齐桓公脑袋开始昏昏沉沉，现在他只想就这么睡过去，永远不要醒来。

公元前643年，周历十月乙亥日，齐桓公死了。

他在位四十余载，九合诸侯，一匡天下，死的时候却如同丧家野犬，让人唏嘘不已。齐桓公的一生如梦幻泡影，如露亦如电。

齐桓公死后，五子争位，齐国陷入大乱。当公子无亏继位国君后，才想起来老爹齐桓公的尸体在床上已经躺了六十七天了，这才带着人进入老爹寝宫。

一代霸主，一生降服三十多国，北伐狄戎，南征楚蛮，尊王安周，在死后三个月终于发丧了！

乱成一锅粥的齐国刚刚消停，“春秋第一妄人”宋襄公杀了出来。

齐桓公死前，委托宋襄公照顾好自己的太子昭。宋襄公带兵杀入齐国，干掉了公子无亏，扶持太子昭上位，即齐孝公。上位的齐孝公对宋襄公充满感激。

搞定了天下霸主的家务事，尝到了当大哥的甜头，宋襄公开始去实现自己的梦想——模仿偶像齐桓公，成为天下霸主。

玖

『仁义』霸主

天命玄鸟，降而生商

公元前645年，周历十二月二十四日晚上，宋国一个值班太史正在仰望浩瀚星空。此时头顶上的一幕把他惊呆了：夜空中爆发了一场壮丽绚烂的流星雨，其中五颗没有燃烧尽的陨石砸到了宋国境内，火光冲天！

第二天早上，太史向宋襄公报告了此事，并派人寻来了那五颗陨石。宋襄公大喜过望，觉得这是吉兆。他根本不懂天文学知识，不知道这其实只不过是很普通的流星雨，别说吉兆，没在宋国引发灾害就不错了。如果来个特大号陨石，搞不好砸得宋国人像恐龙一样灭绝。

但是，国君喜欢听什么，拍马屁的人就会说什么。很快就有人向宋襄公汇报，说刚才有六只鹢鸟倒着飞过宋都上空。面对这样明显违反空气动力学的离谱谎言，宋襄公依然坚信这也是吉兆。为了坚定自己的信念，他还把正好出访到宋国的周王室内使大臣叔兴请来，专门求证这两件事。

叔兴可不傻，人精的他同样知道宋襄公想听什么，于是说："国君您会得到天下诸侯的拥戴。"结果，这句话彻底把宋襄公带入阴沟里。回去后，叔兴对身旁的人说："宋国国君想听什么我就说什么，反正是逗他玩。"但宋襄公却因此陷入癫狂的幻想，一发不可收。

有了周王室代表的权威解读，宋襄公异想天开地认为自己将会像偶像齐桓公一样统领诸侯，成为天下霸主。

怀着霸主梦的宋襄公去太庙祭祀了列祖列宗，并吐露自己的凌云壮志。太庙里不光供奉宋国先君，还供奉商代历代君王，因为宋国国君姓子，正是商王的后裔。宋襄公看着历代商王的牌位，内心燃起了熊熊火焰，与众人唱起了"反动"歌曲——《商颂·玄鸟》。

天命玄鸟，降而生商，宅殷土芒芒。古帝命武汤，正域彼四方。

方命厥后，奄有九有。商之先后，受命不殆，在武丁孙子。武丁孙子，武王靡不胜。

龙旂十乘，大糦是承。邦畿千里，维民所止。

肇域彼四海，四海来假，来假祁祁。

景员维河，殷受命咸宜，百禄是何。

歌词的意思是：上天命令玄鸟降于人间，简狄吞下玄鸟蛋生了商朝先祖契，居住在宽广的殷地。上天授命于成汤，征战四方。昭告各个部落首领，商人拥有天下九州。商朝历代先王前赴后继，承受天命而不敢懈怠，后世子孙武丁最为贤能，能继承成汤遗志。十乘龙旗大车，装满了进贡的粮食，国家疆域上千里，国民安居乐业。开拓疆域达到四海，周边小国无不称臣，前来朝拜。殷地四周围绕着大河，殷商受命于天，所有的福禄全部都占了。

一曲作罢，正在兴头上的宋襄公要身边的众臣将歌曲传唱至宋国的每个角落。有一位大臣紧张地说：“国君，我们只在祭祀商朝历代先王时，才偷偷唱。如果传唱开，传到周天子耳朵里，那可是造反的罪名呀！”

“那又如何？自从周王室东迁洛邑后，礼崩乐坏，诸侯并起，周天子大权旁落。我们商人过去三百年一直被周人欺压，现在正是复兴的大好时机！要让宋国上下知道，我们要找回祖先失去的荣耀！”宋襄公斩钉截铁地说。在场的众大臣无不惊讶地看着他。

宋国人这三百年的仇恨，要从周武王灭商开始说起。当年周武王通过牧野之战干掉帝辛（纣王），推翻商朝后，有一个巨大的问题摆在面前，那就是如何处置人数庞大的商朝遗民。如果搞个种族灭绝，弄不好又掀起商人反抗。于是周朝提出了“兴灭国，继绝世”的怀柔政策，让被灭亡的商人重新建国，让商朝王室的后代继续存在，不至于绝世。

周天子指定商人重新建国的区域有两块：一块是商朝后期的首都“殷”（今河南安阳），位于黄河北岸；另一块是商朝前期的首都“亳”（今河南商丘），位于黄河南岸。这两块地都是商朝的故地，可见待遇极其优厚。

对于让谁来管理这两处，周武王的选择还是很慎重的。纣王死了以后，商王室遗留下三个重要人物，分别是纣王儿子武庚、叔叔箕子和庶兄微子。周武王最中意的是最贤明的箕子，可是箕子作为商朝遗老，不屑于去周天子那儿当差，直接跑到朝鲜半岛独立建国了，史称箕子朝鲜。

最后只剩下武庚与微子两个可选项。武庚作为纣王的儿子，名分更有优势，于是周武王让他管理殷。可周武王又担心他造反，特意设置了三监。在之前我们已经讲过，武王死后爆发三监之乱。周公旦平定了叛乱，彻底灭了武庚，并把当地殷商遗民全部迁居到成周洛邑看管，把黄河北岸的殷商旧地划给了姬姓的卫国。

微子作为纣王的长兄则比较识时务。周武王刚刚在牧野之战大获全胜，微子就扮可怜，双手绑在身后，露出右胳膊，左边牵着羊，右边拿着矛，双膝跪地前行，向武王请罪。周武王要的只是商人屈服，并不想对商人斩草除根，所以顺水推舟，恢复微子的爵位，让他管理商朝旧都亳，并建立宋国。微子也的确很老实，三监之乱时没有参与叛乱，完全站在周王室这一边，深得周王室赏识。

对宋国的礼遇，也只是周王室的怀柔政策，如若你有异心，周人分分钟就能将你灭掉。宋国周边有姬姓的鲁、曹、卫、蔡等国，要是哪天宋国不老实，周天子一声令下，姬姓诸侯国就能把宋国围殴死。

宋国就在这样的环境下，老老实实而又胆战心惊地过了三百年。这三百年里，宋国谁也不招惹，过好自己的小日子，完好地保留了商朝的文化习俗和兄终弟及的传位方式。

宋国这一套和中原的国家显得格格不入，再加上商朝遗民的身份，难免会遭到中原姬姓诸侯的鄙视，从此宋国成为春秋时“地域黑”的首要受害者。当时，诸侯国一提宋国，就会嘲笑宋国人的智商，比如“守株待兔”“揠苗助长”等成语，都是说宋国人的，诸子百家里也有很多拿宋国人开涮的故事。

嘲笑归嘲笑，作为玄鸟的后裔，宋国一直保持着王者风范和贵族精神，其中就包含着守信、尚武、真诚。老牌贵族齐桓公只是好面子，坏事可没少干，而本章的主人公宋襄公则是一个不含半点虚假的纯粹的贵族，他不惜牺牲生命也要捍卫贵族荣誉，可以说是极端贵族主义的代表。

宋襄公名叫兹父，他爹是宋桓公，宋桓公是齐桓公的忠实小弟，齐桓公打谁，宋桓公就打谁。宋桓公病重的时候，当时还是太子兹父的宋襄公极力推荐比自己有才能的庶兄目夷任国君，而目夷这个好孩子坚决推辞。

其实宋襄公是有自知之明的，如果目夷当上国君，宋国后面的灾难性事件是完全可以避免的。然而，历史并没有如果。目夷在宋襄公继位后做了太宰，他这个太宰当得好辛苦，自始至终都在帮妄人宋襄公擦屁股。

宋襄公主动放弃王位的做法得到了各诸侯的高度赞赏，他们都很欣赏宋襄公的仁义。这也说明，作为父亲的宋桓公在家教方面还是很成功的，两个儿子都充满了仁义。

诚然，个人的仁义确实是一种不可多得的美德，但如果把仁义过分用在称霸上，那将是一场灾难。

左手仁义，右手腹黑

宋襄公登上国君之位后，也继承了父亲追随齐国的政策。在葵丘之盟上，他第一次登上政治舞台，马上就被齐桓公所折服，并且立誓成为第二个齐桓公。

宋襄公是一个讲仁义道德的人，而在那个弱肉强食的年代，要想成为霸主，就必须放下仁义道德，采用冷血手段与厚黑的政治谋略；要想讲仁义，就必须放弃称霸的梦想。宋襄公两手都不愿放弃，这就造成他在图谋霸业的过程中，成为一个精神分裂症患者。

精神分裂症的临床表现有两个症状：妄想与偏执。这两个症状伴随宋襄公终身，并且从未被治愈。妄想让他成为一个妄人，总是幻想一些不切实际的东西；偏执让他做事不按常理出牌。

从葵丘会盟后，他一心想成为第二个齐桓公，于是开始模仿偶像，搞经典政治活动——会盟。公元前641年，宋襄公开始了会盟这条不归路。

模仿有风险，会盟需谨慎。齐桓公搞会盟是野心大、实力猛，而宋襄公这个妄人搞会盟却是野心大、实力渣。当年齐桓公搞会盟，口号都是“尊王攘夷”，宋襄公却没有采用这个。他觉得自己是玄鸟后裔、商王子孙，何必要尊你周王？

从哪里失败，就得从哪里爬起来。宋襄公总结了一下，认为商人之所以失天下，是因为历代君王残暴冷酷，动不动就大规模搞人祭，还杀俘。那么，就用“仁义”作为自己的会盟口号，要以德服人，重塑商人形象。

宋襄公把会盟地点选在了睢水（今商丘睢水边），然而，这场会盟并没有体现仁义，反而成为春秋史上最血腥的会盟。

参加会盟的都是几个小国，可就是这几个小国，也不是很积极，因为宋国实力太弱。准时到达会盟地点的只有曹、邾两国国君，滕、鄫两国国君都迟到了。宋襄公原本想学齐桓公九合诸侯，结果第一次会盟就搞得丢人现眼，这以后还怎么搞？

宋襄公心理落差太大。精神受到严重刺激的他把仁义丢在脑后，为了自己的霸权梦，为了复兴大商，更为了自己的脸面，他要杀人立威。

滕、鄫两国国君不守信，开会竟然迟到，这还算什么贵族？那就宰了他俩祭祀神灵！

其实会盟这事儿，大家心里都有数：这就像请客吃饭，只要来了，就是给你面子。滕、鄫两国国君虽然迟到了，人家好歹还是来了。更何况那个交通不便的时代，迟到很难避免。只能说，人生中的第一次会盟就这么不顺，对宋襄公精神刺激很大。

明白人太宰目夷赶紧劝说：“你这是开什么玩笑啊，哪有会盟上宰人的？齐桓公搞会盟，都是帮助小国，救亡图存，你这一开会盟先弄死两个国君，这以后谁敢跟你混？”但偏执的宋襄公听不进目夷的劝告，当场宰了鄫国国君。

滕国国君看到鄫国国君倒在血泊之中，顿时明白了，这家伙是来真的！为了保命，滕国国君灵机一动，对宋襄公说：“大哥，别杀我！有话好说，我给钱行吗？”面对金钱诱惑，宋襄公立马平复了情绪，答应只要钱给够，就饶滕国国君一命。

在旁的曹国国君看蒙了，从来没见过这么一出。大家都参加过已故霸主齐桓公的会盟，无非是吃吃喝喝、定定盟约、搞搞武装游行。好家伙，这宋襄公主持的会盟，还没开始就弄死一位国君，再敲诈一位国君。这哪是什么会盟，分明就是骗人来勒索！内心不服的曹国国君逮到时机，跑了！

睢水会盟的成果是：与会诸侯一死、一绑、一逃。这样奇葩的会盟，真是遗臭万年，无人能及。

遇到这种情况，聪明人就应该有自知之明，不要再谋求什么霸主之位。而宋襄公居然还要报复逃走的曹国国君。他率兵围攻曹国。就在此时，一个让他彻底暴怒的消息传来了：齐国首都临淄召开了由齐、楚、陈、蔡、郑等国参加的大型会盟，此次会盟确定了齐、楚两大国作为天下领袖的地位。而这场会盟压根就没有通知宋襄公参加。

宋襄公内心无比委屈，他发现自己如同被孤立的孩子，全天下稍微有头有脸的国家都不带自己玩。宋襄公的内心十分敏感与脆弱，于是干出了一件自不量力的事：向中原各诸侯发出邀请，请他们在鹿上（今安徽省阜阳市南）会盟。消息传到各国，都被当成笑话。鲁国大臣臧文仲嘲笑说：“自己主动追随别人很容易，让别人主动跟你混很难。”

公元前639年春天，到了鹿上之盟那一天，中原诸侯果然一个都没来。不过齐、楚两大国国君竟然都亲自前来了，但这并不是因为宋襄公的面子大、威望高，而是他在会盟前拼命给这两国塞钱了。吃人家的嘴短，拿人家的手软，这两国国君不好意思不来。

鹿上之盟，有楚成王和齐孝公给宋襄公站台，让宋襄公尝到了霸主的甜头。齐孝公毕竟是宋襄公扶持上台的，这三分薄面还是得给的。但是宋襄公的混世经验太浅，始终没有察觉到，以前从未谋过面的楚成王其实是一个非常危险的人。

楚成王这个人的最大特点就是爱玩阴的，齐桓公在世时都要让他三分。楚成王能大老远来，不光是因为宋襄公塞了钱，更为重要的是，他发现这场会盟有机可乘。

在会上，楚成王表现积极，主动让宋襄公当盟主，并且明确表示愿意把自己手下的小弟分一半给宋襄公。狡猾的楚成王对宋襄公说：“这次会盟我的小弟都没带来。你定个时间地点，下次会盟，我把小弟都带来，你随便挑！”

宋襄公听完差点乐晕过去。如此巨大的政治诱惑，正常人都会觉得是圈套，但宋襄公固执地相信自己的魅力就是这么大。大家以为上当受骗的人是真的傻吗？不，他只是自欺欺人罢了。

楚成王坑已挖好，就等宋襄公往里跳了。

鹿上之盟让宋襄公以为自己真是霸主了。他开始幻想，自己将掌控天下，复兴商朝大业，甚至成为一名天子！而头脑冷静的太宰目夷看出了楚成王的诡计，知道下次会盟搞不好会有去无回。

目夷在会后直接对宋襄公谏言：“宋国是小国，小国争当盟主，这是要出事的！”对于病入膏肓的妄人来说，逆耳忠言他根本听不进去。就算知道是陷阱，他也会往里跳，因为他已经完全失去理智。

鹿上之盟结束后，很快到了秋天。这是收获的季节，宋襄公与楚成王约好在盂（今河南省商丘市睢县）这个地方召开会盟，他要去收获自己人生中的霸业。楚成王也没有空手前来，他带来了一群小弟，分别是陈、蔡、郑、许、曹的国君。

当宋襄公准备乘坐公车前去会盟时，同行的太宰目夷死死拉着他的衣服说：“楚国是蛮夷，不讲信用，就怕他们耍诈。国君最好带上军队赴会，以防不测。”宋襄公不屑地说：“我作为盟主，讲的是仁义，这么不信任别人，这让天下诸侯怎么看我！”

宋襄公就这样如同赶赴约会的恋人一样，脸上洋溢着幸福，毫无防备地跳入楚成王的陷阱中。到达目的地后，宋襄公激动地看着等待他多时的楚成王及他的小弟们，心想：“我该挑哪个国家当小弟呢？”

宋襄公妄想到一半，才突然发现一个大问题：这么大的会盟，曾经的霸主齐国竟然没来。更让他头皮发麻的是，会场竟然被里三层、外三层的楚国大军团团包围。这些大军全副武装，一副随时准备作战的状态。齐孝公之所以不来，是他清楚地知道这是楚成王的阴谋，这浑水还是不蹚为妙。而宋襄公现在才知道，原来目夷的担忧是对的。他想喊目夷救命，可目夷早已跑得无影无踪了。

楚成王轻轻松松就把自投罗网的宋襄公给绑了。

泓水之战

楚成王从一开始，就做好局，挖好坑，让宋襄公一步一步往里跳。抓到宋襄公这个人质后，楚成王要干件大买卖——兵不血刃地拿下宋国。

楚成王不同于齐桓公的地方在于，他只在乎实实在在的东西，那就是楚国的生存空间。自从齐桓公死后，齐国内斗，中原诸多国家倒向楚国，其中天下的交通中心郑国也成为楚国的小弟。有了郑国，楚国北进中原的大门就已经打开。

但是由于宋国还没有被收入囊中，楚国还是不能称霸中原。春秋时，一个大国若想称霸中原，必须拿下两个战略支点，一个是郑国，另一个就是宋国。这两个战略支点如同天下霸主的两条腿，少一条腿，这霸业就立不起来。

郑国地理位置的重要性我们之前说过很多，这里不再提，我们来看宋国。我们从地图上看睢阳（今河南商丘），就可以发现宋国西接洛邑、郑国，东通齐、鲁，北靠黄河北岸的华北大平原，南邻江淮平原。睢阳地势平坦，四通八达，陆路、水路都从它这里过。可以说，宋国所处的地理位置是仅次于郑国的黄金地段。

睢阳不仅在春秋时是大国的重点争夺对象，在后世的历代王朝眼中也是兵家必争之地。西汉七国之乱，唐朝安史之乱，都是因为守住睢阳，才让汉、唐两个王朝扭转战局，转危为安。睢阳安，天下定。

在北方晋国崛起之前，楚成王的心腹大患依然是东方的齐国。齐桓公虽死，但齐国霸权余威尚在。搞定宋国，才能打开自己东进的大门，从而在战略上取得对齐国的巨大优势。

但如果楚成王强攻宋国，就会损失惨重。睢阳作为宋国首都，同时也是商人将近一千年的老巢，那城池造得相当坚固，城边水网又发达，除非切断水路，否则根本围不死睢阳。整个春秋时期，睢阳多次被围，但始终屹立不倒。而这次，楚成王可以兴高采烈地带着人质宋襄公去睢阳。

楚军到了睢阳城下，大喊："宋国不投降，就杀宋国国君。"话音刚落，太宰目夷出现在城头喊道："我们已经立了新国君，国君兹父给国家丢脸，他就是被送回来，我们也不要！"

楚成王原本以为带上人质宋襄公到睢阳，就会货到付款，结果宋国方面拒不签收，直接无理由退货。被泼了冷水的楚成王很无语：你们宋国不是最讲仁义的吗，老大都不要了，这还算什么仁义啊？

本来他只想通过阴谋诡计，零成本地拿下宋国，没想到宋人来这么一手，自己不但目标没达成，手上反而多了一个烫手山芋。宋襄公已经毫无利用价值不说，万一他真有个三长两短，自己就真成撕票的绑匪了。一个公爵级的国君死在楚君手上，绝对是春秋爆炸性新闻！

不想成为新闻主角的楚成王赶紧把这个烫手山芋扔了，随后宋襄公就被释放了。不过，故事并没有就此结束。不久之后，宋襄公还会再给楚成王一个更大的惊喜。

厚着脸皮回去的宋襄公竟然得到太宰目夷及宋国上下的宽容，让他得以复位。这样看来，宋国人民才是真的仁义，宋襄公只是假仁义。不过复位可以，但是治疗不能停。太宰目夷很不给宋襄公面子，直接大泼冷水说："上天抛弃商人很久了，您想复兴，这是违反天意，搞不好要遭天谴的！"

可是目夷哪里知道，妄人的病是治不好的。妄人始终认为自己的失败只是暂时的，找准机会肯定会成功。妄人宋襄公接下来又干了一件事，直接把整个宋国推入火坑——他主动攻打了楚国的小弟郑国。

宋襄公心想，打不过楚国，那就找邻国郑国出出气吧！而楚成王听说宋襄公亲率主力攻打郑国，宋国国内空虚，高兴得手舞足蹈，庆幸自己把这个大宝贝释放了。宋国打郑国，两国国力半斤八两，郑国能扛得住，而宋国现在国内空虚，楚国正好趁此千载难逢的机会攻占宋国!

就在宋襄公痛击郑国的同时，楚成王也亲率大军出方城，经蔡、陈两个附属国，直扑宋国。宋襄公听到这个消息后面色惨白，这还没打死郑国，自己老家就要被抄了。于是宋军只好放弃攻打郑国，抢在楚军之前，向老家一路狂奔。

回到宋国境内后，宋襄公本应避免与强大的楚军野外正面决战，而是依靠睢阳坚固的防御工事打消耗战，慢慢耗死楚军。然而，不走寻常路的宋襄公反其道而行之，主动把军队摆在了宋、陈两国交界的泓水北岸，坐等楚军来犯。宋襄公妄想通过一场堂堂正正的决战，彻底打服楚国，扫平自己霸业的最大障碍。

公元前638年，周历十一月初一早晨，探子来报：楚军即将抵达泓水南岸。泓水之战一触即发!

宋国军队得到情报后，早早地在泓水南岸列好一字长蛇阵，等待远道而来的楚军。宋襄公站立在指挥作战用的戎车上，车正中安置一面金鼓，车后插着一面大旗，旗上绣着硕大的“仁义”二字，冷风吹得大旗呼呼作响。他的身边是大司马公孙固与太宰目夷的战车。

宋军面朝南方，只见一轮朝阳从地平线上升起。大地还没有被完全照亮，一切都显得那么阴冷、凄凉，只有阵阵刺骨的寒风吹袭着宋军将士的脸。

泓水南岸还笼罩在黑暗之中，什么都看不清。远处渐渐地传来低鸣声，很快就变成了惊天动地的响声。这喧天响声如同巨浪一样不停翻滚、沸腾，朝宋军汹涌扑来。宋军虽未见楚军身影，但其骇人的声浪已让人心惊胆战。

不一会儿，太阳升到半空中，温暖的阳光洒满大地。此时，宋军上下终于看清了泓水南岸的景象，然后他们就彻底惊呆了：河对岸的每一寸土地上都站满了楚军，他们正像乌云般缓缓地朝自己移动。

泓水南岸的楚成王看到宋军已在北岸列好阵，心里大叫不好。他原以为宋军会龟缩睢阳，等待楚军攻打，结果宋军竟然主动出击。虽然楚军人多势众，战斗力也强，但是面前有条冰冷刺骨的河水，就怕大军渡河渡到一半，队形不齐，将士们被河水冻得跟冰棍似的，宋襄公突然来个半渡而击，那这场战斗就胜负难料了。故而，楚成王小心翼翼地指挥大军渡河，以防偷袭。

不过这次他高估了宋襄公。对于这场战役，宋襄公的偏执毁了所有胜算。

大司马公孙固看见楚军正在渡河，赶紧对宋襄公说："主公，敌军人多，我们人少，趁他们正在渡河，队伍混乱，我们赶紧攻击他们！"

宋襄公没有正眼瞧公孙固，从鼻子里哼出了两个字："不行！"

就这样，楚军顺利地渡完河，宋襄公错失一次良机。但是他还有另一次机会：楚军到达河北岸后，阵形混乱，还需要时间整理阵形。

战机稍纵即逝，大司马公孙固再次劝宋襄公："楚军刚渡河，阵形还没摆好，趁此时机，赶紧攻击他们！"

宋襄公听完，回过头看着大司马公孙固，一脸不屑地说："我们是仁义之师。古代军队打仗，从不在险隘阻击敌人，不能进攻没有摆好阵形的敌人，对于受伤的敌人不能再次伤害，对于头发花白的敌人不能俘虏！"

大司马公孙固听完后一脸无奈，他心想："我跟你讲战术，你跟我说仁义，我们不在一个频道上！过去打仗是讲规矩的，但是现在礼崩乐坏，再抱着老规矩，不死才怪！"于是他想喊太宰目夷一起劝劝宋襄公。

但当公孙固看到旁边的目夷时愣住了，因为太宰目夷也在看着他。目夷面无表情地对他说："你刚才对国君说的话，我都听见了。再怎么劝国君都没有用了，他是什么样的人，我比你清楚，我们还是先把善后的事安排下吧。我军大败的时候，你负责保护国君突围，我负责殿后拖延楚军！"

大司马公孙固听完后仰天长叹。明明有翻盘的机会，可摊上这位国君，真是快怄死了。于是，他召集自己的下属，嘱咐他们无论如何都要保护好国君。

一直小心翼翼的楚成王终于完成了布阵。他始终不明白，从渡河到布阵，宋军为什么始终不攻击。不过现在，楚成王已经没有必要去想明白了。楚国大军排成一眼望不到头的军阵，楚成王开始击鼓，楚军马上就要发动进攻了。

宋襄公看到楚军已经击鼓进军，自己也敲起鼓来。与此同时，他在心里向上苍祷告，希望历代商王保佑自己，最好是成汤、武丁这些明君能灵魂附体。可惜的是，这次附体的是亡国的纣王，宋襄公将要败得一塌糊涂。

人少的宋军直冲楚国中军，结果楚军宽大的两翼从两侧把宋军包围了起来。

被包了饺子的宋襄公在包围圈里苦苦挣扎，更悲催的是他的大腿中了一箭，鲜血汩汩而出。好在战前大司马公孙固与太宰目夷已经做好了善后准备，公孙固带着少数亲兵护着宋襄公拼死突出重围，太宰目夷带着一队人马殿后，阻击前来追击的楚军。

泓水离睢阳仅有五十余里，宋襄公在众人的保护下很快逃回了睢阳。楚成王并没有以弄死宋襄公为主要目的，他的目的只是全歼宋军主力，而宋军主力已被自己包了饺子。不过这个饺子不是一口能吃下的，包围圈里的宋军顽强抵抗了整整一天，到了傍晚，楚军才全歼宋军。

宋军虽然势单力薄，但不畏强楚，用自己的生命诠释了商人的光荣，而逃跑的宋襄公只是一个被唾弃的懦夫。包围圈里的宋军将士们没有白死，他们拖延了楚军整整一天，挽救了宋国。

全歼宋军主力后，楚军开始进军睢阳。在太阳落山的时候，筋疲力尽的楚军来到了濉水边上。这里虽然离睢阳很近，但是楚军实在走不动了。早上就渡过泓水，现在将士们已经冻得跟冰棍一样，全军上下只想坐下来烤烤火，吃点东西，好好休息一下。同样累了一天的楚成王只能下令在濉水边上宿营休息，明天再渡河拿下空虚的睢阳。

就在楚军休整的这一晚，上天眷顾了宋国。

第二天早上，楚军正在渡濉水时，河水突然暴涨，大水一下冲了过来，很多士兵都被湍急的水流冲跑了，水性好的也是丢弃了兵器才幸免于难。

河面上漂着无数楚军士兵的尸体，挣扎的战马也被沉重的战车拖拽到河底。楚成王站在河边，看着眼前死伤无数的惨景，内心无比哀叹惋惜，此次兴兵灭宋，结果功亏一篑！

上天虽然拯救了宋国，但是泓水一战终成天下笑柄，宋襄公成了历史上著名的笑料，时不时被拉出来当作反面教材。

但是历史总是爱拿人开涮。宋襄公生前没有当上霸主，在死后数百年竟然当上了霸主。而将他列入春秋五霸的人，正是西汉著名史学家——司马迁。

五霸里的其他霸主，分别是齐桓公、晋文公、秦穆公、楚庄王，这四位都是重量级人物。宋襄公之所以能和这四位霸主并列，就是因为宋襄公标榜的“仁义”。崇尚儒学的司马迁有自己的私心。在他看来，从周王室东迁后，礼崩乐坏，道德沦丧，一直到西汉，政治生态都充满了尔虞我诈、明争暗斗。宋襄公在血腥的历史长河中，真是一朵可爱的“白莲花”，所以司马迁必须要把宋襄公塑造为感动春秋历史的道德楷模。

泓水之战后，宋襄公终于老实起来。加上他大腿上受了箭伤，行走不方便，只能躲在宫里。第二年他就因箭伤发作死了。

拾

崛起的晋国

没有公族的国家

周平王东迁以后，周室渐渐衰微，楚国趁势完成了大国崛起，成为南天一柱。霸主齐桓公去世后，楚成王打败了出头鸟宋襄公，中原众小国全部拜强大的楚国为大哥。

眼看楚成王就要在中原大地策马奔腾、享受人间繁华的时候，北边突然冒出一个比西周更狠的角色，直接把楚国打趴在地。这就是威震春秋历史的晋国。

晋国国君姓姬，是周王室的嫡系诸侯。晋国作为春秋第一超级大国，继承了西周的光荣传统，代表老姬家，专治各种不服。纵观整个春秋历史，晋国与楚国交锋都是胜多败少，死死摁住了楚国北进的势头，打得楚国一点脾气都没有。要是没有强大的晋国，搞不好楚人在春秋时就统一中原了。这一点并不夸张，后来争霸天下的项羽与刘邦就都是楚国人。

作为诸侯国的晋国，一直坚定不移地奉行分封制，直至分封制将其搞到分家解体。而晋国分出来的赵、魏、韩三国也是战国七雄里的三强。

晋国之所以如此强大，是因为它发家致富的地点在晋南（今山西南部），那可是生态宜居、出入方便、坐拥财富的好地方！

而晋国开国先君能拿下这块风水宝地，完全是靠关系。

晋国的开国国君叫叔虞，是周成王的胞弟，周天子嫡系中的嫡系。周成王和叔虞两个人打小感情就很深厚，后来把叔虞封在唐地。唐地往南走不远，就是现在的运城，那里有一个巨大的盐池。之前我们说过，古时候食盐就相当于现在的石油，是极其重要的战略资源。占有盐池，晋国就像现在的石油出口国一样富得流油，想不发达都难。

经过叔虞踏踏实实的治理，在唐地的晋国很快发展起来了。叔虞死后，他的儿子燮（xiè）父继任国君之位。燮父为了标榜自己是出自天子之家、名门之后，把父亲当年向周天子进献祥瑞并得到周成王嘉奖的事拿出来大书特书，生怕别人不知道自己和周天子的关系，甚至干脆把国名由唐改为晋。当时，“晋”这个字就代表进献的意思。

晋国的巍巍大业正式拉开帷幕。

西周时期，晋国安安稳稳地过了两百八十多年。作为大家长的周天子还在，诸侯们都不敢搞出啥大乱子。但是突然有一天，犬戎攻破镐京，周幽王身死国灭，平王东迁洛邑，周天子权威一落千丈。管事的没有了，各诸侯都骚动了起来。

此时的晋国国君是晋文侯，这个人还算仗义，帮助了周平王东迁。帮助归帮助，好处还是要拿的。晋文侯趁机扩大领土，获得了梦寐以求的黄河西岸与汾水流域的土地，并与新兴诸侯秦国瓜分了宗周西部的土地。他还打着帮周平王平叛的旗号，在虢国杀掉了周携王。

在周王室的这次动乱中，晋国一夜暴富。如果晋国好好经营的话，晋国国君抢在齐桓公之前当上春秋第一任霸主，是完全没有问题的。但是暴发户都有一个通病，就是吃得太快，容易消化不良。整个春秋时期，晋国国君的非正常死亡率始终居各国首位，有近一半国君都是非正常死亡。这是晋文侯始料未及的。

晋国很快迎来了历史上时间最长、规模空前的内战。而引发内战的根源，还是春秋老掉牙的篡位问题。

一代名君晋文侯有一个弟弟叫成师，成师外表看似人畜无害，但他手腕高超，野心很大。晋文侯一直提防着他，生怕他造反。所以晋文侯活着的时候，弟弟成师分封的事一直拖着不办。成师没有封地，没有兵，只能一直隐忍，内心却充满了对哥哥晋文侯的仇恨。

但人终有一死，公元前746年，晋文侯去世，晋昭侯继位，已经五十八岁的老人成师终于熬出头了。作为周王室的嫡系，晋国一直把分封制作为自己的优良传统。晋文侯都死了，作为弟弟的成师一直没有分封出去，这太说不过去了。晋昭侯碍于面子，不得不把叔叔成师分封出去，分封地点就是曲沃。由此，晋昭侯给自己和晋国挖了一个巨坑。

曲沃这个地方位于汾水与浍水交汇的地方，土地肥沃，交通便利，是一块大肥肉。忍了那么多年的成师，终于在晚年得偿所愿。到了曲沃后，老年成师没有打拳，没有遛鸟，更没有去做养生保健，而是干了票大的——造反！

成师忍了那么多年，不是为了安享晚年。他是一个生猛角色，要报复哥哥对自己的冷遇，要夺得国君之位。于是他把全部精力投入造反事业，拼命扩大城墙规模，不停地收买人心，招兵买马。经过数年的苦心经营，曲沃在实力上超过晋国首都翼城。

正因为有了与国君一较高下的实力，成师在历史上还有一个更响亮的名号，叫曲沃桓叔。

公元前739年，晋国王室内乱，晋昭侯被杀。曲沃桓叔苦等的机会终于来了，他二话不说，率兵前去抢夺王位，却被晋国传统的保守势力击败。他们认为曲沃桓叔是庶子，也就是小宗，按照宗法制，没有资格继承国君大宗的位子。

但曲沃桓叔没有就此放弃，他将自己的造反志向传给自己的儿子庄伯与孙子武公。这一家祖孙三代把篡位视作毕生追求。

曲沃与晋国首都翼城靠得很近，相距只有三十余公里，也就一天的路程，所以曲沃造反派一有空就去攻打翼城。反正离得近，就当去郊游了。

曲沃祖孙三代的造反事业持续了六十七年。原本只是晋国内战，后来越打越大，由内战打成了诸侯国之间的战争，波及面极广，前后参战的有八个国家，天子周桓王也被牵扯其中。战局呈反复拉锯状态，持续打了五场大战役。

在这么长的岁月里，曲沃祖孙的战绩还是喜人的，他们连杀五位国君，还赶走一位。

公元前678年，曲沃武公耗死了被内战反复折磨、已经奄奄一息的晋国公室，原来的传统保守势力也在内战中消耗殆尽。曲沃武公终于攻占了首都翼城，成为晋国的主宰，内战正式宣告结束。由于晋国首都翼城被打成了废墟，于是武公迁都绛邑（曲沃与翼城之间），将其作为新首都。

曲沃武公在成为晋国新国君后，赶紧派人带着成堆的金银珠宝去见天子周釐王，请求承认其合法性。当时周天子权威一落千丈，跟叫花子一样，只要给足钱，除了天子王位不能给，其余啥封号都好说。面对如此多的金钱诱惑，周天子还是很给面子的，封武公为伯爵，曲沃武公摇身一变成为晋武公。

晋武公统一晋国后没两年就死了，公元前677年，他的儿子诡诸继位，就是著名的晋献公。由于父亲晋武公在位时间超长，晋献公继位时已经是个中年人了。晋献公年少的时候，亲眼看见父亲如何将同一家族的大宗屠戮殆尽，这些家族血案让他从小就明白一条残酷的道理：君王家的亲人不是用来关爱的，而是用来相互争斗的。

到了公元前669年，晋献公在绛都附近修了一座聚邑城，把剩下的公族全部赶到那里圈养起来。聚邑城哪是什么城，压根就是公族集中营，城里的公族失去自由，等待被集中屠宰。

很快，这一年的冬天来临了。一天晚上，雪下得很大，当聚邑城内的公族熟睡时，晋献公的谋士士𫇭率领人马把城团团包围。只听一声令下，大军杀向城内熟睡的公族，很多公族在睡梦之中被杀死。惊醒之后想逃跑的公族也都还没跑出城就被杀死在大街上。

第二天早上，大雪停了，太阳照常升起。当阳光射进聚邑城内，只见大地上积满了厚厚的白雪，白茫茫一片。公族的尸体被大雪无情地掩埋了。

从这天开始，晋国进入了一个新时代，成为一个没有公族的国家。过去君王说自己是孤家寡人，那是君王对自己谦虚的称呼，但是晋献公真成了名副其实的孤家寡人了，全国上下的王室成员只剩下晋献公和他的子孙。铲除公族后，晋献公将权力高度集中到自己手里，晋国国内再也没有敢反对他的势力了。

春秋时，各诸侯国都存在着公族与卿族相互死磕的情况。既得利益者公族始终都想赖在位置上，卿族作为工作能力强的官僚团体，则拼命地想赶走混吃等死的公族。晋国公族势力彻底消失后，卿族势力终于抬头，晋国成为一个只有卿族的国家。晋献公为巩固自己的统治而清除公族，无意间竟为卿族作嫁衣，为卿族的崛起扫清了障碍。

晋献公重用异姓卿族，只要你能力强，想当大官，就欢迎你来晋国。故而，晋国成为春秋时最大的“人才市场”。“国无公族，重用卿族”也成了晋国历代国君必须执行的基本国策。

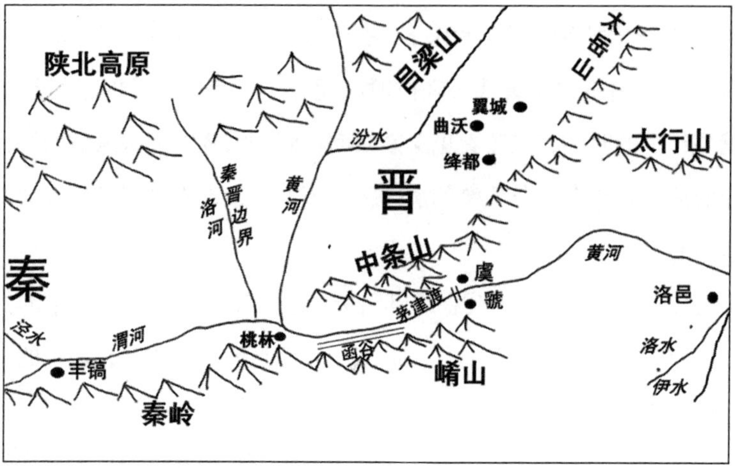

春秋前期晋国形势图

晋国后来能一直把实力彪悍的楚国压着打，就是倚仗晋国有强大的人才储备，能不断地给国家机器输送新鲜血液。而楚国的统治核心始终被公族集团死死把持，血液流通不畅，身体素质自然要比晋国差。

晋献公自认为开创了一个伟大的新时代，用“国无公族，重用卿族”这一史无前例的政策稳固了晋国国君的王位，却没有想到“物极必反”这一层。两百年后，“国无公族，重用卿族”这一划时代的政策暴露出了它的致命弊端。三家强大的卿族把晋国肢解、瓜分掉了。

唇亡齿寒

搞定国内后，晋献公把目光投向了他垂涎很久的虢国。

说到这个虢国，那可是地位显赫的公爵级国家，其君主世代担任周天子身边的卿士。虢国地域东达渑池，西到灵宝，横跨黄河南北两岸，国都位于现在的三门峡市。相传大禹曾在这里治水，凿砥柱，黄河在这里分成人、鬼、神三道峡谷，“中流砥柱”讲的就是这里。

虢国国土面积虽然不大，但是战略位置极其重要，且军事实力雄厚。虢国经常借周天子之名和自己的卿士身份，看谁不顺眼就打谁。当年，晋文侯为了扩张，打着周平王的旗号，打入虢国杀死了周携王，从此与虢国结下了世仇。

凭借强大的军事实力，虢国原本根本不惧怕晋国。但是再好的家业，也怕遇到败家子，虢国的败家子就是虢公丑。虢公丑这家伙暴虐成性，老百姓都讨厌他。

虽然虢公丑不是好人，但是他的领土上却出现了一件祥瑞之事——神仙下凡。

公元前662年的秋天，一个“神仙”下凡来到了虢国的莘地。神仙都是神话里才有的，然而这位“神仙”竟然来到人间，深入百姓中，让老百姓看到了一个活生生的神仙。

可是这世上哪有什么神仙，所谓神仙，分明就是一个装神弄鬼的大骗子。这种骗子哪朝哪代都有，不足为奇。但是这件“神仙下凡”的事却让虢公丑激动不已，这事还正儿八经地被载入了史书《左传》里！

这一切都说明，虢公丑是故意把这事搞大。既然有神仙来，管他是真是假，先把这事打造成一张政治名片，成为宣扬自己文治武功的活广告。咱们虢国好地方，神仙都要来居住！

“神仙”在莘地被供养得很好。很快，虢公丑觉得不能让“神仙”白吃白喝，要让他给自己办事。于是虢公丑和现在的很多人一样，去找“神仙”烧香许愿。

他派出大臣，带上丰厚的礼物，去莘地找“神仙”许愿。这“神仙”拿了好处也不敢含糊，立马表示：“我代表上苍告诉你，我将赐予你很多土地，你就放一百二十个心吧！”

前来给神仙送礼的大臣史嚚（yín）对如此爽快的“神仙”产生了怀疑。他心想：“土地是各个国家的命根子，这位大仙不动一刀一枪，就要给咱们大片土地，这怎么可能？作为神仙，你好歹变个身、施展个法力，给咱看看呀！国君不听从百姓的心声，而来乞求什么巫医神汉，这个国家看来离灭亡也不远了。”

虢国的“神仙下凡”事件，引起了另一个人的注意，这就是天子周惠王。这只能怪虢公丑把这事宣传得过火了，让已经和叫花子差不多的周惠王听闻此事后激动不已。周惠王在位时，不是大夫叛乱，就是蛮夷来袭，没一天好日子，他也想看看这位神仙是真是假。如果这位神仙和几百年前辅佐周武王建国的神仙姜子牙一样法力无边，那么把他请来辅佐自己，周王室中兴也不是难事啊！

于是周天子派出内史大臣，带上礼品，作为贿赂“神仙”的第二支队伍，准备向莘地出发。身为正常人的内史大臣觉得这事有蹊跷，他怕周惠王被骗得太惨，故意在走之前对周惠王说：“神仙在天上待久了，寂寞了，就会下凡来玩。不管国家兴盛还是衰败，他都会出现。所以咱得摆正心态，带上正常祭祀神灵的礼品就可以了，不用带太多。”周惠王也就同意了。

到达莘地后，见多识广的内史大臣看到所谓的“神仙”后，立即知道这是糊弄人的。内史大臣回到周惠王那儿，告诉周惠王：“虢公丑不干正经事，听命于所谓的‘神仙’，虢国要完。”

“神仙”送走了两批规格极高的“行贿团”后，只在莘地停留了六个月就消失得无影无踪，估计是钱也骗够了，再骗下去就兜不住了。而史嚚与内史大臣预言的事马上就要发生了。

公元前658年，晋献公准备进攻虢国。但是问题来了，虢国和晋国虽然挨得近，却不接壤，它们中间隔着一个小国叫虞国，在今山西平陆县。

晋献公听取大臣荀息的建议，对虞国威逼利诱，不但要求虞国借道给晋国，还邀请虞国一起打虢国。虞侯心里也清楚，弱国无外交，晋国是个大流氓，对它卑躬屈膝自己也许还有一线生机，如果不顺从它的意思，搞不好它顺道把自己也给灭了。于是，虞侯卑躬屈膝地跟在晋国后面一起打虢国。后来的事实证明，虞侯真是太天真了，流氓从来是不讲道义的。

这一年的夏天，晋、虞两国联军很顺利地攻下虢国在黄河北岸的半壁河山。虢公丑对土地丢了很不甘心，心想既然不能从晋国手中抢回来，那就从蛮夷的手中抢地盘。失败的虢公丑没有卧薪尝胆、休养生息，而是很快就率兵去抢周边戎人的地盘。

而晋献公并未就此止步。三年后，晋国大军卷土重来，誓要彻底灭掉虢国。

晋国这次攻打虢国，依然要向虞国借道。虞国大夫宫之奇直接找虞侯谏言，说：“我们虞国和虢国就像牙床与嘴唇一样，嘴唇都没了，牙床肯定很冷呀！”这就是成语“唇亡齿寒”的由来。

虞侯天真地说：“晋国与我国是同宗，都姓姬，他们不会害我的！”

听完虞侯的话，宫之奇差点一口老血吐到他脸上。虞侯真是天真啊，啥都不知道!

宫之奇愤怒地说：“虢国和晋国也是同宗，也都姓姬，历代虢侯还都是周天子身边的大卿士。晋国也没因为虢国是地位显赫的同宗，就在打虢国的时候下手轻点啊！况且，晋献公祖上曲沃一族，也是靠杀掉大宗才上位的。这样不讲血缘、宗亲的国家，灭掉虢国后，再灭咱们虞国是迟早的事！”

心里不悦的虞侯说了一句让宫之奇彻底死心的话：“我平时很尊重神灵，祭祀的时候用的祭品都是丰盛、干净的，神灵享用完一定很开心，所以一定会保佑我的。”

宫之奇呆住了，我跟你谈国家生死存亡的大事，你跟我谈神灵庇佑。话不投机半句多，还是带着全家老小跑路要紧，不想多废话的宫之奇回去之后就跑了。

公元前655年，周历八月的甲午日，晋国大军借道虞国，渡过黄河茅津渡口，攻打黄河南岸的虢国首都上阳。虢国毕竟是公爵级的国家，攒了几百年的底子还是有的，晋国大军短时间攻占不下，一直围困到冬天十二月初一，终于才拿下了上阳。从此虢国正式灭亡，虢公丑逃亡到洛邑。

晋国大军班师回国的时候，顺手灭了虞国。

“假虞灭虢”这个战略很成功，至此晋国彻底控制了茅津渡口与崤函古道，打通了晋国通往中原的大门，同时彻底封死了秦国东进的出口，将秦人封印在关中数百年。

这场战争除了诞生了“唇亡齿寒”的成语，还留下一个传奇故事。有一个虞国大夫叫百里奚，虞国灭亡后，他被晋军俘获，当作奴隶押送回国。这个人后来的人生经历很传奇，他以超凡的能力把秦穆公推上霸主之位，并将晋国国君之位重置三回。

故事讲到这里，可以看出晋献公的从政事业很成功，这点毋庸置疑。但他的家庭生活却很糟糕。

骊姬之乱

晋献公有一个叫骊姬的老婆，这老婆名气极大，位列中国历史上四大妖姬之一。另外三大妖姬分别是夏朝桀的妺喜、商朝纣王的妲己、西周幽王的褒姒，这三位都是与昏君搭档、导致王朝灭亡的红颜祸水。晋献公不是昏君，而骊姬却能和这三位妖姬并列，可见她的破坏力也是很强的。

晋献公很宠爱骊姬，想立骊姬的儿子当国君，可是他早已有了太子申生。

十九年前，晋武公刚刚被周天子正式确定为合法的晋国国君，年迈的他为了扩大政治力量，迎娶了霸主齐桓公的一个女儿齐姜（这个齐姜不是晋文公的夫人齐姜）。齐国公主在春秋时那都是人见人爱、花见花开的大美女，可惜晋武公岁数大了，身体能力不行了，满足不了齐姜的欲望。于是齐姜就干起了齐国公主经常干的坏事——通奸。

给晋武公戴绿帽子的正是他的儿子晋献公，当时还是太子诡诸。后来齐姜怀孕，正巧晋武公还没发现就死了。如果奸情败露，晋献公能不能活着继位都是个问题。

晋献公继位后，齐姜生下了申生。当时齐桓公在中原地区如日中天，为了讨好齐桓公，晋献公便立齐姜为夫人，立申生为太子。这丑事毕竟不光彩，所以晋献公经常被全国百姓当作茶余饭后的消遣对象。可为了政治利益，他也只能厚着脸皮去做。

晋献公在与齐姜私通之前，已经有了两个小老婆。这两个小老婆是从狄人那里娶的一对姐妹。她们的父亲狐突和兄弟狐偃、狐毛也随着她俩来到晋国并担任官职，后来狐家还成为晋国的名门望族。

这对姐妹，姐姐生了重耳，妹妹生了夷吾，但因为她们是蛮夷，没有齐姜背景强大，所以始终无法扶正，这二位公子也只能算是庶子，君位自然与他俩无缘。太子申生出生没几年，母亲齐姜就去世了。没有娘的申生和兄弟重耳、夷吾关系处得不错。

这三个人都很贤能，在国内名声不错。庶子没想夺嫡子之位，嫡子也没有防范庶子，这样纯真的兄弟情在当时兄弟相残的晋国，简直就是泥石流里的一股清流。但是没妈的孩子是根草，申生即将遇到所有没妈孩子的天敌——后妈！这位后妈就是骊姬，为人心狠手辣，她想要化身百草枯，灭了申生这根草。

公元前672年，晋献公进攻蛮夷骊戎。在打仗之前，他例行公事地占卜了一次。

那时，上到国君，下到百姓，有事没事都要占卜一下，看是凶是吉。那时候的占卜可不是街头骗术，而是一门深厚的学问，涉及八卦相术、阴阳五行等知识，很多诸侯国都设置专门占卜的官员，有的还是学识渊博的史官兼任。

这次替晋献公占卜的人叫史苏，他是春秋第一神算子。这一次占卜攻打骊戎的结果，是史苏第一次为晋献公占卜。神算子史苏拿出一个乌龟的腹甲，这个腹甲事先磨平了，上面有个钻凿出的孔。史苏恭敬地向腹甲询问这次攻打骊戎会有什么结果，接着用火在腹甲孔中烧出裂痕，火焰灼烤龟壳发出“噼里啪啦”的声音。慢慢地，腹甲上出现了裂纹。史苏将龟壳从火中取出，盯着这裂纹看是什么兆象。

史苏思考了半天，严肃地对晋献公说：“这是凶兆，胜而不吉！”

晋献公听完很不高兴。作为君主，总喜欢万事都在自己掌握中。他管不了那么多了，反正军队都准备好了，箭在弦上，不得不发。

晋献公攻打骊戎这一仗大获全胜，杀死了骊戎国君骊子。开疆扩土是正事，但是晋献公的个人私事也要兼顾。已死国君骊子的一对女儿很漂亮，喜欢异域风情的晋献公就把这姐妹俩带回去了，然而祸根也由此种下。

晋献公特别喜欢这对姐妹里的姐姐骊姬，在骊姬还没能生下孩子的时候，晋献公就立她做夫人。后来骊姬为晋献公生了一个儿子叫奚齐，她的妹妹也给晋献公生了一个儿子叫卓子。

其实骊姬内心深处充满了对晋献公的仇恨。她是一个苦命的女人，国家被灭，父亲被杀，这一切都是晋献公干的。不要小看女人，一旦女人背负起国仇家恨，所爆发出的能量是骇人的。骊姬想要复仇，要让自己的孩子登上晋国国君的位子，让晋献公家破人亡。

骊姬首先贿赂了晋献公身边的宠臣梁五与关东五，他们二人都属于见钱眼开的人。骊姬与“二五”轮番向晋献公进言，让三位公子不要在绛都待着，去别的城市居住。

晋献公也不傻，他知道骊姬是想把三个公子赶出权力的核心。为了讨老婆欢心，他就顺水推舟，让太子申生去曲沃，重耳去蒲邑，夷吾去二屈。三位公子分别去了三个城市，等于变相被分封出去。通常只有小宗才会被分封出去，这次分封让他们三个丧失了大宗的继承权。

到了公元前656年，骊姬要收网了。有一天，骊姬对申生说：“国君梦到你母亲齐姜，让你去祭祀她。”申生就回去祭奠了母亲。祭祀结束后，申生把祭酒与祭肉献给晋献公品尝。碰巧晋献公外出打猎，祭酒祭肉就放在宫内，于是骊姬有了可乘之机。

骊姬在酒肉里下毒，等晋献公打猎回来之后，再提醒他小心酒肉有毒。估计骊姬在酒肉里下的是强酸强碱之类的东西，晋献公把酒洒到地上，地上就起了化学反应；把肉给动物和近臣吃，均立马毙命。

早已心生杀机的晋献公不管这到底是不是太子申生干的，对他来说只要有除掉申生的借口就可以了。他立马派人捉拿申生，申生赶紧逃亡到曲沃。

随后晋献公派大军围城，但是大军只是在城外围着，并没有攻城。晋献公并不想直接动手，所以他让军队就在城外等，等城内的申生自我了结。

到了人生最后关头，申生依然满脑子忠孝节义。有人劝申生去向父亲解释自己是被骊姬陷害的，但是申生说的话却让人无语：“我如果去向父亲说我是被骊姬陷害的，那么骊姬就会获罪。父亲失去骊姬，会不高兴的。他不高兴，我也会难过的。”愚孝透顶的申生哪儿知道，晋献公和骊姬早就想置他于死地，只是缺一个杀他的借口而已。

申生身边的人不想再和这个呆子辩了，他们说：“太子殿下，你赶紧逃跑吧，保命要紧，我们来掩护你！”没想到申生却说：“如今国君没有查清我的罪，我背着弑父的罪名跑了，谁会接受我！”遇到这位愚忠愚孝的太子，他身边的人死的心都有了。

周历十二月二十七日，自知难逃一死的申生自杀了。

太子都被晋献公弄死了，庶子重耳与夷吾也赶紧逃跑了。晋献公杀红了眼，为了确保骊姬的儿子奚齐在继位后没有一个竞争对手，他派兵追杀重耳与夷吾。好在这两个人跑得快，没被杀死。

公元前651年，晋献公快不行了。临死前，他将奚齐托付给心腹大臣荀息。荀息是个忠厚老实的人，晋献公希望他能忠贞地辅佐奚齐。

卿族早对祸乱朝政的骊姬看不顺眼了，九月晋献公一死，十月以里克为首的卿大夫们就把奚齐杀死在服丧的房间内。托孤大臣荀息没办法，只能立骊姬妹妹的儿子卓子为君。十一月，里克与卿大夫们又直接把卓子杀死在朝堂上，还用鞭子把骊姬活活抽死。荀息见自己没有完成晋献公的临终托付，也自杀了。

现在晋国王室还活着的只剩逃亡在外的重耳与夷吾。整个晋国公族已经成为濒危族群了，再不拯救就要跟恐龙一样灭绝了，于是卿大夫们开启了拯救国君的计划。

与此同时，听说晋国内乱，秦穆公觉得现在正是秦国东进、重回东方的大好时机，于是他也果断参与“拯救计划”。

拾壹

西方强秦

秦人永不为奴

秦人的早期历史是一部苦难史，里面充满了痛苦、血泪、委屈、挣扎与奋斗。他们不断地自我牺牲，最终造就了日后的强势逆袭。

秦人是一个非常古老的民族，原本姓嬴，居住在东海之滨，即今山东省海边。

关于秦人的祖先起源，有这样一个神话：从前有一个织布女，叫女脩（xiū）。有一天她在织布，突然看见一只玄鸟出现在眼前，还下了一颗蛋。女脩一看这是神蛋，二话不说直接吞了。按照神话的发展套路，女脩很快怀孕，生下了秦人祖先大业。大业的儿子伯益曾经帮助大禹治水，并为舜帝驯服鸟兽，所以被舜帝赐姓“嬴”。

讲到这里，大家会发现一个问题，商人也是玄鸟的后裔，也是一个姑娘吞个鸟蛋生下了祖先，秦人与商人的起源神话怎么一模一样？这是因为秦人与商人是穿一条裤子的铁哥们儿，两个民族都是兄终弟及，所以起源的神话也相似。

秦人还有一项独门绝技，就是会养马、驾车。秦人为商朝开国国君成汤驾过车，并在商朝开国之战鸣条之战中帮助商人灭夏。商朝建立后，一起打江山的秦人成了显贵，位列诸侯。

商朝对秦人还是很器重的，把陕西渭水中游这块肥沃的土地赐予秦人，秦人领袖中潏（yù）带领一部分族人去了那里，替商朝戍守西边领土。

在商人的庇护下，秦人小日子过得很滋润。但是到了公元前11世纪，更猛的周人在西面的岐山异军突起，一路杀向东方，一鼓作气灭了商朝。作为商人铁哥们儿的秦人也跟着倒霉，秦人领袖恶来最终被周武王杀死。

内心充满仇恨的秦人，在周武王死后的三监之乱时兴风作浪，但倒霉的秦人遇到了更强劲的对手周公旦，遭到镇压。

周公旦平定三监之乱后，看见商人的死党秦人就像看见苍蝇一样恶心。周公旦干脆把渭水与东方滨海的秦人当作奴隶，全部赶到远在天边、杳无人烟的西陲（今甘肃天水一带），眼不见心不烦。

在西陲一带生活的秦人，成为被遗忘、被遗弃的民族。

西陲四周都是戎人，远离中原文明核心区，是已知文明世界的边缘，再往西一直走就到中亚了。但西陲也有一个好处，就是十分适合养马。作为养马小能手，秦人在西陲把养马产业搞得风生水起。

然而，秦人并不满足于现状，因为养马养得再好，在周人眼中也只不过是养马驾车的奴隶。不想永世为奴的秦人开始走上层路线，努力为周王室服务，期望有翻身的时机。他们熬了几十年，终于等来一位著名的周天子——周穆王。

周穆王声名远扬，他是与神仙谈恋爱的第一人。周穆王爱打仗，传说他有一次向西远征，打顺手了，一直杀到昆仑山下，在那儿遇到了神仙姐姐西王母。周穆王被王母娘娘倾国倾城的美貌所倾倒，和王母娘娘谈起了恋爱。就在两人你侬我侬的时候，周朝传来敌国进攻的消息。此时周穆王远离国土，面对如此紧迫的国家危机，想迅速赶回去御敌根本不可能。然而一位车夫却将这看似不可能的事情办到了。

这位车夫是个秦人，叫造父。天子马车一般是有六匹马，俗称“天子六驾”。马车上的马越多，驾驶难度越大。但秦人天生就是御马高手，为了提升马车速度，造父不惧驾驶难度，直接将六驾改为八驾。八匹马拉的车动力上升了不止一个档次，日行千里，立马带着周穆王赶了回去。

回去之后，打了胜仗的周穆王为了嘉奖造父，把他封到赵城（今山西洪洞），地处晋国地界。造父以赵为氏，成为晋国赵氏大夫的祖先，后来他的子孙瓜分晋国，建立赵国。赵国能在战国时推行胡服骑射，建立一支纵横天下的骑兵部队，与赵人骨子里的善御马的基因密不可分。别看战国时秦国与赵国不共戴天，杀得血流成河，但是这两家都姓嬴，同根同源，都是一个祖先。

地位得到提升的秦人，更加卖命地为周王室养马。到了周孝王时期，周天子封嬴姓部落为附庸（相当于附属部落），在秦（今甘肃清水）这个地方正式定居并修建城池。成为附庸，意味着秦人不再被当作外人，而是变成自己人了。

“秦”字成为嬴姓部落的代号，也就是后来大秦帝国的国号。

秦人不光擅长养马，还有一桩更加强悍的本事，那就是打西戎。

作为蛮夷，西戎也不容易，本身生产力就低，造个锅碗瓢盆都费劲，为了提高自己的生活质量，只能去抢先进文明的周人。周天子与诸侯被戎人骚扰得很是头疼。而在甘肃一带，这场景却是倒过来的：秦人主动追着戎人打，戎人看见秦人就像看见瘟神一样发怵，避之不及。

秦人之所以打戎人时这么凶猛，就是为了讨好周天子，好提升自己的政治待遇。

周宣王时期，蛮夷威胁越来越大。周宣王因为征讨蛮夷而精疲力竭，需要有人替自己去打。此时，在西边经常与戎人掐架的秦人，顺理成章地成为他眼中的不二人选。

公元前824年，秦人首领秦仲被周宣王正式提拔为大夫，被派去领军攻打西戎。秦人从底层打工仔一跃跻身“西周股份制公司”的“中层干部”，因此干劲十足。秦仲最终不负周宣王使命，打得西戎鬼哭狼嚎，可惜自己也因公殉职，战死沙场了。

春秋前期秦国形势图

秦仲死后，留下了五个儿子，这五个儿子都战斗力爆表。其中大儿子名叫其，是最能打的。周宣王一看，封个大夫称号竟对秦人有这么大的激励作用，这法子太好了，于是他召集了秦仲的五个儿子，借给他们七千多人，相当于三个师的兵力。其带上周王师和自己所有的族人，大败西戎，夺取了大片土地。周宣王正式册封其为西陲大夫，这就相当于把西边的地全都划归秦人管了。

后世的秦人也不忘本，追称其为秦庄公。实诚的秦人得了这么大的称号，更加积极地去打西戎。秦庄公死后，他的大儿子世父并没有继位，而把位子让给弟弟嬴开，自己带兵去杀西戎了。

嬴开继位后，一改秦人与戎人势不两立的局面，采用了“胡萝卜加大棒”政策。跟我好的戎人，我把妹妹嫁给你，咱们融合成一家人；跟我不好的戎人，我直接把你消灭。就这样，戎人被嬴开治得服服帖帖。作为盘踞西陲的强大势力，秦人引起了周王室一位重要人物的兴趣。

公元前773年，在周王室担任大司徒的郑桓公（小霸主郑庄公的爷爷）正好遇到了太史公伯阳父。针对西周王室江河日下、诸侯蠢蠢欲动的局面，两人聊了起来。

郑桓公尊敬地问伯阳父：“姜姓、嬴姓，以后谁会更加兴盛？”

郑桓公问的问题很有水准。谁都知道，姓姜的势力里实力最强的是东方齐国，姓嬴的势力里实力最强的是西方秦人。齐国作为西周开国功臣吕尚的封国，那是老牌强国。秦人领袖嬴开，当时也就是一个西陲大夫，还没有位列诸侯。郑桓公却将秦人与老牌齐国相比，可见当时秦人发展势头之强劲。

听了郑桓公的问题，伯阳父想了一下，还是决定谁都不得罪：“这两股势力，都会强大的！”

后来由于护送周平王东迁有功，周平王将嬴开从西陲大夫升级到诸侯。嬴开成为秦国开国国君。

秦人从奴隶逆袭为贵族大夫，花费了近三百年的漫长岁月。接下来，秦人将迎来千载难逢的发展机遇，以火箭般的速度发展起来。到了公元前659年，年轻的秦穆公继位时，接手的已是一个威震西方的地域性大国。

一个年轻的君王拥有这么强大的国家，自然大有可为。

秦晋之好

刚当上秦国君王的秦穆公，只要屁股一坐上国君宝座，脑子里就会不停闪现一句话——饮马黄河。

这句话是秦穆公的父亲秦德公生前一直挂在嘴边的口头禅。当年秦德公为了秦国更好地向东发展，决定迁都雍城。迁都前，秦德公要找人占卜一下。占卜人对秦德公说："从卦象上看，迁都是好事，你子孙后代的马匹都会到黄河边上饮水！"

这可把秦德公乐坏了，自己只听说过黄河，至于长什么样子，从来没见过。这分明是上天暗示大秦国，后世必能拿下黄河附近的土地，更能完成逐鹿中原的梦想。有这样的好彩头，秦德公很快就搬家了。

秦德公只活了三十五年，在位只有两年。这两年中，他隔三岔五地把他的三个儿子拉到面前训话："你们要记住，兄弟之间要相互团结，我们秦人以后是要饮马黄河的！"

我们小的时候，也有这样的现象：家长跟孩子说的话，孩子有时候会当耳旁风，但如果家长嘴里经常念叨一句口头禅，这口头禅往往会让孩子牢记于心。而秦德公的口头禅"饮马黄河"也就成为后来秦国历代国君的心愿。

秦德公死后，长子秦宣公继位，在位十二年就死了。秦宣公有九个孩子，但是都太小，还不能带领秦国饮马黄河。秦德公的次子秦成公继位，他更是个短命鬼，在位只有四年。秦成公有七个孩子，也都很小，还是不能饮马黄河。最后国君之位传到了少子秦穆公。

秦穆公，名任好，上位时才二十岁出头，正值青年。他生性洒脱，待人真诚，是春秋五霸里最讲道义的一位。

秦穆公继位后在心里掂量了一下：秦国虽实力强大，可晋国毕竟也是强国，绝非等闲之辈。更何况晋国还占据了地理优势，如果想硬碰硬打开东进的两道大锁，真是难于上青天。

如何低成本地打开东进大门，这个问题耗费了秦穆公大量的脑细胞。忽然有一天，他灵机一动，想起自己才二十岁出头，还是一个钻石王老五，该娶个老婆了，于是他很自然地将老婆的人选瞄准了晋国。

为了国家社稷大业和秦人东进的梦想，秦穆公宁愿牺牲自己的个人幸福。只要晋国把公主嫁给他，哪怕是瘸子、瞎子，他也要！

秦穆公派出使者向晋献公提亲。晋献公毫不犹豫地答应了，表示将把大女儿伯姬许给秦穆公。

秦穆公听完后乐开了花。伯姬的母亲是齐姜，齐姜的父亲是大名鼎鼎的霸主齐桓公，伯姬的亲哥哥又是太子申生。老丈人是晋国国君，小舅子是未来晋国国君，有了这些人的加持，成就一番霸业指日可待！

然而秦穆公完全想错了，成就霸业哪那么简单？秦国建国才百年，而且一直和落后的蛮夷打交道，从未领略过东方诸侯的老奸巨猾。历史上的秦晋两国虽然经常相互通婚，被称为“秦晋之好”，但实际上两国并不友好。两国并没有因为是亲家就和平共处，相反，在春秋时爆发了数场大规模战役。

秦晋两国的关系史，就是一部狗血的言情剧。晋国一直和秦国玩套路，对秦国各种坑蒙拐骗。

秦国刚建国时，宛如涉世未深的年轻姑娘，一直想去繁华的中原逛一逛，结果遇到了晋国这个高富帅。晋国出身于周王室，身份尊贵，是几百年的老诸侯了。这个高富帅答应秦国小姑娘，带她去中原大地策马奔腾，共享人世繁华。于是秦国小姑娘和晋国高富帅海誓山盟，形影不离，晋国去哪儿，秦国就跟去哪儿。

其实，晋国从一开始就只是在利用秦国，他只是看上了秦国丰厚的人力财力，好帮助自己在与死敌楚国的霸权争夺中占据上风。秦国也确实给予了晋国相当大的帮助，而且就这样一直任劳任怨地帮助晋国打击与自己毫无关系的楚国。

当秦国费了九牛二虎之力才把晋国推上霸主宝座后，没想到晋国竟然对秦国下了黑手，多次打击秦国。晋国还对秦国说：“我们只是玩玩，国与国之间的关系，哪能当真？”

从肉体到心灵都被欺骗的秦国，就这样成了内心充满仇恨的“怨妇”。此后，秦国与昔日的敌人楚国走到一块儿，联手对付晋国。后来，晋国的第一大敌人是楚国，第二大敌人便是秦国。晋国和楚国最终还能以谈判的方式化解仇恨，但是被伤到骨子里的秦国却不会原谅晋国。

秦国一直想要弄死晋国，这种仇恨直到地老天荒也不会消散。哪怕晋国解体了，分成赵、魏、韩三国，秦国也不放过晋国，继续将这三国视作死敌。

言归正传，当年轻的秦穆公突然来提亲时，晋献公觉得简直就是喜从天降。秦穆公主动来示好，想做晋献公的女婿，这让晋献公感觉一下子没了战略威胁。

秦王是骨灰级的钻石王老五，有女儿不嫁给他，那就真是傻了！

伯姬是申生的亲妹妹，晋献公不喜欢长子申生，但却很喜欢长女伯姬。伯姬是晋献公的掌上明珠，通情达理，心地善良，与申生、重耳、夷吾关系都很好。晋献公舍不得这个小棉袄，在女儿远嫁秦国前，他专门找了春秋第一神算子史苏来算算这孩子的命运。

史苏被晋献公叫来，内心是很不情愿的，因为晋献公不相信他之前占卜的结果，只喜欢听好的。但是作为臣子，他还得尽臣子的本分，该算还是得算。为了让晋献公相信自己的结果，这次史苏没有用乌龟壳占卜，而是占筮（shì），即用蓍（shī）草来算卦。

“这次算卦结果，比上次的还要凶，是大凶！”史苏认真地说道。

在一旁的伯姬听到后，吓得花容失色。

满脸怒火的晋献公有火发不出来。他找史苏原本是来讨个好彩头，自己嫁个闺女，谁不想喜气洋洋的啊？没想到史苏直接把国君送亲说得跟送葬似的。但晋献公对史苏也无可奈何，因为史苏尽了自己的本分。

“这次预言，你对谁都不能说。天知地知，你知我知。我是嫁女儿，不是出殡。你要敢乱说，小心我宰了你！”晋献公生气地对史苏说。史苏不高兴地退了下去。

谁对谁错，历史自有定论，只需慢慢等待。十一年后，晋国王室将用鲜血来验证史苏的预言。

对于晋献公来说，悔婚已来不及了。女儿该嫁还得嫁，国之大事，不好反悔。伯姬出嫁还是很风光的，晋献公能陪嫁的都陪嫁了，在陪嫁的队伍里还有一个奴隶，这个奴隶就是晋献公占领虞国俘虏的大夫百里奚。

晋献公万万没想到，百里奚就是晋国送给秦国最好的礼物。秦国在历史上有两次登上巅峰，第一次是春秋时被百里奚推上巅峰，第二次则是战国时被商鞅推上巅峰。

百里奚这辈子很苦。他出身于没落贵族，年轻时出去游学，穷得差点饿死，在各国做官都不顺。好不容易熬到老年在虞国做了个大夫，结果虞国又被灭国，自己沦为奴隶，被作为嫁妆送到秦国。现在自己也一把年纪了，万一哪天秦国死了个重要人物，拿他殉葬，那这辈子就太惨了！

到了秦国，百里奚不堪忍受奴隶之苦，跑到楚国去放牛了。秦穆公听说百里奚很贤能，想把这家伙召回来。为了低调行事，秦穆公用五张黑羊皮从楚国换回了百里奚。百里奚一到秦国就被秦穆公封为大夫，由于他是五张羊皮换来的，又被叫作“五羖（gǔ）大夫”。

历史上有很多能力超强的政治家，他们的人生目标只是帮助君王成就一番伟业，不管老百姓是死是活。所以有的时候，国家看似兴盛强大，老百姓却过得极其艰辛痛苦。然而百里奚不是这样的政治家。

他被秦穆公封为大夫时已经七十多岁了，早已磨去了棱角，看透了万事万物，没有了野心。权力、财富对于他这个老人来说，已经是过眼云烟。他一生都在摸爬滚打，体会过底层老百姓生存的艰辛，所以对百姓充满了仁爱之心。

谦和的百里奚向秦穆公举荐了自己的铁哥们儿——七十多岁的蹇叔。蹇叔来自宋国，才能很高，品行很好，但是他淡泊名利，是个隐士。蹇叔被好友百里奚拉入仕途，也算是发挥人生余热吧。

春秋时人均寿命极短，那时七十岁的人相当于现在一百多岁的老人。让两位高龄老人左右秦国政治走向，秦穆公的心也真是够大的！不过话说回来，除了后来秦穆公自己决策失误，引起几次麻烦以外，秦国在这两位老人以“仁”为执政核心理念的治理下，内政外交风格稳健，不骄不躁，如同一小锅生鲜，被慢慢熬出与众不同的美味。这两位老人既促成了秦穆公的霸业，又让秦国百姓安居乐业。

秦穆公时期的秦国是一个讲道义、负责任的大国。这跟战国时那鬼魅多变、阴险狡诈的秦国比起来，简直就是一个天一个地。

三百年后，有一个人询问当时秦国著名学者赵良，自己和百里奚相比谁更厉害，抛出这个问题之人就是当时秦国的二号人物商鞅。作为秦国变法的推动者，商鞅在全国上下搞起了残酷的考核机制，使老百姓沦为种田、打仗的牲口。除了国君之外，累得跟鬼一样的老百姓都不喜欢商鞅。

赵良听了商鞅的问题，回答说："五羖大夫死时，秦人不悦！"

商鞅听完似乎明白了他的意思。五个月后，秦孝公去世，新任国君继位，商鞅被五马分尸。秦国老百姓对于商鞅之死的反应，史书只记载了四个字："秦人不怜"！

愤怒的秦穆公

公元前651年，晋献公去世，史苏预言的内乱终于爆发了。晋献公老婆骊姬以及儿子奚齐、卓子相继被以里克为首的卿大夫们杀死，托孤大臣荀息自杀，晋国一下成为没有国君的国家。晋献公的另外两个儿子重耳、夷吾都逃亡在外，重耳逃亡到母亲的娘家白狄，夷吾跑到了梁国。

秦穆公想风险投资一把，扶持一个亲近秦国的公子当晋国国君，于是派出了公子挚，以慰问的名义考察重耳与夷吾。

公子挚到了白狄，看望了重耳，和他畅聊了一番。从聊天中，公子挚感觉重耳是个讲仁义的君子，唯一不好的就是重耳对权力没有渴望，一副无欲无求的样子。而风投最喜欢的就是充满狼性、不达目的誓不罢休的人。

随后公子挚到了梁国，立马受到了夷吾的隆重款待，好酒好肉招呼着。夷吾向公子挚展示自己的计划：如果自己以后能顺利归国当上国君，将永远拜秦国做大哥，还将割让黄河以西和以南的五座城给秦国，那里可是通往崤函道的战略重镇。公子挚听完后，感觉还是夷吾靠谱。公子挚临走的时候，夷吾还往公子挚的车上塞满了金银珠宝。

夷吾之所以殷勤地招待公子挚，是因为他经历的磨难太多。有的时候为了活命，他要像野狗一样奔逃。他体会到权力的重要性，只有重回晋国，成为权力食物链顶端的男人，才能不被别人吃，才能有尊严地活着。苦难的命运，把他从一个贤人修炼成了无赖。不管以后成不成，他都要先把秦国忽悠过来。

公子挚考察完两位晋国公子回到秦国后，秦穆公召集所有大臣举行廷议，确定支持谁做晋国国君。

收了巨额好处的公子挚很聪明，没有直接说夷吾的好话，而是抓住秦穆公的痛点来说："重耳这个人很贤能，做国君一定会使晋国强大，一个强大的晋国对于秦国来说，不是一件好事，我们要的是一个乖乖听话的小绵羊。公子夷吾没有重耳贤能，但他愿意做秦国的小弟，而且愿意割让黄河以西以南的土地。"

面对如此巨大的诱惑，秦国朝廷上下一致同意公子挚的意见。秦穆公把夷吾接到秦国来，并且在公元前650年的周历四月，派出大军护送夷吾回国继位，这就是晋惠公。在历经骊姬之乱后，晋国已近半年没有国君了，如今这个神奇的现象终于结束了。

晋惠公在当国君前头脑还是很清醒的，但他继位后，突然变成了一个没有头脑、狂妄自大的人。也许是之前的政治迫害让他活得太压抑，突然大权在握，让他一下子就飘起来了。于是他开始了作死之路，活生生把自己作死，把秦晋关系搞砸。

在这段没有国君的权力真空期，晋国一直是以里克为首的卿大夫执政。晋惠公上台后，娶了申生的遗孀，不接重耳回国，紧接着对晋国政坛进行恐怖的大清洗，杀了里克和支持重耳的卿大夫。而且，对于割让给秦国五城的事，晋惠公直接不认账了。秦穆公对于晋惠公这种翻脸不认人的恶劣行径，简直是怒火中烧。

公元前647年，晋惠公即位第四年，晋国爆发严重旱灾，国内颗粒无收。眼看着全国就要喝西北风了，晋惠公只好厚着脸皮，派遣使者乞求秦国卖粮食给晋国。

秦国举行廷议，商讨此事。秦穆公想趁此机会发兵教训这个忘恩负义的晋惠公，但遭到百里奚的强烈反对。百里奚说："天灾每个国家都会发生，救助灾荒，体恤邻国，这是道义！"

听完百里奚的话，秦穆公内心平静了下来。他是想做天下霸主的男人，要让天下诸侯臣服自己，自己首先要讲道义。春秋不同于战国，战国是吞并战争，讲的是无道德、无底线，只要不要脸，就可以天下无敌。而春秋是争霸战争，讲的是道义与实力。作为天下霸主，并不是要弄死诸侯，而是要成为诸侯们心甘情愿追随的对象，更要担负维护诸侯国秩序的重任。

个人恩怨事小，霸主梦想事大。秦穆公同意了百里奚的建议，卖粮食给晋国。这次卖粮行动，成功展示了秦国负责任、实力强的大国形象。秦国援助的粮食从雍都装船出发，沿渭河顺流而下到黄河，再转向北上，溯流进入汾水，最终到达晋国绛都。这一路上，秦国运粮船浩浩荡荡，奔腾千里，场面十分壮观，史称"泛舟之役"。

"泛舟之役"的第二年，秦国发生饥荒，秦穆公向晋惠公借粮。无赖晋惠公就回答了两个字："不借！"这一下，秦国上下被激怒了，每个秦人都恨不得手撕晋惠公，他们从未见过如此厚颜无耻之人。而百里奚要的就是以有道伐无道。

这件事就连晋国大夫庆郑都看不下去了，他极力反对晋惠公这么做。但晋惠公就是听不进去，只要是有利于秦国的事，我就不干！

秦、晋这道梁子就这么结下了。秦国找晋国算账，也只是时间问题。晋惠公知道自己做的事完全不占理，但是他实在不想看到秦国做大做强。双方心里都清楚，这场战争根本避免不了。而接下来的这场战争却成为春秋史上奇特的战争。

因为受灾，秦国只能等饥荒过去，第二年才发动战争。

公元前645年，周历九月，秦国大军的进攻如约而至。此时秦人已经收割完粮食，粮草充足，兵强马壮。

秦穆公亲率大军出征。秦军浩浩荡荡的队伍后面还跟着一个小尾巴，是由三百名"野人"组成的队伍。他们一路尾随秦军大部队，既不要吃的，也不要喝的，只是一直默默跟随着。

这三百野人尾随秦军，是来报恩的。西周时开疆拓土的方法就是派遣诸侯带上自己人，武装移民去抢土地。这些土地上的原住民被周朝称作野人，他们不会写字，不会炼青铜器，一直被瞧不起，从不被接纳。然而，秦穆公却不把野人当外人。

这三百野人来自岐山脚下。有一次，他们把秦穆公的御马偷走，然后宰杀吃掉了。这件事被当地官员查出来，准备要把这些野人绳之以法。生性豪放洒脱的秦穆公不愿意为一匹马而伤害这么多条人命，于是说，既然马都被吃了，那就再赐给这些野人一些酒喝。

春秋时，虽然礼崩乐坏，但是人的私德却是非常好的。朋友之间，你对我好，我加倍对你好；君臣之间，国君对臣子好，臣子愿意用性命去报答。一直被歧视惯了的野人立马被秦穆公的善举感动得一塌糊涂，他们发誓一定要用生命来报恩。这三百野人如同斯巴达三百勇士一样，在关键时刻救了秦穆公一命。

秦国大军连破晋国在河西的三座军事重镇，渡过黄河杀到了晋国腹地韩原。得到此消息，晋惠公惊出了一身冷汗。看来决战避免不了，自己只能御驾亲征了。

在亲征前，晋惠公挑选自己喜欢的小驷马作为拉战车的战马，而这一举动却成为他在这场战争中的直接败因。

晋惠公喜欢的小驷马是从郑国进口的，外观小巧可爱，平时出去玩拉拉车还行，但是拉战场上狂奔的杀人战车，就严重动力不足了。大夫庆郑发现这个问题后，反对晋惠公使用小驷马，建议使用本国出产的马。

庆郑之前反对晋惠公不援助秦国，现在又来反对晋惠公使用小驷马，这让晋惠公对他无比反感，对于他说的话也依然是“我不听我不听”。

晋惠公带上大军前往韩原，迎战秦军。庆郑眼睁睁地看着晋惠公几次不听自己劝解，不听就算了，他还嫌弃自己，不让自己当车右。记仇的庆郑感到莫大的羞辱，暗暗发誓迟早要报复晋惠公。

周历九月十四日，秦晋两国大战韩原。这是一场西方强国与北方强国的较量，两国杀得难分胜负。秦穆公杀得太激动，一不留神冲进敌阵中，被晋军包围了起来。秦穆公拼死抵抗，眼看就要被晋军俘获，从两军之外杀进了一股人马，如入无人之境。他们身穿兽皮，手拿原始兵器，看见晋军就砍，很快就杀到秦穆公面前，把秦穆公从重围之中解救了出来。

被解救出来的秦穆公，带着感激的心望着眼前这些壮士，他们都已成了血人，有的已横尸在晋军阵中。他们就是当年岐山脚下吃御马的野人。这三百野人一路尾随秦军，秦晋大战时他们就在一旁，无时无刻不在关注秦穆公的安危。

脱离危险的秦穆公继续指挥秦军作战，这时候就轮到晋惠公倒霉了。晋惠公的战车跑着跑着，陷入泥地里出不来。那时候的战车，没有现在汽车的差速器、变速箱，陷到泥里，只能靠战马左右旋转把车拉出来，而小驷马却拉不动。

此时秦军马上要围上来了，大夫庆郑的战车碰巧从晋惠公旁边驶过，晋惠公大喊："庆郑救我！"没想到，庆郑直接抛弃了晋惠公，还对他喊道："当初你不听我的话，活该有今天。想搭我的车，没门！我就不救你，气死你，气死你！"说完，驾着车跑了。

这只能怪晋惠公自作自受，活该有今天。庆郑跑了之后没多久，秦军围了上来生擒晋惠公。国君都被抓了，这仗就不用打了，晋军争相逃命。但是晋军里有一群人没有跑，只是丢下了武器，聚集在一起，默默地站在那儿，什么也不做，这些人就是忠于晋惠公的大夫们。

秦穆公对这些人的异常举动并不感兴趣，他要的只是晋惠公，这些人俘虏回去还要浪费粮食。得胜的秦军班师回朝，这群忠于晋惠公的大夫成了秦军的小尾巴，走一路，跟一路。这些大夫的忠义之举让秦穆公大为感动，没想到晋惠公这个不要脸的家伙，手下竟然有不少忠义之士。

秦穆公心里明白，贸然把晋惠公杀了，只会让晋国忠义之士更加痛恨秦国，还不如把晋惠公当作人质，要挟晋国。百里奚与秦穆公的想法不谋而合。

秦国大胜的消息很快传到了雍都。秦穆公原以为到了雍都，会有一场盛大的凯旋仪式，然而，现实却啪啪打脸。秦穆公到了雍都，迎接的人群没看见，看到的是老婆伯姬带着儿女穿着丧服，站在堆满柴火的高台上，准备自焚。

伯姬对着秦穆公大喊："你要是敢杀了我兄弟，我就带着孩子自焚！"

被眼前这一幕吓傻的秦穆公立马答应了伯姬的要求，把晋惠公好吃好喝地养起来。

晋惠公命虽然保住了，但是秦国是拿他来做人质的，赎金达不到要求，秦国就不放人。

晋国派出谈判大使。韩原大战后，晋国元气大伤，国君又在秦国手里，自己根本没有讨价还价的筹码。面对秦国的要求，想说“不”几乎不可能。

秦穆公开出的谈判条件只有两条：第一条，把晋惠公之前答应给秦国的黄河以西和以南的五座城割让给秦国，秦国还要在河东地区收税；第二条，让晋惠公的儿子太子圉（yǔ）到秦国来做人质，秦穆公也不会亏待太子圉，会把女儿怀嬴嫁给他。

晋国只能同意了秦穆公的条件，随后晋惠公被释放回国。此时的晋国已经沦为二流国家，秦国成为晋国的大哥。

拾贰

流亡公子重耳

亡命天涯

韩原大战后，晋惠公老老实实地当了七年国君。

公元前638年，晋惠公病重，马上就要不行了。在秦国得到消息的太子圉，想摆脱秦穆公对自己的控制，私自逃回国继位。逃跑前，他想带上老婆怀嬴。

怀嬴的父亲正是秦穆公。怀嬴既不想背叛父亲，也不想告发太子圉，她选择了沉默，太子圉就偷偷地跑回了晋国。

秦穆公知道后，暴跳如雷，心里怒骂："这对父子果然是一丘之貉，老子坑蒙拐骗，不守承诺，骗我的粮；儿子在我这里吃好喝好，伙食费都不收他的，结果他吃干抹净就不认账了。"

秦穆公很生气，后果很严重。他现在极度不信任晋国这对父子。过去能立晋君，那么现在就能再换一个。不过，可供选择的人选只有一个，那就是重耳。晋献公杀尽公族之后，活着的晋国公族比大熊猫还稀少，就剩夷吾与重耳了。

可是重耳在哪里呢？自从骊姬之乱后，重耳就到处流亡，至于去了哪里，一直杳无音信。

传说重耳长得不像正常人。普通人眼珠子里就一个瞳孔，重耳是两个。别人的肋骨是分开的，他是骈肋，肋骨都长在了一起，其实就是畸形。

自从骊姬之乱爆发后，重耳一路奔逃。他从小就喜欢结交侠义之士，在逃亡的时候，有一群死党一直跟随。这些人都是晋国大夫，都是自愿放弃荣华富贵，与重耳生死相随。他们腰里都挂着宝剑，遇到敌人的时候，就以命相搏。如果重耳不幸死了，他们将挥剑自尽。

先秦时，人们愿不愿意和你交朋友，不是看你的地位与财富，而是看你是否忠诚、侠义。朋友之间，你对我好，我就为你两肋插刀。君臣之间，君主对臣子好，臣子就愿肝脑涂地，生死相随。你若不讲忠义，那你将会遭人排斥，连个朋友都没有。

追随重耳流亡国外的有几十人，这些人里名气较大的有介子推、狐毛、胥臣等，名气最大的则是狐偃、赵衰、先轸、贾佗、魏犨，后世称他们五人为“五贤士”，他们从重耳十七岁时就在其左右。

狐偃、赵衰、先轸作为“五贤士”里最核心的三位，对重耳的帮助尤其大。

狐偃是重耳集团的首要人物，他是重耳的舅舅，更是重耳的大脑，重耳一生所有的重大决策，他都全程参与，并制订计划。

赵衰是重耳集团的二号人物，出身名门，能力很强，最大的特点就是谦让。后来重耳当了晋文公，他把晋文公封的官都让给了别人。谦让之风在晋国盛行，使晋文公执政期间没有出现内斗，可以全心全意进行争霸战争。

先轸是重耳集团的第一武将，更是春秋时第一战神。他后来被提拔为主帅，打赢了闻名千古的城濮之战与尽灭秦三军的崤之战，楚、秦两个大国都是他的手下败将。他打仗时不但会避实就虚，还会利用外交战略，后世的《孙子兵法》里不少内容都受到先轸的军事作战思想影响。

重耳带着这一帮忠义之士开始了浪迹天涯的生活。说好听点叫流亡，说难听点叫流窜。因为重耳是一个失势公子，看得起你的诸侯，会赏你点饭吃，给你个地方落脚；看不起你的诸侯，会像撵叫花子一样把你轰走。

这一路上，重耳尝尽了人情冷暖，阅遍了世间百态。虽然重耳命运坎坷，但是他的桃花运却是旺得很，一路上娶了七个老婆。

重耳一行人最初的流亡地是白狄。之所以选择该地，是因为白狄靠近晋国，而且重耳的外公狐突是白狄的贵族。重耳来到白狄，就像在自己家一样。

于是重耳一行人在白狄那儿平安度过了十二年。在此期间，重耳与赵衰各娶了一个蛮夷老婆，而且都生了儿子。赵衰的这个儿子可不得了，他叫赵盾，后来成了晋国历史上最生猛的权臣，权倾朝野，将国君置于掌中。

住在白狄的重耳天真地以为在这里会一直平安幸福，直至老死。然而一个不速之客的出现，让重耳不得不再次踏上流亡之路。这位不请自来的人是个宦官，他给重耳造成过重大心理阴影，重耳一听到他的名字，就吓得瑟瑟发抖。

他的名字叫寺人披。

春秋时称宦官为寺人。在一般人印象中，宦官都是有气无力、不男不女的，但是寺人披却是个另类。他以阉人的身躯练就了盖世武功，神出鬼没，一剑封喉是他的必杀技。

寺人披人狠话不多，作为国君的忠实手下，他只认国君，其他一概不认。

骊姬之乱时，重耳躲在蒲城，晋献公派寺人披去暗杀即将逃跑的重耳，寺人披只用一个晚上时间就截住了重耳。

寺人披站在重耳等人面前，手拿一把宝剑，露出阴冷的脸，用尖细的嗓音说了一句话："重耳，你不要跑了，受死吧！"

这句话让重耳一群人愣住了。面前这个太监有啥能力能让受到众人保护的重耳束手就擒呢？要知道，跟随重耳的死党都是贵族。春秋时，贵族都是习武且身上佩剑的。

就在众人不屑地看着这个太监时，寺人披立马使出武功，在保护重耳的人群中杀出一条血路，直扑重耳。重耳一看寺人披太生猛了，赶紧翻墙逃吧。

就在重耳翻墙逃走的时候，寺人披抓住了重耳的袖子，重耳命悬一线。好在重耳的衣服质量不好，袖子被寺人披扯断了，命大的重耳翻过墙，才捡回一条命。

寺人披看见猎物跑了，只能恨恨作罢。重耳的随从们把寺人披包围住，要乱剑砍死他，结果寺人披竟然把包围的人杀得人仰马翻，全身而退了！

这次行刺虽然失败了，但是却给重耳留下了巨大的心理阴影，他永远忘不了寺人披那张阴冷的脸和那尖细的声音。他第一次看见一个太监具有如此高超的武艺，能在众多贵族之中，杀得来去如风。要不是衣袖断了，自己恐怕要去见阎王了。

事后，重耳带着随从，一口气跑到了白狄。后来到了晋惠公时期，韩原之战晋国大败，晋惠公怕重耳借此时机重返晋国，就派寺人披再去刺杀重耳。

晋惠公命令寺人披必须在三日之内赶到白狄，寺人披两天就到了。来到白狄后，寺人披侦察好地形，埋伏在重耳与狄君打猎的地方，想伺机杀死重耳。

重耳与狄君带着随从正在野外欢快地打猎，突然，一个黑影从不远处朝重耳飞奔过来。重耳本以为是什么猛兽，开弓就要射。

就在重耳张弓搭箭的时候，这个黑影已经蹿到重耳身边，一个飞跃扑向重耳。

重耳看清了那个黑影，大喊："啊，寺人披！"

"受死吧！"寺人披喊道。

寺人披手拿着一把宝剑刺向重耳。就在这千钧一发之际，眼疾手快的狄君挥剑替重耳挡了一下，救下重耳一命。随后，狄君的军队立马向寺人披围去。

行刺失败的寺人披并没有跑远，他站在距离重耳不远处，阴冷地看着重耳，嘴角露出一丝轻蔑的笑。寺人披这阴阳怪气的神情，让大难不死的重耳脊背发冷。

围上去的狄人士兵并没有拿下寺人披。寺人披很轻松地就杀了出去，逃得无影无踪。

惊魂未定的重耳心里明白，寺人披是在挑衅自己，晋惠公派这个太监来，目的就是让自己不再踏入晋国领土。自己在明，寺人披在暗，他会想尽办法要了自己的命。看来白狄不能再待了，要走得越远越好，保命要紧！

公元前644年，53岁的重耳离开了寄居十二年的白狄，又开始了新的流亡旅程。

重耳此次流亡的目的地是齐国，因为当时齐君是大名鼎鼎的齐桓公。此时管仲去世没多久，或许齐桓公需要一个有才能、能帮助自己治国的人，所以重耳想去齐国试试身手。

去齐国的路上，重耳一行人要经过卫国。重耳天真地认为，卫国和自己都姓姬，都是周王室的后裔，他们应该好吃好喝地招待自己吧，所以随身的粮食没有带足。

此时卫国在位的国君是卫文公，这个人在位时期过得很艰苦。之前我们说过，北狄攻破卫国，卫国战士逃出来的只有五千人，现在的卫国是在齐桓公的帮助下异地重建的，可以说是穷得叮当响。

卫文公平时吃糠喝稀，有时还得和百姓一起下地干活。他对重耳流亡团队的到来很是反感，于是像打发要饭的一样，随便给点粮食就赶走了重耳一行人。

被现实啪啪打脸的重耳，感到莫大的愤怒。

在重耳的流亡之路上，对他好的都是具有霸权思想的大国，对他差的全是小国。可见，大国之所以能成为大国，不光是因为实力强，更重要的是在处理问题上也具有前瞻性。而小国之所以很难做大，和小国只看眼前蝇头小利，鼠目寸光，也不无关系。

赶走就赶走吧，可是卫文公给的粮食不够吃，大家一路就这么饥肠辘辘地来到了卫国的五鹿。重耳一行看见一群农民在耕田，就想向农民要点粮食吃。然而，农民看见这群跟叫花子一样的人，开玩笑地拿起一把泥土送给重耳。

重耳恼羞成怒，就想挥剑砍人。狐偃赶紧阻止："公子不要生气，这是百姓向你敬献土地，这是好兆头啊！"

一脸苦笑的重耳只能收回手中的剑，继续朝齐国方向走。

这一路上，重耳饥一顿，饱一顿的。就在他已经饿得眼冒金星的时候，一碗肉汤端到了他面前。重耳闻到了久违的肉腥味，狼吞虎咽地把肉汤吃光了，碗都被舔得干干净净。

饱餐一顿后，重耳用手指擦净嘴边的油，然后放到嘴里吮吸着。一边吮，一边问："这肉汤是哪里弄的啊？"

"这肉汤是我弄的。"

重耳循声望去，看见一个人正在包扎自己的腿，腿上的鲜血已经流得满地都是。原来他割了自己腿上的肉，给重耳做成肉汤喝。

这个人叫介子推。

看见这感人的一幕，重耳感动得痛哭流涕。

这一帮忍饥挨饿的叫花子相互扶持，终于来到了齐国。

在前往齐国的路上，重耳发现了一个奇特的景象：在黄河中下游国家，大家买东西都不用贝壳，也不以物易物，而是用齐国的刀币。只要身上有足够的刀币，出门就可以不用带那么多粮食，可以就地用刀币买粮。这使重耳迫切地想看看强大的齐国到底是什么样子，能有这么大的能力让齐刀成为广泛流通的硬通货。

等重耳亲眼见到齐国的食盐齐刀体系后，更是深受震撼。他发现有了这个体系，齐国可以不打仗，只需要发动经济战就能打垮对手。称霸，不需要全凭武力征服。

齐桓公接见重耳后，与他相谈甚欢。齐桓公年轻时也流曾亡国外，相同的遭遇让他与重耳之间并没有太多的隔阂，很快就成了朋友。

老人齐桓公像许多其他老人一样爱唠嗑。重耳在齐国时，三天两头被齐桓公拉过去，天南海北地侃大山。齐桓公对这位流亡公子极其慷慨，把女儿齐姜嫁给他，还附赠了豪宅与马车。

虽然重耳的才能得不到施展，但是他在齐国衣食无忧，老婆又年轻又漂亮，自己也已经五十多岁了，就这样混吃混喝，了此残生，其实也挺好的。

然而，就在重耳沉浸在温柔乡的时候，齐桓公死了，五子争位打得热火朝天。

狐偃、赵衰看到齐国如此糟糕，觉得这地方是不能再待了，还是赶紧逃跑吧。于是他俩找了一个僻静的地方，商议逃跑计划。

没想到，他俩商议的地方旁边有一棵桑树，桑树下有个齐姜的侍女正好在采摘桑叶。这个侍女把狐偃、赵衰说的话一字不漏地记了下来，等狐偃、赵衰走了，她赶紧去向齐姜告密。

可惜的是，这位忠诚的侍女命不好，她的主子齐姜是荣登《列女传》的人。能上此书的女子，都不是一般人。

听完侍女的告密，齐姜虽然知道侍女是出于忠心才告诉她的，但是为了夫君的前程，她还是找了一块僻静的地方，亲手把侍女杀了！

之后，齐姜决定找重耳好好聊聊。

齐姜对重耳说："夫君贵为一国公子，现在齐国大乱，公子应该离开此地，早日回国继承国君之位。在这里天天浑浑噩噩，我为你感到羞耻。你现在不回去，何时才能成功呢？刚才有一个侍女，知道你的手下有打算带你逃跑的企图，我已经把她杀了。夫君，你带着随从赶紧逃吧。"

望着眼前一脸杀气、手上还沾满鲜血的老婆，重耳用力挤出一丝笑，实则内心惊慌不已。他紧张地说："没有这回事。人生本来就该追求安逸享乐的，我死也要死在齐国。漂泊不定的日子，我实在不想过了。"

齐姜听完不说话，转身去找赵衰、狐偃，让他俩快把重耳带离齐国。赵衰与狐偃看着眼前深明大义的女子，对她的敬佩之情油然而生。

一天晚上，齐姜、赵衰、狐偃三人用计把重耳灌得酩酊大醉，然后将他抱上马车。狐偃驾车带着醉酒的重耳，所有随从们紧随其后，悄无声息地逃离了齐国。

齐姜独自一个人望着这群人渐渐远去，她的内心空落落的。此次与重耳别离，也许上天眷顾，他们还能再次相聚，也许就是永别。她在心底对重耳说："夫君，请原谅我的残忍。男人就应该有一番大作为，而不是沉醉在温柔乡中。拼一把不一定会赢，但是不拼，肯定只有死路一条。"

彪悍的齐姜把重耳送走了，虽然自己孤零零地守了活寡，但是她却为重耳开启了新的人生。后来重耳回到晋国继位，专门把齐姜接回来，封为正妻。

到了早上，重耳醒来，发现自己躺在马车上，舅舅狐偃正在驾车赶路。

"公子，您醒来了啊！"狐偃微笑着说。

"我怎么在马车上，这是要去哪儿？"重耳迷糊着问道。

"公子啊，我们已经离开齐国了。"

"啊！"重耳顿时清醒了，胸中的怒火也燃烧了起来，他抄起车上的一把戈，要刺向狐偃，哪知道狐偃大笑起来。

"公子啊，你要是杀了我，那你成什么人啦？男儿当以大事为重，公子在齐国，只会磨灭自己的意志。"

重耳放下手中的戈，恨恨地说："我如果成不了大业，我就杀了舅舅吃肉。"

狐偃爽朗地大笑起来："哈哈哈，无所谓，反正你老舅我的肉也不好吃。"

离开齐国，重耳已经无路可退，他身背妻子与随从们的期望，此生必须有所作为。

到底去哪里，成为重耳一行讨论的焦点。

若想让重耳登上晋国国君之位，必须借助外国势力，而且这股外国势力还必须非常强大。当时最强大的国家是齐、秦、楚三国。其中，齐国自从桓公死后，陷入内乱之中。秦国在韩原之战打败晋国后，已经控制了晋国，没有必要再扶植一位君主。剩下的选择，只有南面的楚国。

于是，重耳一行人朝楚国进发。

路过曹国时，重耳受到了曹共公的款待。鞍马劳顿的重耳想洗个澡解乏，然而就在他洗澡时，一个脑袋突然从角落里伸了出来，一双贼溜溜的眼睛直勾勾地盯着重耳。正在洗澡的重耳差点被这一幕吓晕过去。

只听那偷窥的人还高兴地叫道："看见了，看见了，重耳肋骨果然是一整块的，好奇特呀！"偷窥的人不是普通人，正是是曹共公。曹共公之前听说重耳是骈胁，所以特意来偷窥重耳洗澡，满足自己的好奇心。

浴室这一幕让重耳感到无比惊悚，谁知道自己下次洗澡时，曹共公会不会干出点别的事，还是赶紧跑吧！

重耳一行人逃到了宋国。此时宋国在位的是泓水之战后受了重伤的宋襄公。宋襄公虽然没有当上霸主，但是他也与重耳交谈甚欢，产生了"狗熊惜英雄"的情愫，还赠送给重耳众多马车与财宝。

离开宋国，重耳途经郑国。郑文公并没有理睬重耳，不过习惯了被人当作叫花子的重耳已经无所谓了，他们一行人经郑国到达了楚国。

当时的楚国，在楚成王数十年的治理下正值国力鼎盛。自从霸主齐桓公死后，齐国发生内乱，实力一落千丈。挑头想当霸主的宋襄公则直接被楚成王打服了。泓水之战后，中原众多小国都拜楚国做大哥。楚成王是无冕霸主，楚国更是当时第一超级大国。

作为天下诸侯的翘楚，楚成王隆重地款待了重耳，席间与重耳交谈甚欢，相见恨晚，就差拜把子做兄弟了。能和楚成王做对手的齐桓公早已死了，现在已无对手的楚成王是无比的空虚寂寞，能和英杰重耳一起喝酒畅谈，真是人生一大快事。

楚成王就这样，与重耳三天一小宴，五天一大宴。

一次宴席上，楚成王问重耳："公子若回到晋国，将用什么报答我呢？"

"大王对我的恩惠，我是无法用金银财宝报答的。如果两国不幸爆发战争，我将退避三舍（一舍就是三十里），报答大王的恩情。如果大王还不能谅解我，我只能手持武器与国君较量。”重耳不卑不亢地说。

楚王听完后，哈哈大笑起来。他心想，这么落魄的流亡公子，竟然会想到与我大楚国作战，真是异想天开。

然而，在这宴席上还坐着一位重要人物。重耳的一举一动，他都看在眼里，他就是楚国二把手令尹子玉。

宴席结束后，子玉对楚成王谏言："我看重耳乃人中豪杰，以后放他回晋国，犹如放虎归山，必然对我楚国不利，不如现在就杀了他。"

楚成王一看是子玉在谏言，内心像吃了苍蝇一样恶心。令尹是楚国独有的职务，总揽国家军政大权，而子玉这人出身于楚国势力最大的若敖氏，仗着自己强大的家族势力，飞扬跋扈，对楚成王总是不恭敬。

"我知道了！"楚成王不耐烦地说道，然后甩脸就走了。

数年之后，重耳、楚成王、子玉，这三人将互为对手，在城濮相互角逐，打了一场改变天下格局的硬仗。

重返晋国

重耳一行人在楚国待了几个月，楚成王一点也没有送他回晋国的意思。就在重耳心灰意冷的时候，秦国使节找上门，邀请重耳去秦国，并表示秦穆公愿意帮助重耳上位。

天上掉下这么大一块蛋糕，让重耳一行人喜出望外。流亡十几年，第一次有大国主动找上门来帮忙。虽然在重耳印象中，远在西方的秦国是一个野蛮、彪悍的国家，但现在已经不重要了，只要能上位，哪怕对方是蛮夷也没关系。于是，重耳告别了楚成王，满心欢喜地奔向秦国。

到了秦国，秦穆公把重耳当作大宝贝，隆重宴请了重耳。秦穆公为了在重耳面前展现自己有文化，不是什么野蛮人，还在宴会上与重耳对诗。

重耳在酒席上吟诵了《河水》一诗，秦穆公吟诵了《六月》一诗。两人借着酒兴、诗兴相互捧对方，互相又是磕头，又是拜谢。

除此之外，秦穆公还一口气把秦国宗室的五个女子都嫁给了重耳，其中包括晋国太子圉的老婆怀嬴。太子圉跑了之后，怀嬴守了活寡，秦穆公就把这女儿打包送给了重耳。

在重耳流亡期间，从秦国偷跑回国的太子圉继位成为晋怀公，而晋怀公内心充满了恐慌。他的父亲晋惠公在临死前，并没有嘱咐他要当尧舜一样的好君主，而是睁大眼睛，紧握他的手，将史苏的预言告诉了他：

“嬴姓胜，姬姓败，侄子随姑姑做人质，六年后丢下妻子逃回本国，两年后死在高粱地里。预言除了最后一句，前面的话都已应验了！孩子啊，你要保住性命啊！”说完，晋惠公就死了。

晋怀公听完不禁后悔，觉得当初还不如不逃回来呢。

“两年后死在高粱地里”这句话从此成为晋怀公的一块心病，一想起来就让他无比恐慌。这预言无疑是在宣判，自继位开始晋怀公的生命便进入倒计时，而他当时才二十岁。

人在强大求生欲的刺激下，往往会干出一些疯狂的事。

通常，新君继位，都要搞些大赦天下、奖赏臣子的事来拉拢人心。但晋怀公继承了他爹爱作死的性格，一上位就反其道而行之。他命令凡是跟随重耳流亡的人，限期必须回国。限期不归者，杀光全家。

可是这个命令并没有什么用，追随重耳的人一个都没回晋国。

脸上无光的晋怀公就拿人开刀，以儆效尤，而第一个开刀的竟然是他自己的外曾祖父——狐突。晋怀公把狐突召入宫，要求他命令两个儿子狐偃、狐毛离开重耳，马上回国。狐突誓死不从，晋怀公为了自己的君位与威信，当场处死了狐突，然后杀光其全家。

这一下就彻底激怒了满朝卿大夫。这些卿大夫们关系盘根错节，各自有亲戚朋友追随重耳，如果他们不回来，岂不是要株连自己全家？虽然从骊姬之乱以来，卿大夫们也参与相互厮杀，但大家还是有底线的，从来没有要灭对方全家这一说呀。更何况，晋怀公连亲外曾祖父都能杀，更不要说这些卿大夫了。

晋国公族本来就势单力薄，再加上晋怀公在秦国当人质多年，回国还没多久，根本就没有什么可以依赖的心腹。现在，整个卿族内心都背叛晋怀公了，晋怀公的死亡也就进入了倒计时。

公元前636年，周历正月，重耳亡命十九年、辗转八国后，终于回国了。他离开晋国时，身边只有几十人相随；回到晋国时，却有秦穆公率领大军护送。这次秦国大军可是倾巢而出，有战车五百乘、骑兵两千名、步兵五万人。这么庞大的军事实力，发动一场灭国级战争都绰绰有余。

秦军深入晋国后所向披靡，讨厌晋怀公的大夫们都倒向重耳这边，望风而降。眼见大势已去，晋怀公只能逃跑了。重耳进军绛都，在供奉晋武公的庙里继位，成为名震春秋的晋文公。

晋文公继位后，派人去追杀当初不肯放过自己的晋怀公。晋怀公众叛亲离，随自己出逃的人也越来越少。最后晋怀公逃累了，想休息一下，这时他才发现自己身处一片野高粱地。

“啊！”晋怀公惊恐地大喊了一声。预言说，他会死在高粱地里，看来自己的宿命是逃不掉了。晋怀公也就不逃了，他遣散了身边为数不多的随从，一个人坐在野高粱地里，等待生命的终结。

没多久，晋文公派来的追兵找到了晋怀公。继位才两年的晋怀公就这么死了。

刚坐上君位没多久的晋文公，凭借十几年跑江湖的经验，能感觉到国内仍有反对势力在暗流涌动，随时可能反扑。过去，晋惠公在位的时候，很多卿大夫得了他的好处，都站在他那一队。现在晋文公回来了，过去站晋惠公那一队的人，会不会站到自己这边来，这就要打一个大大的问号了。而这个问题被晋文公最害怕的人回答了。

有一天，突然有人请求觐见晋文公。当侍从告诉晋文公这个人的名字时，晋文公大惊失色。这个人就是寺人披。

作为君主，怎么能让人知道自己害怕谁呢？于是，晋文公召集护卫，硬着头皮召见了寺人披。

在众多甲士的保护下，晋文公看着寺人披缓步上殿，心想："这个太监，走起路来都杀气腾腾的。"

然而，寺人披不是来刺杀晋文公的，而是来告密的。

狗有时候会咬人，但是如果你成为狗的主人，它就会听你的，因为狗是最忠诚的动物。寺人披是晋献公、晋惠公两朝的忠实走狗，他也有作为一条走狗的美德，那就是只认主人不认旁人。晋文公继位后，就成了寺人披的新主人。作为走狗，寺人披就要表忠心。

寺人披告诉晋文公："以吕甥为首的叛党，密谋烧宫殿，企图把你烧死！"

听到这个消息，晋文公不禁惊出一身冷汗：该来的还是来了。

吕甥作为晋惠公的心腹，完全不是晋文公队伍里的人。晋文公继位后，吕甥将会完全失势，他想奋力一搏，也不是没有可能。

好在秦国大军没有走远，晋文公找到了秦穆公，两人商量了一下，决定将计就计，引蛇出洞。

周历三月三十日的晚上，月黑风高夜，杀人放火时。晋国宫殿起火了！

但吕甥率领的叛军找不到晋文公。他们认为晋文公可能逃往秦国，于是吕甥叛军集体追到黄河边上，结果，那里站满了等候多时的秦国大军。就这样，以吕甥为首的叛军被秦军消灭了！

第二天早上，晋文公与秦穆公站在黄河边上。看着眼前血流成河的叛军尸体，晋文公明白，自己的君位终于稳固了。

重掌晋国大权后，为了政权的稳固，晋文公并没有倒戈清算，而是重用了曾经与自己作对的贵族们。曾经跟随晋文公流亡的介子推明白国君的苦心，为了配合晋文公的工作，他主动带着老母隐居起来。晋文公又是派人找，又是放火烧山逼他出来，可连个人影都没有，介子推就这么被烧死了。除此之外，晋文公的功臣集团里还有很多人都表示不担任要职，让那些名望高的卿大夫们担任。

不久之后，周王室的一场内乱让晋文公出尽了风头。

读者是否还记得周襄王？周襄王的老爹周惠王喜欢小儿子王子带，想立他当太子。好在霸主齐桓公横插一刀，认为天子的家务事就是自己的家务事，于是带着一帮诸侯，把当时还是太子郑的周襄王立为法定的天子接班人。

周惠王气不打一处来：既然你们不让我最喜欢的儿子王子带当继承人，我就给他留下丰厚的遗产。周惠王竟然把黄河以北、太行山以南的南阳之地，全部封给了王子带。本来周王室的领地只剩巴掌大，王子带一下占了那么多，不造反才怪！

周惠王死后，嫡长子周襄王继位。实力雄厚的王子带造反，前前后后折腾了十几年，终于把哥哥周襄王赶跑了。周襄王跑到临近的郑国，但是郑国毕竟是个小诸侯，实力不足以帮周襄王复位，只有大国才能助其复位。于是周襄王立马派人向晋文公求助，毕竟晋国始祖唐叔虞是周武王之子，与周王室血脉相连。

晋文公得到周襄王求助的消息后，立刻找狐偃商议此事。

晋文公问："舅舅，天子向我们求助，您怎么看？"

狐偃答："这时机太好了！若想统领诸侯，不如勤王，这样不光能获得诸侯的信任，也符合道义。"

公元前635年的春天，在齐桓公死后八年，晋文公再次打出当年齐桓公"尊王攘夷"的大旗，统率大军前往王畿地区，替周天子平叛。

辞别秦军后，晋军以急行军的速度杀向王畿地区。仅用十几天时间，晋军就平定叛乱，处死王子带，护送周襄王回国复位，彻底终结了长达十几年的王子带内乱。

如此高效率的勤王行动，极大地提升了晋国的光辉形象，使其隆重登上春秋诸侯争霸的舞台，跃居春秋四大国之一。晋文公也就此洗去了晋国一直受制于秦国的耻辱，让晋国上下重拾信心。

事后，周襄王特意宴请晋文公，以示感谢。觥筹交错间，也许是晋文公太高兴了，竟然喝大了，说："我死后，想用隧葬的方式来葬自己。"

晋文公借着酒兴说出来的这句话，让在座的所有人大惊失色。隧葬是天子采用的墓制规格，一个诸侯竟然用天子的规格入葬，这就太僭越了！这话连当初的霸主齐桓公都不敢说。

周襄王听了晋文公说的话，酒立马醒了大半。虽然自己天子的位子是晋文公抢回来的，但是天子的身份与尊严，死也不能丢。

周襄王说："诸侯死后不能享用隧道，这是天子典章规定的。天底下没有两个天子！"

晋文公听完哈哈大笑，说自己酒喝得多，失态了。

周襄王也借坡下驴，为了缓和气氛，把王子带的封地——南阳地区赐给了晋文公，作为晋文公勤王的报酬。

南阳地区紧挨晋国，一旦落入晋国手中，晋国便可控制中原重要的三河（洛水、伊水、黄河）地区，这为晋国争霸中原提供了前进基地。晋国霸业就此扬帆起航。

酒席上，晋文公虽然请隧失败，但是酒后吐真言。看来在晋文公眼中，周天子无非是自己新收的小弟，自己虽不能有天子之名，但要有天子之实。他要打着"尊王攘夷"的旗号，争霸天下，号令诸侯。

勤王的影响并未就此结束。名义上的"老板"周王室沦为晋国小弟，作为大哥的晋国一直严加看管这位小弟，生怕周王室再出什么内乱。毕竟大家都姓姬，血浓于水，周王室没人管，我晋国就来管。有政治需要的时候，还可以把周天子扛出来，挟天子以令诸侯！

三军六卿

在晋文公勤王结束的两年内，晋国繁荣昌盛，但中原地区却风云激荡。霸主齐桓公死后，中原众多小诸侯国倒向南天一霸的楚国，唯独齐、宋两国始终不服，大战一触即发。

晋文公是一个要称霸天下的男人，当时只有打败楚国，才能称霸天下。这场混战，晋国绝不能置身事外。既然争霸战争迟早要打，那就要做好充足准备。

首要的事，就是扩军。晋文公将晋国二军扩成三军，每一军都比周天子规定的一军人数多。其实晋文公组织三军已经算比较晚的了，齐国、秦国早就有了三军，楚国甚至不止有三军。

可是晋文公的这三军却与众不同。别的国家的三军也就是单纯的军事单位，但是晋国的三军却是一个军政复合体。

别国打仗，出阵的是左、中、右三军，而晋国出阵的是上、中、下三军，这三军还有从属关系，中军统领上军，上军统领下军。每个军分别有一把手与二把手，一把手称为将，二把手称为佐，三军的六名将佐一律称为卿，俗称“六卿”。六卿作为晋国权力核心，上马管兵，下马管民。

最让人艳羡的是中军将。中军作为三军主力，中军将称为正卿或者元帅，中军佐称为亚卿。正卿是终身制，除非老死或者主动退休，一般是不会换人的。

晋文公这么做，也实在没有别的办法。晋国不是后世的中央集权王朝。中央集权下的大臣们想扳倒对手，只能采用打小报告的办法，你参我一本，我参你一本。而晋文公处在一个实行分封制的国家，手下卿大夫们都有地有兵，大夫们之间看不顺眼，那就不是打嘴仗，而是直接挥刀对砍。

从某种意义上来说，晋国掌权的卿大夫集团很像一个武林，晋国国君就像一个武林盟主，每个卿大夫都是一个门派掌门。他们都不是省油的灯，相互攻伐，争权夺利。虽然晋文公刚继位时让大量大贵族担任中央官员，但这只能让他们暂时安分。

晋文公作为新任武林盟主，希望整合武林各派别，组成武林协会，让各门派之间不再斗来斗去，而是团结一致，这就需要有一个共同的奋斗目标，有一个让他们更加卖力干活的激励机制。六卿的设置，相当于武林盟主身边有了大护法。当上六卿之一，成为国君身边的大护法，就是晋国卿大夫的共同梦想。为了实现这个梦想，卿大夫们不再斗殴，而是努力奋斗，相互之间展开了良性竞争。

六卿成为晋国大臣们眼中的香饽饽，但是这六卿绝不是普通人能做得了的。首先必须具备以下三个条件。

第一，家庭背景要硬。俗话说，三代才能培养出一个贵族。但这三代出的贵族，和晋国老牌贵族一比，那真是一个在天一个在地。想当六卿，如果祖上没有上百年的光辉历史，不是晋国老牌贵族，还是洗洗睡吧。晋国历史上，担任六卿的有赵、韩、荀、士、郤、栾、先等氏，随便挑一个出来，家族历史少则一百年，多则数百年。

第二，能力要强。想当六卿，光出身显赫还不够，还得具备超强的工作能力。如果能力不行，下台是迟早的事，能活着下台就算万幸，不幸的被人活活砍死也是常有的事。

第三，要不怕灾祸。六卿是晋国所有贵族都眼红的职位，尤其是中军将，那就是国家的二把手，多少人挤破头都想去当。但是别以为当上中军将以后就可以高枕无忧了，正所谓树大招风，如果中军将做人做事不低调的话，很容易被眼红的卿大夫围攻，招来灾祸，稍有不慎就会被灭族。

六卿位高权重，但是就像被诅咒过一样，中军将这个位置是最邪气的，晋国很多大家族为了这个位子引来家族被灭。晋国最后一任中军将智瑶由于太招仇恨，被韩、赵、魏三家灭了，后来这三家瓜分了晋国。

不管晋文公创立的六卿制度是好是坏，毕竟让广大卿大夫们有了奔头。

公元前633年，晋国编练的三军在庐地正式亮相，晋文公在这里举行盛大的阅兵仪式。

庐地的阅兵场上，晋国新编练的三军，犹如巍巍大山一般屹立在春秋大地上。晋文公站在观礼台上，发须斑白的他默不作声地看着三军。虽然没有说话，但晋文公身上显露出猛虎般的气质，令周边人敬畏。

三军阵前，依次摆放着六辆指挥用的戎车。这六辆车上站着六个人，他们是新编三军的统帅。

中军将是郤谷，中军佐是郤溱。

上军将是狐毛，上军佐是狐偃。

下军将是栾枝，下军佐是先轸。

郤谷、郤溱满含热泪地看着晋文公。他们的族长郤芮在晋文公刚回国复位时，和吕甥一起放火烧宫殿，想烧死晋文公，结果在黄河岸边被秦穆公杀死。作为罪人的亲属，郤谷、郤溱不但没有被治罪，反而因为有才能，得到晋文公手下二号人物赵衰的举荐，担任极其重要的中军将、中军佐，而赵衰自己却不担任任何职务。整个郤氏一家对晋文公与赵衰感恩戴德。

狐偃完全有资格担任中军将，但是为了举贤让能，让兄弟狐毛做了上军将，自己只做了上军佐。栾枝因为有才能担任了下军将，而晋文公集团的三号人物先轸却只做了下军佐。

晋文公的心腹主动让贤，不担任要职，让晋国卿大夫集团心服口服，全国上下掀起了礼让风尚。君臣团结，为即将爆发的城濮之战打下了良好基础。

就在晋文公收买人心大获成功时，中原宋国在默默注视着晋国的一举一动。宋国想借助晋国的力量，打败自己的死敌楚国。随后，宋国把晋国成功拉入伙，一场改变天下格局的大仗蓄势待发！

拾叁

春秋第一大战（上）

骄傲的子玉

公元前634年秋天某日，楚国郢都城门外，伫立着一支拥有两百多乘战车和数万人的大军。他们已经伫立一天了，天色渐暗，空中飘着冰冷的雨滴，刮着冷风。雨水早已把士兵身上的衣服打湿，刺骨的冷风顺着雨水刺到他们的身上，但这支大军始终岿然不动。

军队前停着一辆战车，上面站着三个盔明甲亮的将领。为首的那位就是楚国现任令尹子玉，他气宇轩昂，相貌堂堂。子玉身后站着的是他的两位副将，也是他的族人，分别是子西、子上。他们身后的这支军队，正是自己氏族的私卒。

这个拥有庞大军事力量的氏族，还有一个威震楚国朝堂的名字——若敖族，这支大军则被称为若敖六卒。

这支大军不是在等待阅兵，而是在准备远征。老谋深算的楚成王故意派若敖六卒去当炮灰，但关爱下属的样子还是要做做的。楚成王特意让子玉出征前等一等，他会派上自己的王卒来随他一起出征。

子玉和他的族人已经在风雨中苦等王卒一天了，再不来全军就要闹感冒了，但是他必须等。此次远征要连续攻打夔、宋、齐三国，难度系数堪称史诗级。

夔国实力最弱可以忽略掉；宋国虽弱，但好歹是老牌公爵级国家；齐国虽然自从桓公死后风光不再，毕竟也是昔日霸主，瘦死的骆驼比马大。打仗总是要死人的，如果没有王卒的助攻，光凭子玉自己的若敖六卒，就算能够打赢，恐怕若敖一族也损失殆尽了。

楚国军事力量是由四方势力组成的：直属楚王的军队，称为王卒；直属太子的军队，称为宫甲；县的武装力量称为县兵；氏族自己的子弟兵称为私卒。其中，王卒是楚军的精锐，有了王卒的帮助，子玉的胜算就更大些，族人就能死得更少些。

天已经黑了，子玉终于等来了王卒。只见王卒的战车从车门鱼贯而出，子玉、子西、子上看着这些战车，内心充满喜悦。他们一边看一边数，数到最后，发现不对劲了。

子西："不对啊，数来数去怎么只来了几十乘战车？我在朝中担任司马一职，知道楚国王卒实力雄厚，怎么就派来这点啊？"

子上："大王派来的战车与我们若敖六卒的战车加起来，正好三百乘。我们要么再等等，或许后面还有增援的王卒呢？"

子玉："后面不会再来了。"

子玉紧锁眉头，嘴上挂着苦笑。他比谁心里都清楚，这是楚成王故意在害他。楚成王之所以这么抠门，只派几十乘战车，和子玉的远征军凑成三百乘战车，是因为楚国街头巷尾流传着一个谣言：子玉刚愎自用，如果带着超过三百乘战车的军队出征，就很难回来。

俗话说，谣言止于智者，可楚国的现实却是谣言并不会止于智者，而是越传越离谱，越传版本越多，让不明真相的人信以为真。子玉在楚国就背负着"三百乘战车"的绰号。

能混到令尹，子玉的智商绝不低，他能猜到谣言背后的传播者。这个传播者并不是一个人，而是一群人，都是忌惮若敖族的人，他们中有楚成王，还有其他大氏族。

楚成王就是要让子玉带着三百乘战车出征，如果打输了，正好印证谣言，证明子玉是一个无能的将领，楚成王就可以直接罢免子玉的职务了；如果打赢了，反正死的都是若敖族的人，得利最大的是楚国的国君。楚成王把子玉算计得死死的。

看见天已经黑了，子玉示意军队不用开拔了，众将士就地安营扎寨。自己的族人们已经在雨里淋了一天了，该好好喝上一碗热汤，换一身干的衣服，美美地睡上一觉。此后的征途极其凶险，很多人将有去无回。

能带若敖子弟平安回家，是子玉最大的心愿。

夜深了，子玉独坐在中军帐中沉思。若敖家族上一代首领子文，在迟暮之年把族长之位传给子玉，并向楚成王大力举荐，从而使子玉登上了令尹之位。子玉从老令尹子文手中接过的是一个太平强大的楚国，而自己当令尹的这几年，国家却动荡不安，想想都让人生气！

就在楚军出征的前一年，晋国将秦国祸水南引。秦军在晋国的帮助下，攻占鄀（ruò）国（今河南省淅川县），俘虏了戍守楚国国门的申、息两位县公。秦军攻占鄀国后，就打开了南下的大门。后来秦人又在这条南下的路上修建了武关，有了这个前进基地，秦人随时可以杀入楚国方城，对楚国战略威胁极大。

这一战让楚国上下大惊失色，不仅丢失了申、息两大前沿的军事重镇，两位县公也被俘虏，楚国的脸面算是丢尽了。

在楚军出征的当年，国内也是流年不利。作为楚国附庸国的夔国，竟然也不尊重宗主国了。

在泓水之战中，宋襄公负伤，没两年就去世了。他的儿子宋成公亲赴郢都，拜楚成王做大哥。但是宋成公的内心是不服的，他打心眼里就瞧不起楚国，认为自己乃是显贵的商王之后，当年大商朝的青铜铸造已经炉火纯青时，楚人还在荆山里玩泥巴呢。在晋文公勤王的消息传到宋国后，宋成公立马转头拜晋文公当大哥，这让楚国在中原的战略支撑点荡然无存。

最让人震惊的是，原本被认为已经彻底不行的昔日霸主齐国竟然也硬气了一把，攻打了楚国的小弟鲁国。鲁国扛不住了，向楚国求援。

即将在子玉面前爆发的，是一场在中国历史上规模空前的天下大战，几乎所有诸侯都卷了进去。这场大战持续时间长达两年，而子玉的远征只是这场天下大战的序幕！

虽然前路凶险，但子玉作为一人之下、万人之上的楚国令尹，作为若敖家族的首领，他必须要打，而且还必须打得漂亮，因为若敖族的先辈一直是楚国的肱股之臣。

若敖族

若敖族的先祖就是楚王若敖。若敖当时有一个小老婆是郧（yún）国公主，生了一个儿子，氏斗，名伯比，也就是叫斗伯比。

楚王若敖死后，这位郧国公主带着孩子回了娘家郧国。后来斗伯比长大了，可以谈恋爱了。

那时，每个国家都有约定俗成的野外约会场所，所谓“燕之有祖，当齐之社稷，宋之有桑林，楚之有云梦”。斗伯比想谈恋爱，就必须去云梦，那里风景优美，草木茂盛。每逢暮春，室外气温二十五六摄氏度，非常适合外出游玩，很多青年男女专门到此游玩和恋爱。

春秋时代，男女关系极其开放，谈恋爱非常简单。只要双方看对眼了，只要是真心，不用废什么话，不用收彩礼，不用买房买车，不用举行费钱而又隆重的仪式，就能直接在一起。虽然这有违礼制，但是在那个人均寿命只有三十几岁的动荡年代，人们会更加珍惜眼前的一切，男女之间的爱情也会很真诚。这是一种背着父母的简婚，还有一个文雅的说法叫“野合”。

斗伯比在云梦看上了一个姑娘，这正是郧君的女儿，也就是斗伯比的表妹，于是两人就背着父母在一起了。

十个月后，表妹生下了一个男孩。郧君的夫人很不高兴，觉得自家的闺女是要嫁给外国国君当夫人的，怎么能给一个失势的公子生孩子呢？于是郧夫人直接把这个婴儿扔到了野外。

说来也巧，有一天郧君外出打猎，看见一只母老虎在给一个婴儿喂奶。他回去把这件怪事告诉了郧夫人，郧夫人大惊失色，认为这是上天要让这个孩子存活，于是赶紧让人把这孩子抱回来。郧君就给这个外孙取名“谷于菟”，意思是“老虎喂了奶”。斗伯比就这样得到了一个具有传奇色彩的儿子。

后来，郧君把斗伯比和外孙一起送回了楚国。斗伯比是若敖的儿子，属于正宗的楚国公族。按照辈分，当时在位的楚武王还得喊他叔叔。斗伯比在楚武王一朝任劳任怨，最后担任了令尹一职。

斗伯比以父亲的谥号若敖作为自己的族名。他与儿子子文（谷于菟的字）都很能生，几十年间，他俩有了很多子孙。若敖族这棵大树上，还衍生出了一个小枝杈，这就是成氏。到了楚文王时期，若敖族子孙遍布朝堂，很多人占据了重要位置。

到年幼的楚成王继位时，令尹子元大权独揽，让楚成王和他的母亲很是头疼。在子文的带领下，若敖族以一己之力轻轻松松干掉子元，还政于楚成王，子文也从此担任令尹。由此可见当时若敖族实力之强大。

子文担任令尹期间，真是毕恭毕敬、任劳任怨地辅佐楚成王。国家财政困难时，子文毁家纾难支援国家财政。楚成王能够横行中原，与子文的功劳密不可分。而且子文居功不自傲，把功劳都归于楚成王。可以说，没有子文，就没有楚成王的丰功伟绩。两人既像父子，又像师生。

但是人总有老去的一天，公元前636年，担任了二十八年令尹的子文自感时日不多，于是向楚成王主动提出辞呈，并推荐年轻的族人子玉担任下任令尹。楚成王对老令尹感情深厚，碍于老令尹的面子，不得不让子玉担任了新任令尹。

子玉出身于若敖族里的成氏，名得臣，子玉是他的字。老令尹子文之所以选择子玉做接班人，并不是因为子玉是自己的族人，而是因为子玉担任司马时，曾率军轻松打败陈国，占据了两座城池。这位有能力的年轻人，就此进入了子文的视线。老令尹子文希望这位年轻人能和自己一样，在令尹的位子上干一辈子，让若敖家族延续自己的光辉。

子玉这个人能力的确很强，可以说他就是传说中的“别人家的孩子”，学习好，武功强，凡事争第一，是一个力求完美的人。但是这样的人往往有一个大缺点，就是好胜心太强。好胜心太强的人不允许失败，做事容易一根筋，要让别人都服从自己。老令尹子文显然没有考虑到这一点。

新任令尹子玉一上台就用力过猛。有一次他去检阅士兵，检阅了整整一天时间，鞭打了七个人，还用箭射穿了三个人的耳朵。而过去子文检阅士兵往往半天就结束了，也不会惩处任何人。

从这件事上可以看出，子文与子玉做事风格截然不同。做事温和的子文与老奸巨猾的楚成王搭档，就能和睦共处；而做事刚愎自用的子玉与楚成王搭档，就会水火不容！

楚成王在与新任令尹子玉相处一段时间后，逐渐发现子玉是一个令自己讨厌的人，他还意识到若敖族已然成为一股庞大到可以颠覆自己政权的政治力量。虽然若敖族曾经鼎力帮助过自己，可是政治是有嗜血性的，楚成王必须灭掉子玉与他的若敖族。

如果在楚国内部干掉若敖族，势必会引起内战，消耗的是楚国自己的力量，还不如把若敖族派出去远征，打赢了平外患，打输了平内患，反正都是楚王得利。

于是，子玉率领自己的若敖六卒，轻轻松松地灭了夔国，然后扑向宋国、齐国。

此时子玉的内心很矛盾。打夔国很简单，毕竟夔国是个弱国，但是宋、齐两国那可都是硬骨头。子玉既想打赢战争，用赫赫战功去打破“三百乘”的谣言，但同时他又不希望若敖六卒在战争中受损过多，毕竟这都是自己的族人。

又想赢，又不想损失过大，所以子玉在接下来的军事行动中，优先考虑的都是如何减少战损。

子玉率军攻打宋国时，并没有直接攻打宋都睢阳，而是在宋国的缗（mín）邑吓吓宋国就撤围了；在攻下齐国的谷邑后，子玉也没发动更大规模战争，而是在那里设置了一个傀儡政权，把齐桓公的一个儿子公子雍安置在那里。昔日霸主家里被设置一个傀儡政权，这让齐国脸面尽失。

子玉率领族人在外经历了漫长的远征。他们原本以为打完齐国就可以回家了，然而他们大错特错了。子玉收到一个让他极其惊恐的消息：楚成王亲率楚军主力出方城，会合陈、蔡、郑等国部队，进攻宋都睢阳！

楚成王的如意算盘终于暴露出来了。子玉已经完成了出征的战略目的，而若敖六卒在之前的远征中已经损耗不少，消耗若敖族的目的也已经达到了。楚成王要在子玉的胜利基础上，收获一个更大的胜利果实！

战略绞杀线

楚成王率领着多国部队出征，他的内心无比自信。因为中原地区的诸侯都已是自己的小弟，去打宋国就如同武装旅游一般。

自从霸主齐桓公死后，中原群龙无首。聪明的楚成王并没有对中原诸侯进行武力征服，而是通过高明的外交手段拉拢小弟，将中原诸侯国变成了自己的同盟国。

靠近楚国的陈、蔡、许这三小国属于墙头草，齐桓公一死，他们立马倒向了楚国；离楚国较远的卫国因为楚成王娶了卫文公的女儿做夫人，所以也正式成为楚国小弟；楚国又与曹国、鲁国通好；而郑、宋两国是楚国称霸中原的两大战略支撑点。楚成王对郑国很放心，因为他娶了郑文公之姐做夫人，郑文公已经成为自己的小舅子。

唯独宋国，自泓水之战后仍有二心，对楚国先是归附，后是叛离。宋国一直是楚成王的一块心病。

作为同盟国里的核心战略要地，宋国始终不服楚。面对不听话的宋国，楚成王打算不服就打，打服为止；如果还不服，那就打死为止。此次出征，楚成王怀揣着彻底搞定宋国之决心。

宋国赶紧向晋国求援，晋文公接到宋国求救的消息后与大臣们举行廷议。

先轸主动提出："救援宋国，既可以报答当年宋襄公对我们流亡时的救助，也可以解除宋国被围之患，在诸侯中树立威望，成就一番霸业。"

狐偃也表示赞同，并说："救援宋国必须要经过曹、卫两国。曹国刚归附楚国不久，楚又与卫国新缔结婚姻，进攻曹、卫，楚国必去救援，到时候宋国就可以解围。"

晋文公之前流亡诸国十九年，对天下的战略态势早已了然于心。宋国作为争霸天下的战略要地，如果晋国能把宋国拉入自己的阵营，楚国在中原的结盟战略就被破解了。更有利于晋国的是，齐国与楚国有仇，而秦国与晋国关系又很好，晋国在与楚国作战时，齐国、秦国是可以争取过来帮战的。

虽然现在的晋国无论从国土上还是军力上都无法和强悍的楚国相提并论，但是风险与机遇并存，晋文公还是想赌一把。

公元前633年周历正月，晋文公亲率新编练的三军向东渡过黄河，杀向曹、卫两国。

曹共公曾经对晋文公无礼，此次晋军攻打曹国，曹共公害怕晋文公报复，必定拼死抵抗。而卫国当年被蛮夷灭国，是齐桓公帮助卫国在异地重建的，实力很弱。因此晋文公决定主力攻打曹国，由先轸率领一支偏师攻打卫国。

晋军主力包围了曹国首都陶丘（今山东省菏泽市定陶区），结果曹国拼死抵抗，战况极其惨烈，晋国中军主帅郤谷也牺牲了。

晋军攻城打得这么狼狈，是真没办法。春秋时，很多战争都是在野外用车战一较高下，很快就结束了。而攻城战由于缺乏有效的攻城设备，大家都不太在行。尤其是一些诸侯国都的城墙历经上百年的营造，就跟铁桶一样，想攻下来难度极大。曹国好歹也是西周分封的伯爵级国家，首都城墙质量不是一般的好。围攻陶丘的晋军死伤惨重，曹国人为了恶心晋军，还故意把晋军的尸体陈列在城墙上。

晋文公看到这一幕，立马以牙还牙：你敢晒我晋军将士尸体，我就刨你曹国人祖坟。于是晋文公派人拿着锄头、铲子准备去刨尸。曹国人被这一幕吓傻了，立马将晋军尸体装殓好，送出城外。

这样一来，我也不晒你尸体，你也不刨我祖坟，大家一起接着打。曹国毕竟是小国，国力有限，架不住晋军“三班倒”玩命地打。终于，到了周历三月八日，曹军扛不住了，晋军攻占曹都，生擒曹共公，晋文公算是出了一口恶气。

攻打卫国的先轸，攻占了卫国军事重镇五鹿。卫国本来就不大，五鹿一失，整个卫国就危若累卵。当年晋文公在五鹿这个地方被农民戏弄，现在此地被晋军占领，这让卫国上下胆战心惊。

卫成公想求和，但晋文公不许，因为卫成公的爹就是当年赶走重耳的卫文公，晋文公要父债子偿。卫国人民很务实，立马赶走了卫成公，另外拥立一个国君，并表示归顺晋国。

先轸由于攻打卫国表现出色，被直接提拔为中军主帅，接替已死的郤谷。

曹、卫旁的鲁国一看形势大变，立马也倒向了晋国。

晋文公一下子就解决掉了楚国的三个盟友，楚成王的同盟战略已经开始瓦解。但是楚成王依然没有挥师北上与晋军决战，而是继续围困宋都睢阳。楚成王心里清楚，称霸中原的两个战略支撑点郑国和宋国就如同霸业的两条腿，现在郑国已经是自己的死党，只要一鼓作气拿下宋国，有了这两个战略点支撑，楚国的霸业就胜利在望。与这相比，丢掉的曹、卫、鲁根本就不算什么。

这时宋国被楚军围得已经快撑不住了，赶紧又派使者向晋文公告急。晋文公收到告急后，并没有急着向宋国挺进，而是原地不动，他心里也有自己的小算盘：攻宋的楚军不光有若敖六卒，更有楚军主力，实力远在自己之上，如果贸然进攻，搞不好就是给楚成王送人头。

这时，先轸向晋文公提出了一个宏大的战略构想。

先轸说："现在这场大战，晋、楚与中原诸国全部卷了进去，而齐、秦两大国却置身事外。我们晋国单挑楚国，可能胜算不大。为何不把齐、秦两大国拉入我们一伙，形成三打一的战略优势？"

晋文公听了点头称是，并问："如何让齐、秦两国加入我们呢？"

先轸说："这个不需要我们出面，我们可以让宋国带着重金去贿赂齐国、秦国，让这两国出面与楚国调停，让楚国从宋国撤军。宋国出的钱，我们晋国可以用占领下的曹国与卫国的土地来给它报销。"

晋文公皱着眉头说："齐、秦两国出面后，如果楚成王同意调停，撤军回国，那齐、秦两国赚足了面子，我们不就白忙一趟了吗？"

先轸淡定地说："楚成王这次出征就是为了拿下宋国，彻底称霸中原，所以铆足了劲，齐、秦两国劝说楚国肯定无效。齐、秦两国，一个是昔日的霸主，一个想当未来的霸主，他俩劝说楚国无效，肯定觉得很没面子。而且他们肯定也不想楚国独霸中原，这样一来必定会出兵和我们一起痛打楚国。"

晋文公立马赞同，让宋国按照这个计划执行，并把占领下的曹、卫两国土地割给宋国。

我们不得不赞叹，先轸不光武力值高，智力值更是爆表。他的战略构想简直是天才级的，这一招彻底杀楚国于无形，后来局势的演变，也是完全按照先轸的剧本走的。

果不其然，宋国派使节分别去贿赂齐、秦两国，两国收到钱后向楚国调停，遭到失败。丢了面子的齐、秦两国正式向楚国宣战，毕竟中原大地是大国的游戏场，不能让楚国一家独霸。

就这样，晋国不用自己拉下脸面请齐、秦两国入伙，而是通过宋国从中穿针引线，让齐、秦两国主动加盟。自此，三大国从西、北、东三个方向，形成了一道压在南边楚国头上的战略绞杀线。

在宋国睢阳前线的楚成王接到齐、秦两国宣战的消息，整个人不淡定了。他彻底低估了晋文公，从前都是他算计别人，没想到这次自己竟然被晋文公给算计了。天下的三个大国将合起伙儿来打楚国，楚国就像纸牌游戏里的地主一样，不仅沦为孤家寡人，还被晋国这个农民用炸弹炸蒙了。楚成王需要静下心来，好好想想后面的路该怎么走。

拾肆

春秋第一大战（下）

对赌

公元前632年，周历三月底，楚成王站在睢阳城外的一片空地上，凝视着这座古老而雄伟的城池。寒风吹拂着他的面颊，他的内心也像冰窖一样。楚军围攻睢阳数月，至今未破，城下堆满了楚军尸体。

六年前，楚成王在泓水之战中全歼宋军主力，彼时宋都睢阳空虚，拿下睢阳轻而易举。他万万没想到天佑宋国，楚军在渡濉水时恰逢河水暴涨，结果被冲得七零八落，攻占睢阳的计划功亏一篑。

现如今，楚成王再次杀到睢阳城下，楚军把睢阳围得是里三层外三层。但宋国好歹也是公爵级国家，睢阳城墙经过几百年的营建，异常坚固。而且睢阳周边水系发达，虽然宋军被围得很惨，但仍可以通过水路获得补给，并与外界联系。

想断掉宋军补给，必须要有水军，而春秋时的军队都是旱鸭子，水军可是高科技兵种。楚国在当时还没有能力建立水军，所以睢阳在楚军团团围困下依然屹立不倒。

楚成王望着睢阳城墙，内心感慨万千。自己虽能号令中原诸侯，却始终拿不下眼前这小小的睢阳。从子玉率若敖六卒远征，到现在自己围攻睢阳，已经旷日持久。打仗是烧钱的，再这么长时间地耗下去，对于楚国来说无疑是大放血。

楚成王摇了摇头，叹了口气。他一边踱着步子，一边回想前几天刚接到的齐、秦两国向楚国宣战的消息。他万万没想到，晋、齐、秦三国竟然会联合起来。

现在摆在自己面前的只有三个选项：

第一，围攻睢阳直到破城，然后在宋国境内与晋、齐、秦三国联军决战。

第二，火速撤围，挥师北上。在齐、秦大军到来前，在曹、卫之境与晋军决战。

第三，撤军回国。

聪明的楚成王选择了撤军回国，因为这是最保险的选项，前面两个选项风险太高，他不能拿国运豪赌。

如果选择第一个选项，即使攻破睢阳，楚军也必然损失惨重、疲惫不堪。到时候再与晋、齐、秦三国联军交战，楚军力不从心，胜算极小。更可怕的是，万一没攻下睢阳，晋、齐、秦三国联军再给楚军来个内外夹击，楚军主力搞不好要在睢阳城下全军尽失。随后三国联军再杀向楚国境内，楚国可能就被灭国了。

如果选择第二个选项，也好不到哪里去。火速撤围，抢在齐、秦大军与晋军会合前与晋军决战，以优势兵力打败晋军后再与齐、秦两军交战。这种集中兵力各个击破的策略，后世的军神拿破仑屡试不爽，他以这样的方法打败过多次反法联盟。但是拿破仑用这个策略的时候不用担心法国老家被人抄底，而楚成王则有这个顾虑。

这都要怪子玉当政时期，楚国的门户鄀国被秦国攻占。如果楚军主力在曹、卫与晋军决战时，秦军不前来增援晋军，而是走之前攻占鄀国的那条路线，就能直接杀入楚国方城。即使楚军能大胜晋军，但班师回朝时就可能会发现自家老巢已经被秦国强拆了。

楚成王年岁已高，此时楚军主力在外，国内空虚，他不敢也不想去冒险，所以只能选择撤军回国。

周历四月初，楚成王命令在齐国谷邑驻扎的楚军撤回楚国，跟随楚军远征的陈、蔡、郑、许四国军队撤回各自国家。围攻睢阳的楚军全部撤至楚国申县，随时准备迎战进攻楚国本土的三国联军。

然而楚成王的撤军命令，却遭到子玉的公然违抗。不光子玉一个人抗命，若敖族的其他楚军将领们也都拒绝撤军。

子玉抗命是经过深思熟虑的。如果此时撤军回国，楚国在中原的霸权必定土崩瓦解。而楚国开始走下坡路，正是在子玉担任令尹的这几年。回国以后，自己作为国家的二把手，肯定是楚成王出气的对象。到时候，自己无非被罢官了事，但是若敖族就会成为楚成王的重点打击对象。子玉实在担不起让若敖族衰败的责任。

为了若敖族的命运，子玉打算豪赌一把，率军北上与晋军决战。这一赌，赌上了若敖族的命运，更赌上了楚国的国运。如果能打赢，楚国不但中原霸权之位不失，更能雄霸天下，而子玉与若敖族凭此不世之功勋，今后在国内也无人敢敌。

好胜心极强的子玉之所以敢赌，也是因为他有筹码。楚军中，自己手里有强悍的若敖六卒，可以作为决战的中坚力量。还有楚成王出征带出来的申、息两县的县兵，这两县的县公都是若敖族的人，自然也会听自己的。这两县作为楚国的战略重镇，县兵战斗力颇高。此外，自己这两年远征在外，一直担任前线总指挥，陈、蔡、郑、许四国联军也在自己掌握之中。他们虽然战力弱，但打仗时候充充人数，摇旗呐喊也是可以的。即使楚王把自己的王卒与太子的宫甲全部撤走，子玉手里掌握着的若敖六卒和申、息县兵以及四国联军，全部加起来也有将近一千两百乘战车，总兵力将近十一万。

有如此庞大的军事实力，子玉完全有底气不依赖楚王，靠自己展开大决战。

已经带着王卒与宫甲撤到申县的楚成王，见子玉仍然不听自己的命令，内心无比愤怒。他立即派使者前往宋国，下令让子玉火速撤军回国，并让使者传话给子玉：“《军志》讲：‘适可而止。’又讲：‘知难而退。’又讲：‘有德不可敌。’这三句话说的都是晋国！”

结果子玉回了一句：“我此次作战，只不过是要堵那些奸佞小人的嘴！”

使者回去将这句话传达给楚成王，楚成王非常愤怒。子玉如此刚愎自用，如果他打了大胜仗，裹挟十一万大军杀回楚国，那后果不堪设想。

楚成王心想，此时楚国内患已经大于外患，若敖族已经形成尾大不掉之势，即使楚国称霸中原，最后权势也都要落到若敖族手里。晋国曲沃代翼、小宗干掉大宗的事，绝不能在楚国发生。

楚成王杀机已起，但不会显露出来，他会给子玉温柔的一刀：子玉你不是要与晋国决战吗？那我就派出王卒中的西广与太子的宫甲去援助你，表面上支持你。但你若打了败仗，到时候看我怎么收拾你！

吝啬的楚成王只派了几十辆战车前去援助子玉，自己的主力却缩在楚国境内。楚成王相信，子玉这样一个从来没吃过亏、刚愎自用的人，与晋国决战必败。到时候，就由晋国替自己收拾子玉与若敖族。而由于楚军主力尚存，哪怕晋国率联军杀向楚国，自己凭借方城天险，仍可拒敌于国门之外。

此时子玉仍在宋国境内等待增援，他看到楚成王派来这么点部队，不禁暗暗嘲笑楚成王。现在的他空前膨胀，拥有如此骇人的军事力量，他已经是楚国实际上的王！他不光要把若敖族带入辉煌，更要成就楚国万世基业！

令尹子玉押上了自己全部身家，与晋文公重耳对赌国运。

而马上爆发的这场对赌，赌出了晋国百年昌隆的国运！

退避三舍

手上握有十一万大军的子玉并不急着向晋军进攻。他继续围困宋都睢阳，想通过谈判让晋军撤退。他天真地认为，在楚军强大的兵力面前，晋文公会在掂量自己有几斤几两后，同意和谈退兵。

子玉派出使者宛春前往晋军大营，向晋文公传达了子玉的和谈条件：

一、允许晋军占领下的曹、卫两国复国。

二、曹、卫两国割让给宋国的土地，必须还回来。

三、晋国撤军回国。

子玉承诺，只要晋国答应上述三个条件，楚军立即对宋国睢阳撤围。

晋文公听完并没有马上表态。他让宛春退出去，找来心腹大臣商议。晋文公的团队都是在江湖流亡多年的超级人精，听到子玉开出的条件，他们都觉得子玉是个神经病。

狐偃说："子玉真是无礼，晋国闯荡中原，就是为了出来建立霸业的。你占尽便宜，然后一句话就想让我们走，真当我们是傻子啊？"

先轸跟着说："如果答应曹、卫复国，即使楚国撤宋国之围，宋国依然被曹、卫等楚国盟国包围着，迟早还是被楚国吃掉。子玉这一招将三国全收入楚国阵营中，好人全让他做了，而晋国什么都得不到！”

晋文公也点头同意狐偃与先轸的观点，然后说：“当务之急是如何解除宋国之围。宋国如果一直被围下去，迟早要完蛋。”

先轸想出了一个在春秋时看起来不是很道德的主意。他对晋文公说：“不如我们来做好人。我们私下让曹、卫两国复国，但要求他们必须叛楚从晋。同时，我们扣押宛春，激怒子玉，愤怒的子玉必然从宋国撤围，率军北上寻找晋军主力决战。”

按理说，春秋时交战是要讲原则的，扣押对方使者，这很不道德。但晋文公就按照先轸的建议，扣押了使者宛春。消息传到子玉那儿，子玉暴跳如雷。

《孙子兵法》说：“主不可以怒而兴师，将不可以愠而致战。”而从两年前开始，子玉就一直是负气在外远征。他负楚成王的气，负国内大氏族的气，负敌国的气，此刻的他如同一个大受气包，只要一个小火星子，就会被瞬间引爆。

好胜心极强的子玉哪受得了晋国如此羞辱！子玉选择了楚成王最不敢选择的高风险选项——撤围睢阳，挥师北上，一路急行军，抢在齐、秦大军到来前，在曹、卫之境寻找晋军主力决战。

听闻子玉率军狂奔而来，晋军并没有找楚军决战，而是往北一路后撤。这一撤就走了三天，退避了三舍！

后世对晋文公退避三舍的举动高度赞扬，说晋文公是一个讲仁义的人，退避三舍是为了报答流亡时楚成王对自己的热情款待之恩。其实，在国家大事上，君主哪会谈什么私人感情？晋文公如果真讲仁义的话，三年前就不会将秦国祸水南引，带着秦国去攻打楚国门户都国了。

晋军之所以一路后撤，是因为他们心里真没有底。在与齐、秦两军会合前，己方军力处于劣势，贸然与楚国开战，等于找死。况且，在之前的历史上，从来没有一个国家敢与人数超过十万的敌军交战。

在晋国屁股后面一路猛追的楚军受不了了。楚军众多将领向子玉请示，问能不能休息一下，再这么漫无目的地追下去，晋军没有找到，自己要先跑死了。但是好胜心极强的子玉哪会听进去？他命令楚军继续追击。

就这样，晋军跑，楚军追，在周历四月初三，楚军终于在卫国境内的城濮找到了晋军。

晋军之所以不跑了，不是因为跑不动了，而是因为晋军与齐、秦、宋三国大军胜利会师了！

齐军将领是国归父与崔夭两位大夫，其中国归父就是齐国赫赫有名的“天子二守”里的国氏领袖。秦军将领是秦穆公的儿子小子憖（yìn）。

最出人意料的是宋军也前来会师。要怪只能怪子玉情报工作没做好。楚军撤围睢阳后，宋成公就率宋军出城，一路尾随楚军，直至与晋军会师。

以晋国为首的四国联军加起来约有九万之众，战车一千乘。交战双方兵力凑起来有二十多万人，战车两千多乘。这么多的兵力投入一场决战中，在之前的中国乃至世界历史上绝无仅有！

周历四月初四，楚军挺进到城濮之南，背靠一个叫郄（xī）的丘陵，安营扎寨。

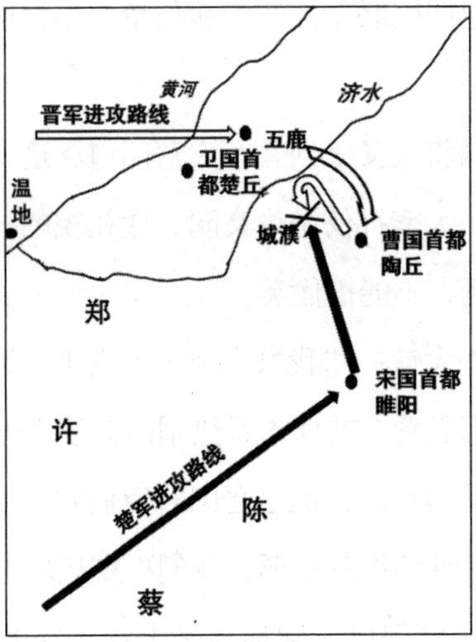

城濮之战行军路线图

当晚，晋文公与大臣登上一块高处，远望楚军大营。对面营地的灯火如同浩瀚的银河一样。晋文公行走江湖那么多年，什么场面没经历过，但是他仍被楚军的架势彻底震撼了。他内心十分忐忑，这是一场国运豪赌，更是一场所有人从未经历过的天下大战！

此时晋文公身旁的狐偃看出他有些不安，宽慰他说："重耳，舅舅跟你说，没必要太担心。打赢了，我们便可以称霸天下；即使打输了，我们晋国还有表里山河，也不会有什么损害的！"

晋文公听了狐偃的话，内心宽慰了一些。他心想，反正我们晋国就是出来撞大运的，赢了最好，输了也没什么损失，于是就回营帐里睡觉了。

第二天，有两个楚国人先后来见晋文公。

第一个来的人叫王孙启，这个人给晋文公带来了好消息。王孙启的祖父是楚武王，父亲是被若敖家干掉的令尹子元。王孙启在楚国备受若敖族的欺压，跟若敖族有不共戴天之仇。这次他叛逃到晋军大营来，就是要报复若敖族。

他给晋文公带来了一条重要情报："楚国君臣失和，这次大战只有子玉想打，军中的诸侯联军很多都是被迫参战，而楚王已带自己的王卒与宫甲回国了。"

晋文公与众臣听完都笑了起来。晋文公原本以为楚军军力远胜自己，但是既然楚成王率部回国，自己四国联军的实力就与楚军相接近了，这仗打起来是有胜算的！

紧接着，另一个楚国将领又来到晋军大营门口，这人就是子上。子上是过来找晋军请战的。春秋时，大家打仗是讲文明、懂礼貌的，要约好时间、地点，摆好阵势，堂堂正正打一场，不能搞偷袭。

只听见子上在营门外大喊："我家主帅子玉说了，请求我楚军将士与您的晋军战士较量一番。晋君您靠着车前横木看热闹时，子玉也陪同您一起观看。"

子玉的原话极其轻佻与戏谑，但是晋国君臣们并不生气。跟你打嘴仗没有意义，不如让你继续猖狂，继续得意忘形，我们再在战场上把你打得屁滚尿流。

于是晋文公派栾枝去营门口，回话给子上："您的话，我们国君已经知道了。当年楚王对我们的恩惠，我们不曾忘记，所以我们才退避三舍。我们原本以为子玉大夫会退军回去，既然贵军不回去，那就有劳子玉大夫转告各军将领，准备好你们的战车，明天早上我们战场上见。"

子上走后，晋文公与众臣召开战前作战部署会议。会开了很久，晋文公想休息一会儿，于是独自一人走出了营帐。周历以农历的十一月为岁首，此时是周历四月初，换算成农历就是二月初，属于冬末春初。这个季节，城濮地区季节性东北风正猛烈。

晋文公抬头仰望天空，放松心情。此时虽然有点干冷，但天上万里无云。晋文公远眺的时候，忽然刮起了大风。城濮地区是由黄河冲积出来的平原，一刮风就会尘土飞扬。沙子吹进了晋文公的眼睛里，他揉揉眼睛，脑子里突然一道灵光闪过。晋文公命令士兵赶紧在周边树林里多砍些树枝，这些树枝会在明日的决战中派上大用场。

城濮之战

周历四月六日，天刚蒙蒙亮，一马平川的城濮大地上已经隆隆作响。交战双方开始排兵布阵了。

晋文公作为四国联军统帅，登高检阅了大军。虽然早上的气温比较低，但大军士气却很高昂。作为联军主力，晋军拥有七百乘战车，战马与车上战士个个全副武装，背甲、胸甲、腹甲、后甲，能穿上的铠甲都穿上了，整辆战车就是一辆重型坦克。

晋军的阵形面朝南，采用上、中、下三军横阵排列。先轸所辖的中军居中，狐毛所辖的上军居右，栾枝所辖的下军居左。秦、齐、宋三国联军部署在先轸所辖的中军里。

晋文公对众将士喊道：“军队里有年长的，也有年少的，你们每个人都恪尽职守，我相信你们，必定会取得胜利。”晋军爆发出撼天动地的呐喊声。

楚军的阵形面朝北，也采用横阵排列。子玉统率强悍的若敖六卒作为中军，对阵先轸的中军；子西统率由息县县兵与郑许联军组成的左军，对阵狐毛的上军；子上统率由申县县兵与陈蔡联军组成的右军，对阵栾枝的下军。为数不多的王卒与宫甲被部署在左右两军。

子玉听见对面雷鸣般的喊声，也不甘示弱地驾车驰骋到三军面前，用尽全身力气喊道："今天，我们一定会把晋军全部消灭！"楚军阵中也爆发出一浪高过一浪的欢呼声。

两军的杀气都被主帅调动起来了，大战一触即发，双方将士就等主帅击鼓进军了。

然而子玉不知道，一个大圈套正在等着楚军。这场战役，表面上是两军堂堂正正地对决，实际上并非如此。虽然晋国联军在人数上稍有劣势，但是不要忘了，晋国君臣是老奸巨猾的人。

在接下来的交战中，晋国君臣说好听点是采用了"虚实"策略，说难听点就是暗算了楚军。

避开中军之实，击两翼之虚，是此次晋军作战的指导方针。在晋军看来，楚军实力最强的是中军若敖六卒，那是与子玉休戚与共的家族子弟，而其左右两翼都是县兵与战力弱的小国联军。晋军不仅会重点打击楚军两翼，还玩了很多阴招，虚虚实实地把楚军玩死。子玉不知道有这么一句话："不怕神一样的对手，就怕猪一样的队友。"他最后就被猪一样的小国联军坑惨了。

整场战役，楚军被晋军牵着鼻子走。

晋文公站在战车中，并没有急于击鼓进军，只是看着自己的大帅旗。此时，硕大的帅旗被东北风吹得呼呼作响。而风并没有停的意思，反而越来越大，突然，中军大旗上的飘带被风刮飞了。晋文公看着这条飘带越飞越远，越飞越高，露出了诡异的笑容，并示意击鼓进军。

楚军也不甘示弱，开始击鼓。双方的战车开始加速，战车后的步卒紧跟其后，奔跑起来。两支大军如同两个擎天巨人，即将对撞在一起。

就在楚军右军快冲到晋军下军时，出现了一个惊悚的场景：他们没有看见敌军，反倒看见漫天的沙尘暴向自己迎面扑来。楚军右军被这风沙打得睁不开眼睛，陈蔡联军吓得心惊胆战，以为晋军人数远超自己。

原来前一天，晋文公发现这段时间刮东北风，就让晋军多砍些树枝，绑在战车后。这样，战车一跑起来就会掀起漫天风沙，就像沙尘暴一般。而现在正刮着猛烈的东北风，方向正对楚军，沙尘也就全部刮向楚军。

就在楚军右军揉眼睛时，晋军下军从沙尘暴里冲出来。这一冲，直接把楚军的马匹吓得惊慌失措，到处乱奔。因为晋军战车的马匹全部裹着老虎皮，楚军的马匹一看以为是大老虎，本能地逃命了。已经阵形大乱的楚军右军被猛冲过来的晋军打得七零八落，陈蔡两国联军直接就逃跑了，只剩下子上率领的楚军在做殊死抵抗。

而子西率领楚军左军在冲锋时，发现晋军上军竟然有两面将旗。一军之中通常只有一面将旗，因此子西误以为晋军主将在晋军上军。当楚军左军快与晋军接触时，晋军上军竟然掉头往后跑了。换到现代，傻子都知道这肯定有鬼，但单纯的子西以为晋军是被楚军吓跑了，于是赶紧率军追赶。他以为只要击溃晋军上军，抓住晋军主将，这场战争就赢了。

子玉在中军看见左军在奋勇追击，而右军在沙尘暴里。由于当时的战争没有现在的无线电通信手段，十万人的战线拉得非常长，有时根本不知道友军情况，因此子玉错误地认为左军已经旗开得胜，右军正在沙尘暴里酣战。他把中军全部压上，攻打晋国中军，并没有去救援已经快支撑不住的右军。

当楚军中军杀向晋军中军时，并没有迎来对冲的晋军，因为有一条巨长的堑壕挡在了他们面前。晋军躲到了堑壕后的工事里，在与楚军打阵地战，负责坚守工事的将领叫祁瞒。

杀来的楚军蒙了。从来没见过这么玩的，说好的打野战怎么变成攻坚战了？无奈的子玉只能命令战车上的士兵下车，全军开始攻坚。没有配发攻坚装备的楚军只能两只手爬堑壕，因此两军中部战线陷入胶着状态。

而晋军中军将先轸去哪里了呢？此时他正率领中军主力突然出现在楚军左军的右侧。

就在子西欢快地去追杀晋军上军时，楚军左军已经孤军深入太远，脱离了中军，自己的右侧暴露在晋国中军面前。

瞅准时机的狐毛不再跑了，而是指挥晋军上军掉头与楚军厮杀。先轸则率领中军主力横向攻击楚军左军右侧。楚军左军受到两面夹击，郑许两国联军直接逃跑，只剩下陷入半包围中的楚军左军在拼命抵抗。

看着远处晋军中军主力正与楚军左军奋勇厮杀，负责坚守阵地的祁瞒为了争功，违命擅自出击。

子玉看见守坚的晋军出击，大喜过望。祁瞒所辖的防御部队本来就不多，一出击很快被楚军杀得大败。击溃祁瞒的防御部队后，楚军一下子就冲过了防御工事。紧接着，楚军开始在晋军中军阵中制造混乱，楚军中一位叫斗越椒的将领看见了晋军大帅旗，一箭就把大帅旗射落。

看见大帅旗被射落，晋文公内心万分紧张。自己中军主力全部去打楚军左军了，中军阵地留下的人不多，原本只想依靠防御工事拖延楚军，没想到祁瞒这个浑蛋竟然擅自出击，让楚军彻底杀了进来。战后一定要把祁瞒碎尸万段！

晋文公内心很紧张，但是没有流露任何表情，依然坚守在中军阵中。他知道，作为三军总帅的自己，绝对不能乱，更不能为了保命后撤，否则，中军一垮，此战必输。

子玉杀入晋军中军，在阵中左冲右杀，越来越深入中军内部。他的目标是晋文公，他要找到晋文公，将其俘虏或者杀死！在尸山血海中，子玉发现前面不远处有一辆被重兵保护的豪华战车，战车上站着一个盔明甲亮的统帅，正是自己五年前在楚国王宫宴会上见到的晋文公重耳！

晋文公站在战车上，看见正前方不远处有一个浑身是血的楚军将领，正死死地盯着自己。当两人目光交会时，晋文公不禁打了个寒战："子玉！"

子玉看见晋文公，也不废话，立即纠集身边将士，朝晋文公所在方向猛冲。战机稍纵即逝，子玉必须赶紧干掉晋文公，结束这场天下大战。

如果楚军左右两军能多坚持一会儿，子玉是有把握打垮晋军中军阵，赢得这场战争的。

然而历史没有如果！

子玉拼死杀向晋文公，晋文公心都跳到嗓子眼，以为自己要被子玉干掉了。就在这时，楚军左右两军的传令兵先后跑来告诉子玉，楚军左右两军力战不支，已被晋军击溃，左右两军现已不复存在了！

听到消息，子玉差点晕死过去。他明白，一切都结束了。晋军左右两翼会马上包抄过来，再不撤，若敖六卒就要被围歼了。现在最要紧的就是把中军的若敖六卒平安带回家，这些人都是自己的族人。

子玉强大的内心世界已经瓦解了，他知道自己回去肯定难逃一死，而近在咫尺的晋文公就是自己生命中的克星，晋国以后更将是楚国的克星。心有不甘的子玉看了看不远处的晋文公，发现晋文公也在望着他。子玉朝晋文公恶狠狠地瞥了一眼，命令若敖六卒赶紧撤走。

若敖六卒不愧是精锐之师，很多军队撤退都会变成溃逃，而若敖六卒的撤退井然有序，没有让晋军占到便宜。

晋文公看到楚军虽然大败，但若敖六卒在子玉的率领下竟然能全身而退，内心不禁暗暗佩服。他原本以为子玉只是一个狂妄自大的人，没想到子玉也是很有能力的。如果不是楚军两翼的小国联军逃得快，这场战争鹿死谁手，尚未可知。

若敖六卒撤退后，晋国联军在楚军丢弃的大营内发现了堆积如山的补给，全军在那里吃了三天，最后把楚营毁坏才撤军。

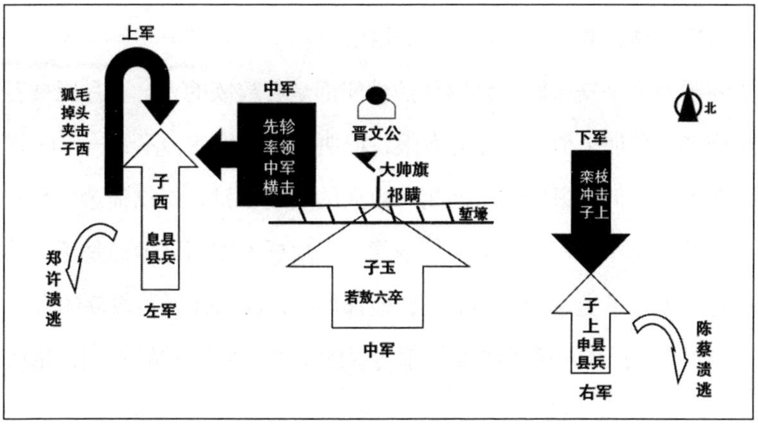

城濮之战交战图

远在楚国的楚成王收到了子玉战败的消息，刚开始很高兴。但是当他听到申、息两县县兵全军覆没，唯独若敖六卒回来的消息后，立马又暴跳如雷！

楚成王最初的设想是，最好子玉与若敖族全军覆没，一个都别回来。结果若敖六卒全回来了，楚王直辖的县兵反倒没了，偷鸡不成蚀把米的楚成王要问责子玉，要弄死子玉！

此时的若敖六卒已经渡过睢水，经空桑，抵达楚国边境连谷。矗立在若敖六卒面前的是楚国方城。即将回家的若敖六卒没有看见迎接的人群，看见的却是楚王的使者。

使者为楚王传话："大夫如果回到楚国，对申、息两县的父老如何交代？申、息两县子弟均战死沙场，无人能回，你有何脸面面对当地百姓？"

子玉听完，仰天长啸一声，看来自己不得不死了！这场巨大的失败，必须有人承担责任。只有自己死，才能背负起这战败的罪名，若敖六卒才能回国。

在连谷这个地方，子玉自杀了。随后，若敖六卒进入方城，回到了阔别已久的家乡。

子玉虽死，但若敖六卒尚存。仍拿若敖族没办法的楚成王，只能让子玉的副将子西、子上接着做官。至于空缺出来的令尹位子，楚成王可以任命给自己能够掌控的人。蒍吕臣正是合适人选，他被任命为新任令尹。这是一个老实而平庸的人，是蚡冒族的人，虽然家族势力不及若敖族，但也是世家大族。拉一派打一派，让蚡冒族抑制若敖族，是楚王的惯用伎俩。

由于若敖六卒平安撤回，楚国依然满朝都是若敖族的人，蒍吕臣被若敖族的人完全架空了。再加上他抗压能力有限，很快得了抑郁症，不到一年就死了。

楚成王无可奈何，只能再次起用若敖族的人当令尹，这次他选的是子上。子上比起子玉要老实本分不少，至少不敢像子玉那样不留情面地怼楚王。然而，在楚成王眼里，无论子上是什么样的人，他都得死，因为他是若敖族的人。

公元前627年，令尹子上统领大军与晋国交战。由于作战不利，楚成王下令处死子上。

被打压下去的若敖族对楚成王充满仇恨，但他们暂时隐忍了起来。在日后的楚国政坛上，他们还会掀起更大的风浪。若敖族的问题，只能等到楚成王的孙子楚庄王来彻底搞定。

城濮之战只是这场天下大战的总决战。这场天下大战共历时两年，牵涉了晋、楚、齐、秦、宋、郑、陈、蔡、卫、曹、许、鲁十二个国家，卷入兵力之多，交战地域之广，前所未有！

城濮之战后，晋国开启了百年昌隆国运，正式成为春秋第一超级大国。而楚国只能退居老二位置，除了以后出了个硬茬楚庄王以外，一直被晋国压着打。

晋国是把分封制推向极端的国家，像是以卿族为主体的股份制公司；楚国则好比以公族为主体的集体所有制公司。这场天下大战，是一场卿族国家与公族国家的较量。

这场战争的胜利，昭示着当时晋国分封制在制度上的胜利。此战中晋国君臣上下团结一心，因为每个卿大夫都知道，只要干得好，就会获得更多好处，所以他们都争相卖命。

但任何事物都具有两面性，为了获得更多利益，晋国卿大夫们特别喜欢对外作战。“国之虽大，好战必亡”，当晋国打不动外战的时候，养得巨肥的卿大夫们，必然就要对自己国家下手。

不管战争结果怎样，尘归尘，土归土。子玉死了，死在了他强烈的好胜心上。而晋文公对子玉的战斗力仍然心有余悸，直到很久以后，得到子玉自杀的消息，他才长长地舒了一口气，说：“今后晋国再也没有敌人了……”

拾伍

被封印的秦国

烛之武退秦师

城濮之战取得大胜，但晋文公并没有急着回国，而是趁势率领联军直奔郑国。

晋文公心里清楚，要想彻底称霸中原，仅仅打败楚国是远远不够的，还要控制宋、郑两国。只有控制这两大战略支撑点，这个霸业才能立起来。现在宋国已经是晋国的小弟了，就只剩下郑国了。

之前我们说过，春秋第一个被地域黑的国家是宋国，而第二个被地域黑的国家就是郑国了。

宋国被人黑，是因为他们是商朝后人，固执地坚持自己的文化，与周边姬姓诸侯格格不入。而郑国被人黑，是因为它的地理位置比宋国还要好。郑国是天下的交通中心，紧挨着天下政治中心洛邑，是天下大国都觊觎的一块大肥肉。为了生存下去，郑国只能当没骨气的墙头草，所以会被人黑，被人看不起。什么“郑人买履”“买椟还珠”，都是黑郑国人的。

自从小霸主郑庄公死后，郑国国势江河日下。到郑文公上台时，国力已经彻底不行了。纵观郑文公四十五年的执政生涯，与其说是一国之君，不如说他是一个风尘女子，谁财大气粗、膀大腰圆，他就笑脸相迎地侍奉谁。

齐桓公称霸时，郑文公给他当小弟。齐桓公死后，楚成王逐鹿中原，郑文公又倒向楚国，娶楚成王的妹妹做老婆，用天子的礼仪对待楚成王。现在楚国战败，晋国率领联军直扑郑国，郑文公自感大事不妙，又亲自带着好酒好肉，向晋文公请罪拜大哥。就这样，郑国背叛了楚国，倒向了晋国。

此时，还有一个人高兴得不得了，那就是周襄王。如果说楚成王是霸主陪跑者，那么周襄王就是霸主见证者。

周襄王是齐桓公扶上位的，齐桓公死后，他就失去了靠山。楚成王鼎盛时期，中原绝大部分诸侯都成为楚成王的小弟，那时的楚成王成为主宰中原的王。

周襄王虽然也是天子，但只有一个虚名，自己能不能吃上饭都是个问题。

既然作为周王室嫡系诸侯的晋国打赢了楚蛮，定能重振周王室声威。周襄王为嘉奖晋文公，干了一件让晋文公受宠若惊的事——亲自前往军前慰劳。这可是连当年的春秋第一霸主齐桓公都没有享受过的待遇啊！

周襄王派王子虎前去通知晋文公，已经在郑国境内的晋文公立即让人在践土修建行宫，准备迎接周襄王。

公元前632年，周历五月十四日，在城濮之战结束一个多月后，周襄王莅临践土。这场国际大会盟一连搞了七天，史称“践土之盟”。

此次会盟，天下诸侯能来的都来了，但偏偏有一个重量级的人物没来，那就是秦穆公。

不甘屈居人下的秦穆公，很快将有大动作。

公元前630年秋，晋军攻打郑国，并把老朋友秦国一起喊上。晋秦两国大军倾巢而出，十多万人杀向郑国。

晋国是完全可以凭自己的实力打败郑国的，这次之所以要叫上秦穆公一起灭郑，完全是出于国家安全考虑。平心而论，秦穆公对晋文公是相当不错的，可是每次有了好处，都是晋文公独享，压根儿没有秦穆公的事。秦穆公内心对晋国极度不爽，以至于没有参加践土之盟。

晋文公清楚，对晋国威胁最大的不是楚国，而是近在咫尺的秦国。楚国离晋国路途遥远，中间又隔了许多诸侯国，晋国与楚国打仗纯粹为了争霸。而实力雄厚的秦国却不一样，它紧挨晋国，从秦国雍都到晋国绛都，一路上都是平原，只有中间一条黄河勉强起到一点阻挡作用。骊姬之乱后，秦国也曾数次渡过黄河深入晋国腹地，这让晋文公很是担忧。

如果让秦穆公继续不爽下去，谁知道不高兴的秦穆公会不会哪天再次领兵杀向晋国。为抚慰秦穆公受伤的心灵，晋文公私下向秦国表示，以后晋国在中原有什么好处，一定叫上秦国，绝不吃独食。

这次灭郑行动，秦穆公表现很积极。他亲率大军从雍都出发，穿过崤函道，直扑郑国，要与晋国一起瓜分郑国。秦国只要占有了郑国土地，就能将脑袋从崤函道伸到中原，到时候争霸天下就不再是遥不可及的梦想。

过于自信乐观的秦穆公哪里会想到，等秦国真正杀入中原大地，已经是三百年后商鞅变法之后的事了。即使秦军现在进入中原，最多也只算是武装旅游。哪怕郑国被秦国独吞，秦国也没有能力守住霸主之位，因为秦国通往中原的崤函道掌握在晋国人手里。

崤函道西起桃林，东达渑池，全长一百六十公里，是当时陕西通往中原的唯一出口。尤其是函谷那一段路极为险峻，大山中裂，壁立千仞，有路如槽，深险如函，所以被称为函谷。函谷最窄处只能容纳一辆战车通过，只要晋国扼守住崤函道，孤军深入中原的秦军就犹如被掐住了脖子，只有被宰的份儿。

周历九月初十，秦晋两国均已到达郑都郊外，晋军驻扎在郑都北面，秦军驻扎在郑都西面。

登上郑都城墙的郑文公，被不远处围城的秦晋大军所震慑。他毕竟已经在中原这血雨腥风的江湖混了几十年，什么场面没见过？但这次来了这么多兵，甚至比城里的百姓都多，这分明不是来打服郑国的，而是来灭国的！

可怜的郑文公，只不过是乱世中的一个红尘小诸侯，任何一个膀大腰圆的大国来了，自己都得委曲求全，好生侍奉。本来，之前践土之盟，郑文公已经把晋文公伺候得很好了，现在就因为一些谣言，晋国就要来灭自己，这也太流氓了吧？而且你晋文公对郑国耍流氓就够了，居然还带个秦国一起来耍！

已经是热锅上的蚂蚁的郑文公，请了一位老人出山，这位老人叫烛之武。烛之武这个人之前的事迹，历史上并没有太多记载，我们只知道他之前在郑国郁郁不得志，一直对郑文公心怀不满。但是有一点可以确定，郑文公请烛之武出山是因为他确实是个人才。

郑文公急忙召见了烛之武，对他说：“国难当头，请先生出山！”

烛之武一开始是拒绝的：“我壮年时候，尚不如人，如今老了，恐怕更力不从心了。”

郑文公听完差点给烛之武跪下，他悲情地说：“您作为郑国人，郑国如果完了，对您也没什么好处啊！”

为了自己的国家，烛之武不得不点头表示同意出山。接着，他想了一会儿，对郑文公说：“晚上把我从城墙西门放下去，我去秦军大营一趟……”

白天，秦穆公极其兴奋。他踌躇满志地看着眼前的郑都，规划着未来争霸中原的伟业。这是秦穆公第一次来到中原大地，他实现了历代秦君进军中原的梦想。

而到了晚上，就在秦穆公打算美美睡上一觉，养足精神准备明天攻城的时候，不速之客烛之武来到了秦军大营门口，要见他。

正要睡觉的秦穆公被这个人的到来搅乱了睡意，一脸不高兴。但作为秦国元首，他碍于面子，还是不情愿地接待了这个人。结果这一接待可不得了，烛之武给秦穆公上了一堂别开生面的权谋启蒙课。

郑国先君都在周天子身旁担任过大卿士，所以郑国人向来政治经验丰富，视野开阔。郑国在中原险恶的环境下已经混了一百年，郑国人也不同于高傲的宋国人，一个个都是混世老油条，充满了圆滑与机智，见人说人话，见鬼说鬼话。而秦国先君只是西陲的弼马温，偏居西方的秦人哪见过中原花花世界，来趟中原就像农村暴发户进城一样，被郑国人轻而易举地哄得找不着北。

烛之武对秦穆公说：“秦晋两国大军已经包围了郑都，我们郑国已经知道自己要亡国了。但是如果郑国被灭，真的对秦国有好处，那就麻烦秦君让手下将士赶紧动手吧。”

“灭郑对秦国没有好处”的论调一出，秦穆公不作声，只是接着听。

烛之武接着说：“越过晋国，去占领遥远的郑国，对于秦国来说不是良策。即使秦国占领了郑国的土地，那也只是一块飞地，很难远程控制。而晋国靠近郑国，占领郑国就会增强国力。万一以后秦晋两国兵戎相见，秦国只能坐看自己手中的郑国土地被晋国吞下。”

经烛之武这么一说，秦穆公茅塞顿开。晋国拉自己过来，表面是有肉一起吃，其实还是要坑自己。秦国攻打郑国，可以减轻晋国的损失；而郑国的土地即使被秦国占领，对于晋国来说，也只是相当于暂时寄存在秦国手里。哪天秦晋翻脸，晋国直接把土地抢回来就行了。

“那先生有什么好的建议呢？”秦穆公问。

“郑国愿以秦国马首是瞻，作为秦国通往中原的东道主。以后秦国出入中原，我们郑国一定款待好！”

此时秦穆公虽然有点心动，但还有点犹豫。毕竟这次行动是晋文公邀请秦国来的，自己如果有什么小动作却不告诉晋文公，太不讲义气了。

烛之武看出了秦穆公脸上的犹豫，于是又讲了一件让秦穆公害怕的事：“如果晋国在东方灭了郑国，没准下一步就会去西方抢夺秦国领土。当年您把晋惠公扶上位，结果这家伙一渡过黄河，就下令修建防御工事，防备秦国，可见晋国是个贪得无厌、不讲信用的国家。您现在帮助晋国，反而是害了秦国。”

烛之武讲完所有的利弊，秦穆公都听愣了。作为豪爽直男，秦穆公只懂快意恩仇，从来没有想过政治原来这么复杂。他的人生信条就是，你对我好，我加倍对你好；你对我坏，我会玩命弄死你。他的心腹大臣百里奚、蹇叔只和自己谈仁义道德，从来没有告诉他，国与国之间斗争可以不择手段。秦穆公与烛之武谈完，真是听君一席话，颠覆人生观！

烛之武不愧是智勇双全的谋士。他的高明之处在于，字字句句都强调了“灭了郑国只会便宜晋国，对秦国没有好处”和“晋国经常害秦国”两点，但从头到尾没有直接对秦穆公说过一句“你应该坑晋国”的话，而是让秦穆公自己做出决定。

烛之武给秦穆公上了这堂生动的政治启蒙课后，秦穆公开始举一反三，以彼之道，还施彼身。他私下与郑国订立盟约，并派杞子、逢孙、杨孙三位将领统领一部分秦军帮郑国人戍守首都，防备晋军进攻。随后，秦穆公率领秦军主力回国了。

看到秦军撤离，晋文公有苦说不出。他原本打好了如意算盘，没想到最后却落空了，如果现在再攻打郑国，就等于向秦国开战。

狐偃向晋文公提议说：“既然秦国与晋国关系出现裂痕，不如干脆撕破脸，趁秦军回国，追击他们，歼灭秦军主力，彻底解决这个心腹大患。”

晋文公想了一会儿，然后语重心长地说：“如果没有秦君，就没有现在的我。贸然与秦国开战，把盟友变成敌人，会极大地破坏晋国的霸业！”

于是晋文公下令撤军回国，郑国也转危为安。原本秦晋灭郑的战争，就这么不了了之。秦国兵不血刃地把郑国拉为盟友，还在郑国驻军，成了最大赢家。

但晋文公手下的从龙之臣们心有不甘。和晋文公不同，他们是好战的鹰派，作为卿大夫，他们要建立自己的功绩。在后来的日子里，这些从龙之臣将会给予秦国重重一击。

糟糕透顶的军事行动

公元前628年冬天，年迈的晋文公去世，太子欢继位，史称晋襄公。

与此同时，晋国朝堂得到消息：秦国三军突然出现在桃林附近，并向东朝崤函道挺进。

秦军倾巢而出，是因为此时是千载难逢的好时机。晋文公和郑文公相继去世，在这两国大丧期间，秦国可以趁火打劫。

自从上次从郑国回来，秦穆公已经开窍了，现在的他已不是当年那个只讲道义的人了。如今，为了国家利益，他可以不择手段。

此次出征，秦穆公有把握拿下郑国，因为之前留在郑国的秦军将领杞子已经得到了郑都北门的钥匙。只要秦穆公率大军过来，杞子与秦军里应外合，就能拿下郑都，入主中原，实现历代秦君的梦想。

但秦穆公的计划从一开始就遭到心腹老臣蹇叔的反对，蹇叔提出了两个反对理由：其一，此次攻击距离过远，即使拿下郑都，后期也很难守住；其二，大军远征，行动很难保密，郑国提前做好防备，仗就很难打了。

然而秦穆公管不了那么多。他现在已是英雄暮年，说不定哪一天就去见列祖列宗了。他想趁自己还没入土赶紧赌一把，要是赌赢了，就能实现历代先君的梦想，缔造秦国的千秋大业。

于是，秦穆公召集三军在雍都东门誓师，并任命孟明视、西乞术、白乙丙为秦国三军将领，准备杀向郑国。

没想到，一场威武的誓师大会意外变成了送葬大会。来砸场子的不是别人，正是蹇叔，他竟然在三军面前号啕大哭起来！他之所以哭，是因为舍不得这三位年轻的将领。孟明视（孟明是字，视是名）是蹇叔铁哥们儿百里奚的儿子，西乞术（西乞是字，术是名）、白乙丙（白乙是字，丙是名）则是他自己的亲儿子。蹇叔不想看见自己的亲儿子、好侄子以及秦国的三军将士死在一场没有意义的战争里，白发人送黑发人。结果，好好的一场誓师大会，被蹇叔搞得十分晦气。

一向对蹇叔很客气的秦穆公勃然大怒，咒骂道："你知道吗？你活到头了！等大军回来，你坟头的树都能合抱了！"心情极差的秦穆公命令大军马上开拔。

秦国三军缓缓地从蹇叔面前走过，每个经过的士兵都用奇怪的眼神看着面前哭成泪人的老头儿。当西乞术、白乙丙经过蹇叔时，蹇叔拽住他俩。蹇叔没有说什么"孩子你一定要在战争中活下来"之类的话，而是说："此次出征，晋军一定会在崤山附近袭击秦军。到时候，我会去崤山为你俩收尸的。"

西乞术、白乙丙哥俩不禁怀疑自己是不是父亲从哪儿捡来的，这是亲爹吗，怎么还咒儿子死啊？

不过后来的结果证明，蹇叔说错了。秦国三军全军覆灭，唯独孟明视、西乞术、白乙丙三位主将活了下来，这完全在蹇叔意料之外。

秦国大军要走七百五十公里的路程。他们这一路走得很辛苦，除了贵族可以坐在战车上外，普通士兵就靠两条腿走。那时也没有公路，只能逢山开路，遇水搭桥。走艰险的崤函道，难度不亚于铁人三项。

秦军从雍都出发，沿渭水而下，越过桃林塞，穿过秦岭与黄河间的走廊进入函谷，一路从小路行军到达上阳。这里就是原来虢国的地盘，现在被晋国占据。经过上阳，秦军一头扎进崤山道。

崤山道也不比函谷好走。崤山道分为东西两段，东崤段长十八公里，道路极窄，最窄的地方和函谷一样，只能容下一辆战车；西崤段长六公里，虽然不那么窄，但也好不到哪里去，而且全是石头山坡。

公元前627年春天，秦军好不容易走出了崤山，终于看见平坦的中原大地了。秦军到达的是王畿地区，那里可是周天子的地盘。

本来，任何军事行动都应该保密，更何况偷袭最讲究的就是出其不意。为防止走漏风声，很多军队都会选择昼伏夜出，而秦军却把这件事抛到脑后。他们来到王畿地区后，也不避开洛邑，反而大摇大摆地从洛邑城门走过。

一个站在洛邑城头的王族青年正注视着秦国大军，看着秦军在周天子的地盘上招摇过市。他正是周襄王的孙子，人称王孙满。战车上的士兵在路过洛邑城门时，理应下车并摘掉头盔行礼，而王孙满看到的秦军战士只是非常敷衍地行礼，很快就跳上战车走了。秦军前后有三百多辆战车，车上的战士都是如此敷衍。乌泱泱的一大群人，就像是去郑国赶庙会。

王孙满回到王宫后，向周襄王禀报："秦军必定会失败！"

周襄王疑惑地问："这是什么原因呢？"

王孙满说："我看秦军轻佻骄横，轻佻就少谋，骄横就无礼。少谋就会自陷险境，无礼就会军纪涣散。秦军此次出征，不失败就没有天理！"

王孙满讲得很有道理，这支秦军是一支缺乏纪律的部队。在商鞅变法以前，秦军最缺少的就是纪律性。秦军将士虽然个个骁勇善战，舍生忘死，但是没有纪律的束缚，犹如一盘散沙。秦军之前几次杀入晋国腹地，完全是因为晋国经历骊姬之乱后国家动荡，内部不合，这才得手。而现在的晋军，在晋文公几次拉练之后，已然成为君主手中的神兵利器。如果秦晋再次交锋，秦军胜算不大。

战国初期著名的军事家吴起，就以五万魏武卒击败秦国五十万大军。他在其著作《吴子兵法》里这么轻蔑地评论秦军："秦性强，其地险，其政严，其赏罚信，其人不让，皆有斗心，故散而自战。"关于击破秦军的方法，吴起写得也很清楚："击此之道，必先示之以利，而引去之，士贪于得而离其将，乘乖猎散，设伏投机，其将可取。"

说直白一点，秦人虽然勇敢，国家赏罚分明，但是秦军没有良好的纪律性，士兵为了蝇头小利就会违反纪律。打秦军时，可以用一些财物诱惑他们，当他们为抢夺战利品而导致阵形混乱时，就会被一举击溃。

个体再强，如果没有纪律的束缚，没有默契的配合，再多的士兵也都是乌合之众。拿破仑就说过："两个马木留克兵（埃及强悍骄横的士兵）绝对能打赢三个法国兵；一百个法国兵与一百个马木留克兵势均力敌；三百个法国兵能战胜三百个马木留克兵；而一千个法国兵则总能打败一千五百个马木留克兵。”

秦军跋山涉水，从偏远西部来到中原的花花世界。一方面，他们很心虚，想偷偷摸摸捡个大便宜，生怕郑国人知道这个秘密；另一方面，他们又想在全天下面前显摆自己强大的武力。秦军这复杂的心理，看上去很是滑稽可笑。

秦军声势浩大地经过天下政治中心洛邑，就等于昭告天下，自己要去攻打郑国。结果秦军刚出王畿，到达滑国（今河南省睢县西北）境内时，一个人找上门来，要和主将孟明视聊聊。这时的秦军已然是一群想发财想到疯的杀人狂魔，能来找这群狂魔的首领聊天的人，内心不是一般的强大，简直是个神人！

这个神人叫弦高，既不是位高权重的贵族，也不是武艺高强的战士，只是一个身份低贱的郑国牛贩子。然而，所谓“神人”，就是指他虽没有高超的本领，但思维活跃，善于利用声势，具有化腐朽为神奇的力量，能以拉大旗作虎皮的方式恐吓对方，不战而屈人之兵，以达到战略翻盘的目的。

孟明视召见了弦高，结果弦高一开口就说了一句让孟明视崩溃的话：“我国国君听说您要到我国去，特意派我来劳军！”

心虚的孟明视一脸尴尬，恨不得找个地洞钻进去。

弦高继续说：“我国虽然不富裕，但是愿意为秦国大军服务。如果您一直留在郑国，我们将提供每天的补给；如果您离开了，我们会为秦国大军服务到离开的那一天。”

孟明视很无语。

弦高不露声色地揭露了秦军突袭郑国的阴谋，同时也保留了秦军主将的面子。这样高超的谈判技巧，令人叹为观止。

其实，弦高根本不是什么郑国使者。他是在去洛邑贩牛的路上，听闻秦军要进攻郑国，便一面冒充郑国使者面见秦军，一面派人回郑国通风报信。

此时郑国的新君是郑穆公。他接到弦高的密报后，立即派人前去探视秦军所驻扎的馆舍。秦军戍卒正在厉兵秣马，一看就是准备作战的样子。郑穆公一看大事不妙，赶紧派皇武子去慰问秦军驻郑国的总帅杞子。

皇武子客气地说："贵军为了保卫我们郑国，已经在这里有两年了。为了感谢你们，这两年一直是我们提供粮草。可是我们郑国毕竟是小国，给贵军的补给，财力有限的我们已经支撑不住了。听说你们要回国了，郑国北方有一片荒野，那里的麋鹿很多，你们可以在那里猎鹿，当作补给。您看怎么样？"

杞子听完不敢吱声。心虚的他明白偷袭郑国的计划已经暴露，皇武子这是在委婉地给自己下逐客令，而自己却没有反抗的实力。秦穆公两年前留下的这支秦军只能起到威慑晋国的作用，论战斗力却只能算是安保部队。而郑国国家地位极高，春秋初年也算是个小霸。前几年，楚成王率领十几万大军围攻宋都数月都没有拿下，郑国的实力不比宋国差。因此，郑国要灭杞子这支安保部队绰绰有余。

杞子真是欲哭无泪。这么好的计划，就这么被一群张扬的猪队友给毁了。

皇武子走后，杞子与逢孙、杨孙碰头商讨这件事。现在摆在他们面前的只有两条路：第一条路是提前离开郑都，在郊外等待秦国大军。两军会合后，一起攻打郑都；第二条路就是各自逃命。

如果选择第一条路，可以参看前几年楚成王围攻宋都的结果。本来秦军只打算偷袭，没有做好打持久战的准备，一旦陷入长期围城战，必定无法满足补给。如果无功而返，杞子、逢孙、杨孙作为秦军远征的先遣队，必定被问罪。

为了保命，心虚的杞子、逢孙、杨孙选择了第二条路，各自逃命。杞子逃到齐国，逢孙、杨孙逃到宋国，反正都尽可能远离秦国。秦军在郑国的戍卒见将领跑了，自己也作鸟兽散。

收到驻郑秦军溃逃的消息后，孟明视不得不取消袭郑的作战计划。

此时已经是周历三月初，远征的秦军已经在外逛了快三个月，大军的补给已经所剩无几了。原本只想拿下郑国获得补给，结果郑国这只肥鸭子飞了，还是就地取材吧。

孟明视很快就瞄准了附近的滑国。滑国虽然是个弹丸小国，但是好歹也是有点油水可以捞的，于是秦国大军顺手就把滑国给灭了。

有时候，毁灭一支军队不需要花多大力气，一天时间就足够让它腐化了。明末，李自成攻下北京后，缺乏纪律约束的农民军开始了强征豪夺，从那一刻起，这支军队就输了。而孟明视所率的秦军也好不到哪里去。当秦军打开城门，占领滑国后，他们就如同魔鬼一样，到处奸淫掳掠，无恶不作，宣泄自己长途行军的怨气。

秦军在滑国休整了将近一个月后，终于开拔返回秦国。吃饱喝足的秦军，腰里都是抢来的金银珠宝，战车上绑满了从当地掠夺过来的妇女。然而，秦军没有料到，一场大屠杀在等待着他们。一路上始终没有露面的晋人早已经把刀磨好，就等着秦军把脖子伸过来了。

在晋人眼中，秦人就是令自己寝食不安的魔鬼。而崤函道如同一个细长的瓶颈，连通着秦人的老家，瓶口对着的就是中原。晋国这次就要把这瓶颈锁死，把他们眼中的魔鬼彻底封印在瓶子里。

崤之战

如果，一个人连招呼都不打一声就从邻居家穿过，还在邻居家门口为非作歹，这很没有礼貌，让人憎恨。如果邻居是一位不好惹的江湖大佬的话，那这个过路人或许将死无葬身之地。

然而，本次历史事件中的“邻居”虽为江湖大佬，却对过路人此次的行径默不作声。

这辈子吃了很多苦的晋文公知道什么时候该进，什么时候该退，所以对秦国一直采用的是怀柔的外交政策。而从未吃过苦的晋襄公是在没有竞争的情况下，一帆风顺地继承了王位。心狠手辣的他继承了父亲晋文公偌大的家业，身为天下霸主，又拥有五军实力，非常膨胀。在他看来，秦国此次出征是不知天高地厚，不给自己霸主面子。

秦军一路上的一举一动，都被晋国死死地监视着。晋襄公早就想痛下杀手，彻底搞垮秦国了。但与秦国彻底撕破脸，是一件天大的事，需要三思而后行，晋襄公决定召开廷议。

会上，中军将先轸率先发言："秦军觊觎中原，劳师远征。既然他们远道而来，我们就决不能放他们走。"

反对者栾枝说话了："秦国对先君有恩，如果我们对他们发起进攻，这对得起先君吗？"

先轸反驳道："先君去世，秦国不来吊唁也就算了，现在更连招呼都不打一声，就越过我们国土，去攻击滑国，这已经很无礼了！如果我们今天把秦军放走，那就是放虎归山，祸及几代人。我们此次伐秦，是为子孙后代而战！"

先轸话音刚落，满朝大夫爆发出"伐秦"的呐喊声，栾枝见此情景只能闭嘴了。大夫们心里都清楚，如果能把秦国三军灭掉，这么大的功勋，足够给子孙炫耀好几辈子了。

"伐秦！"晋襄公也大喊道，整个晋国宫廷发出了雷鸣般的欢呼声。

真理往往掌握在少数人手中，整个晋国朝堂唯一一个头脑清醒的人就是栾枝。后来春秋历史格局的发展，证明了栾枝的顾虑是对的。

晋国现在处于大丧期间，不宜出兵，但晋国上下已经等不及了。为了不被秦军发现，出征的晋国大军把白色丧服全部染成黑色，自此晋国的丧服全都变成了黑色。

晋襄公虽然是御驾亲征，但是由于自己军事经验不丰富，还是让先轸做全军统帅。三月底，晋国大军渡过黄河后，并没有主动进攻待在滑国的秦军，而是率军进入崤山。

当时先轸用的就是和后世吴起一模一样的方法：欲要秦军灭亡，必先让其疯狂。先轸率军躲藏在崤山，就是要让秦军在滑国疯狂，让秦军彻底腐化堕落。秦军从滑国掠夺来的财富足以让他们丧失斗志，到时候，纪律涣散的秦军进入崤山道后，就变成了晋军刀俎上的鱼肉，任晋军宰割。

为了全歼秦军，先轸在崤山北麓的东西大道山顶上设伏。这里曾是虢国的地盘，当年晋献公拼了老命也要占领虢国，就是为了有一天能堵死秦军通往中原的道路。此次作战，晋军还找来当地熟悉地形的陆浑戎配合。一个巨大的口袋阵，摆在了即将到来的秦军面前。

中国历史上第一场大规模伏击战，即将打响。

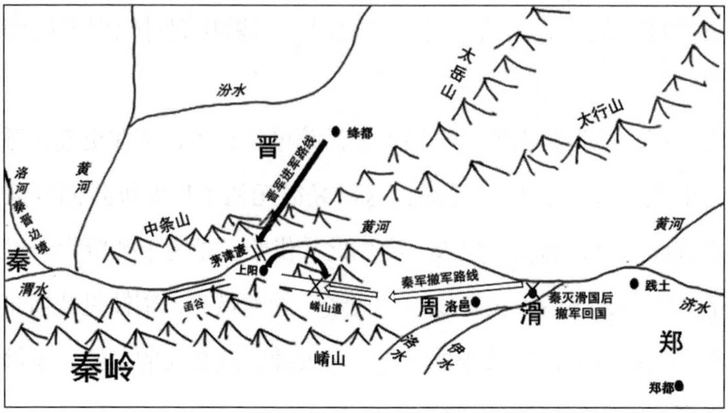

崤之战行军路线图

周历四月十三日，秦军晃晃悠悠地进入了崤山道。秦军对晋国已经出兵的事一无所知，可见晋军的保密工作做得比秦军好上百倍千倍。秦军也从来没有想过会有人在半道伏击，因为当时打仗都是两军堂堂正正地对决，打伏击战是令人不齿的。

进入崤山道后，掠夺来的财富让秦军行军速度大幅减慢，他们在谷底的行动异常艰难。整支军队逶迤数里，战车变成了货车，车上绑满了抢来的妇女。

就在秦军人困马乏、需要休息的时候，头顶上的山峰突然传来了轰隆隆的鼓声，箭雨和崤山的大石头都向秦军袭击而来。惨遭伏击的秦军在狭隘的山谷中无法列阵，战车连回旋的余地都没有。秦军躲过头顶上的箭雨与石头后，想从谷底两端冲出去，但不幸的是道路两头早已被堵死。

先轸看秦军已经被石头与弓箭杀得毫无还手之力，立马指挥晋军与陆浑戎出击。晋军与陆浑戎的步兵开始从道路两头挤压路中间的秦军，数万秦军被挤压在狭窄的谷底。

随着包围圈越缩越小，被挤压在狭小空间里的秦军将士如同被困在罐头里一样动弹不得。他们绝望了。有的人已经被挤压得窒息；有的人被践踏致死；有的人还没看清敌人，就被流箭射死；有的人干脆放弃抵抗，等待被宰。

此时，这场战争已不是两军对决，而是一场屠杀，崤山道已经变成了地狱。秦国三军如同在炼狱里煎熬，他们看不到希望，看不到回家的路。他们只能咒骂晋国忘恩负义，但这无济于事。等待他们的，是生命被死神无情地夺走的命运！

黄昏时分，残阳如血，崤山的山谷被秦军的尸体填平了，血腥味混杂着尸体的恶臭，让打扫战场的晋军闻之无不作呕。只有天上盘旋的那一大群秃鹫不惧这恶心的气味，想飞下来啄食尸体，但很快就被晋军赶走了。

打扫战场的晋军在被血水浸泡的尸堆里寻找三个重要目标，那就是秦军的三个主将。过了好久，晋军终于从死人堆里扒出了埋在下面的三人。这三人虽身负重伤，但都还有一口气。于是晋军把俘获的这三位秦军主将当作炫耀战功的活广告，班师回国了。

秦穆公在秦国始终没有见到大军回国。等了很久之后，他才收到消息："三军在崤山全军覆没，一匹马都没回来！"

秦穆公两眼一黑，一下子栽倒了。他原本只想去中原捡个大便宜，没想到让秦国的全部国防力量都报销了。这下，秦国别说逐鹿中原，老家不被晋国端掉就不错了。这个打击对于老年的他来说实在是太大了。

身旁大臣搀扶着秦穆公，又是掐人中，又是灌药，终于让他清醒过来。清醒过来的秦穆公赶紧做出了两个重大决定：第一，全国进行紧急军事总动员，增强边境防守，严防晋国袭击；第二，释放当年攻打鄀国俘虏的楚国申公与息公，派使者与楚国结盟。

秦国是一个中央集权国家，地方有国君委任的庶长，全国很快完成动员工作，大量新兵被征调过来。

面对秦国递来的橄榄枝，楚成王也欣然接受，毕竟多一个朋友多一条路。从崤之战以后的春秋岁月里，秦国与楚国结成了铁杆同盟，只要是不利于晋国的事，两家就一起干。春秋末年，楚国被吴国打得快要灭国时，也正是秦国派兵救了楚国。

凯旋后的晋襄公率大军回到晋国太庙，向死去的父亲举行隆重的献俘仪式。此时，晋襄公无限风光，手下的大臣们也都得意扬扬。然而他们哪里知道，逞了一时之快，晋国霸业也从此走向下坡路。

春秋时代已经过了一百多年了，四大国角逐中原的局面已经形成。但齐国从齐桓公后就日益衰落，现在只剩下晋、秦、楚三国还在角逐。秦国与晋国反目，晋国必然陷于侧背受敌的不利状态，要是与秦国进行中原争霸，必然无法集中全部力量与楚国抗衡。

而当晋国陷入与秦国的长期消耗战时，楚国就可以趁机扩展势力，三十年后，楚庄王已有能力问鼎中原。所以，崤之战，秦、晋都是输家，唯一的赢家是楚国。之前提出反对意见的栾枝，是唯一一个看透结局的人，可惜他微弱的声音被淹没在了人群疯狂的呐喊声中。

转折

一场令人眼花缭乱的诸侯国大战结束，就如同人踢了一场球赛，累得喘不过气，必然要坐下来休息，大国也是如此。

不过，战后各大国表面太平，内部却是动荡不安。公元前626年，楚国宫廷一场弑君大戏将再次上演，这次主角是楚成王和太子商臣。而造成这场悲剧的人，不是别人，正是楚成王本人，祸根则还是老掉牙的剧情——废长立幼。

楚成王想立小儿子王子职为继承人，太子商臣闻讯后感到惶恐不安。为了自己的王位，他决定放手一搏。

太子商臣手里还是有些资本的，楚国的军事力量由四方面构成，分别是楚王直辖的王卒，太子的宫甲，县兵，以及大夫手中的私卒。如果楚王想要废太子，太子完全可以凭借自己手里的宫甲来搏一把。

于是，公元前626年周历十月十八日深夜，太子商臣发动宫廷政变！

被围困在寝宫的楚成王，在临死前对儿子乞求说："请食熊蹯（我想吃熊掌）！"

这是父亲临死前最后的心愿，商臣却毫不理会，直催楚成王赶紧死，楚成王只能无奈自杀。曾经横行天下，令中原诸侯闻风丧胆的楚成王，就这么凄惨地死了。

楚成王杀了自己的兄长得了王位，却被自己的儿子逼死。楚国的王位如同一个魔鬼，不停地蛊惑着王族内部的人相互吞噬。

太子商臣继承王位，史称楚穆王。

平心而论，从各方面来说，楚成王堪称一代霸主。他并不比齐桓公、晋文公、秦穆公差，比起宋襄公更是要强上百倍。楚成王在位期间，楚国经济发展大有一骑绝尘之势，遥遥领先于中原诸国，就连当初到访的公子重耳也不得不赞叹楚国地大物博，国力强盛。楚成王无非是因为城濮之战的战败，光辉形象受损，但和秦穆公崤之战的三军尽灭比起来，城濮之战还真算不上损失惨重。

可是这么光辉的人物，竟然没有位列春秋五霸之一，这只怪他有一个比他更牛的孙子——楚庄王。后面的章节，我们会再讲到，楚庄王是如何盖过爷爷的光芒。

公元前621年，春秋五霸之一的秦穆公死了。

雍都城外正在举行秦穆公的盛大葬礼。秦穆公的棺椁前跪着三位浑身剧烈颤抖的人，正是秦国政坛上显赫的车氏三兄弟，分别叫奄息、仲行、针虎。这三兄弟非常贤能，秦人给这三人组合取了个名字，叫“三良”。三良之所以害怕，是因为他们是来给秦穆公殉葬的，马上这哥仨就要和秦穆公的棺椁一起被埋进墓里。

秦穆公用“三良”来殉葬是经过深思熟虑的。秦穆公知道，大贵族对国君有巨大威胁，春秋时大夫作乱杀害国君的故事已经是屡见不鲜了。好在秦国是一个强大的中央集权国家，从建国到秦穆公时只发生过一起三父之乱。尽管如此，也要防患于未然，才能给后世秦君一个安全的环境。从秦穆公开始，人殉成为历代秦君遏制大贵族的撒手锏。

纵观春秋乃至战国，只有秦国国君一直稳坐钓鱼台，紧握国家大权不放手，秦君的非正常死亡率也是整个东周时代最低的。但是任何事都有正反两面，秦君把优秀的人才都带进墓里，也会导致一个恶果，那就是大夫们不作为、不敢为。

公元前621年，周历八月十四日，晋襄公也死了。他一生都在与秦国作战，没想到短命的他与老冤家秦穆公死在了同一年。

晋襄公死的时候留下了一个千乘大国，而他的太子夷皋还是一个正在吃奶的婴儿，他实在放心不下这个孩子。临死之前，他让夷皋的母亲穆嬴把孩子抱来，同时还把晋国新任的中军将赵盾叫来，他要把孩子托孤于赵盾。

赵盾是晋文公“五贤”之一赵衰的长子，也是春秋大夫第一人，开创了“礼乐征伐自大夫出”的时代。

公元前621年，是春秋历史进入转折的一年。

至此，春秋五霸里的四位——齐桓公、宋襄公、晋文公、秦穆公均已下线。同时下线的还有楚成王，虽然他没有位列五霸，论实力也算得上一位霸主。

这五位相互厮杀、相互纠缠，但无论他们使用什么手段，都是怀揣着梦想，想要建立一套新的天下秩序，来终结这一场乱世。可是到最后，谁也没有把理想变成现实，一个理想的时代就这样结束了！

拾陆

礼乐征伐自大夫出

新时代

公元前621年，晋襄公死后，年轻的赵盾担任中军将，成为晋国政坛上冉冉升起的一颗新星。

上台没多久，赵盾就干了一件惊天动地的事——废掉晋襄公的遗孤太子夷皋，另立旅居秦国的公子雍。公子雍是晋文公的儿子。晋文公虽然恨他父亲晋献公，但还是继承了父亲“国无公族”的政策，他没有像他父亲那样杀孩子，而是把孩子们送到其他诸侯国当卿大夫。公子雍被送到秦国后过得很好，已经担任了秦国亚卿。

有人可能会问，赵盾作为晋襄公指定的托孤大臣，完全可以立易掌控的婴儿当国君，以树立自己在晋国的至尊权威，为什么要选择一个不易掌控且年长并有政治经验的公子雍来做国君呢?

赵盾之所以这么干，完全是为了晋国的未来着想。自从崤之战后，秦晋两国结下血海深仇，秦国隔三岔五跑到晋国家门口进行军事骚扰。这就像一个地痞无赖时不时跑到别人家门口，砸碎窗户玻璃，撬坏房门锁芯。虽然主人家晋国能把无赖秦国赶跑，但是经常碰到这种骚扰，晋国也十分头疼。为了彻底解决这个家门口的无赖，晋国把目光锁定到了在秦国当亚卿的公子雍身上。因为只有让他担任国君，才能让秦晋两国冰释前嫌，重归于好。

赵盾明白“国赖长君”的道理。晋襄公死后，国内外各方势力蠢蠢欲动，国家必须要有年长的国君才能稳定局势。更何况公子雍在秦国已经混到了亚卿职务，说明他具有相当丰富的政治经验。

只有解除秦国的外部威胁，国家才能长治久安，为了实现这一伟大理想，赵盾宁可不要托孤大臣的名号。因此，赵盾不顾反对，干掉一批反对者，坚持要废太子。

然而，自以为胜券在握的赵盾却忽略了一个人，就是太子夷皋的亲妈穆嬴。

孤立无援的穆嬴用了女人常用的撒手锏——一哭二闹三上吊。

赵盾只要在朝堂上主持会议，穆嬴就准时到场，抱着孩子在朝堂上大声数落道："先君有什么过错？他的太子又有什么罪？你们不立嫡长子为君，反而要去国外找一位公子当国君，你们对得起先君吗？"

众大夫内心还是很同情穆嬴的，毕竟晋襄公也是一位有作为的国君。而且，如果赵盾把公子雍接回来，赵盾则成了拥立新君的第一大功臣，而这功劳和自己则一点关系都没有。

面对穆嬴的胡搅蛮缠，赵盾显得极其不耐烦，但他又不能把这对母子怎样，只得赶紧退朝，躲在家里。穆嬴并不罢休，一路追着赵盾，抱着太子夷皋跪在赵盾家门口，一边哭一边喊："先君当初把太子托付给你，让你当托孤大臣，说：'这个孩子如果成才了，我会万分感激你；如果他没有成才，我死后也会怨恨你。'先君去世没多久，你就把这话忘了，抛弃太子不管，你让我们母子俩怎么活啊！"

先君夫人抱着太子跪在赵盾家门口大哭的事，成为爆炸性新闻，轰动全国。这新闻成了人们街头巷尾的谈资。有时候，人们只会以简单的善恶观来评判一个事件，并不会深入分析。晋国舆论全部倒向穆嬴与太子夷皋，都觉得这对母子很可怜，而赵盾则是个欺负孤儿寡母、背信弃义的小人。

赵盾就这样被人戳着脊梁骨骂了好多天。但是他老躲在家里也不是事，还有很多政务需要他来处理。终于有一天，他召集众大夫上朝，准备处理政务。

当赵盾踏入朝堂大门的一刹那，眼前的一幕让他惊住了：朝堂中央站着怀抱太子夷皋的穆嬴，穆嬴身后站着黑压压一片的大夫们，都在恶狠狠地看着自己。

赵盾一个人孤零零地站在朝堂大门口，眉头紧锁地注视着眼前的景象。朝堂已经变成了表决大会，如果他还坚持拥立公子雍的话，可能会被眼前的大夫们活活打死。

作为狠人，他从来没有怕过什么，但是失控的局面让他惶恐了，因为大夫们全部站在穆嬴这边。赵盾可以杀死一个不听话的大夫，但是他不可能杀掉所有大夫，也不敢把晋国整个大夫集团全部得罪。

作为一个理想主义者，赵盾想让国家太平、百姓安居乐业，只可惜很少有人能读懂他，他面对的是一群乌合之众。

赵盾不愿丢下理想，但是现实又如此残酷。他僵在那里，众大夫则焦急地等待着，朝堂上的空气似乎凝滞了。

眼见赵盾始终不开口，一股股杀气逐渐从众大夫身上散发出来。

突然，穆嬴怀中的太子夷皋哭了起来，朝堂上凝固的气氛瞬间被打破。赵盾被孩子哭声惊动，脑袋瞬间清醒了。他意识到现在这个婴儿才是人心所向，才是晋国名义上的武林盟主，如果自己不答应让这个孩子当国君，恐怕很难走出朝堂。于是赵盾跑到穆嬴身旁，从穆嬴怀中抱起这个婴儿，并向众大夫喊道："我心已决，这是晋国的新任国君！"

朝堂上爆发出了雷鸣般的欢呼声。

赵盾是为了国，穆嬴是为了孩子，满朝大夫们则是为了自己的利益。穆嬴和大夫们为了自己眼前的利益，丧失了理智，没有从长远考虑。赵盾作为一个理想主义者，彻头彻尾地败给了现实，败给了这些只顾眼前的乌合之众。为了自己能生存下去，在此刻的朝堂上，他变成了一个令自己讨厌的功利主义者。

历史上，虽然众多托孤大臣最后都与君王翻脸了，但他们一开始的相处往往都很融洽，托孤大臣会给年幼的君王上课，教他如何处理政务。而赵盾这个托孤大臣当得实在是太失败了，他从一开始就把与穆嬴和太子夷皋的关系搞砸了，现在还不得不继续当这个托孤大臣。

太子夷皋在母亲的抚养下，潜移默化地接受了这一观念："赵盾是咱母子俩最大的仇人，当年要不是老娘我痛哭朝堂，你的国君之位早就被赵盾送给了他人。"

赵盾也清楚，这个梁子算是彻底结下了。太子夷皋长大之时，就是复仇之日。

不过目前，继位的太子夷皋，即后来的晋灵公，还是个吃奶的婴儿，国事都由赵盾操劳。

在晋国一家独大的赵盾，又干了一件震惊天下的大事——会盟诸侯！

过去，召集诸侯会盟，是周天子干的事。后来周平王东迁洛邑，天子大权旁落，就由诸侯里的霸主召集诸侯会盟。但从来没听说过由卿大夫来召集会盟的。

就在令狐之役结束后四个月，赵盾以新任晋君夷皋的名义，向齐、宋、鲁、卫、陈、郑、许、曹八国发出会盟邀请，会盟地点就在郑国的扈地。

赵盾登上晋国权力中心不到两年，就破天荒地搞出了卿大夫会盟诸侯的大事，其实是有自己的小算盘的。

在此之前，赵盾还是一个理想主义者，但是在担任中军将之后，他才明白理想在残酷的政治斗争面前是多么苍白无力。只有紧握权力，才能确保自己在晋国的刀光剑影里活下来。

晋文公在位时，晋国作为天下霸主号令中原诸侯。现在晋国换国君了，就得让全天下的诸侯认一认新任霸主。但晋国国君还是一个婴儿，不能亲自主持会盟，这会盟工作只能由不辞辛苦的赵盾代劳，霸主的责任也只能由赵盾暂时承担了！

从此，赵盾不光成了晋国实际上的一把手，也成为天下的一把手，是为春秋大夫第一人！

赵盾开启了一个崭新的时代——礼乐征伐自大夫出。

像雄狮一样

赵盾在晋国一直代行国君之职，有事没事就带着大军打楚国，领着诸侯搞会盟，与春秋五霸唯一不同的就是他的大夫身份。当然，对俨然是霸主的他来说，身份已经不重要了，享受权力带来的快感才是他追求的目标。

赵盾就这样沉浸在权力的快感中，直到公元前612年。

昔日的霸主齐国一直不把晋国放在眼里，于是赵盾亲率晋、宋、卫、蔡、郑、许、曹七国联军征讨齐国，誓要把齐国彻底打服。

就在七国联军向齐国行军时，赵盾收到了一封从晋国火速传来的措辞强硬的军令："停止进军，大军立刻班师回国！"

赵盾从上位以来一直顺风顺水，都是他掌控别人，还从没有谁敢命令他。看到这道军令，赵盾极其愤怒，怒火中烧地问使者："这是谁下的命令？"

使者回复了两个字："国君。"

听到这两个字，赵盾不由自主地打了一个寒战。没想到一转眼，晋国国君晋灵公已经十二岁了，到了可以对赵盾发号施令的年龄。赵盾已有九年没有"国君"这个概念了，这九年间，他一直觉得自己就是全天下的老大。

在此之前，国君还是一个乳臭未干的小孩儿。十二岁的孩子，生理上刚从儿童期向青春期转变，但是古代是没有青春期这一说的，一个人的儿童期一过，似乎就立刻变成了大人，就能做很多大人做的事，比如康熙十四岁就亲政了。而此时年仅十二岁的晋灵公也要亲政，他要从赵盾手中收回属于国君的权力。

赵盾远征齐国，齐国害怕了，就故意行贿晋灵公，让晋灵公命令赵盾停止进攻齐国。对于从小就被灌输"赵盾仇人论"思想的晋灵公来说，打不打齐国完全无所谓，因为自己最大的敌人不是外患，而是晋国内部的赵盾。此次赵盾远征齐国，正好为晋灵公制造了一个让赵盾在天下诸侯面前颜面尽失的好机会。

收到回国命令的赵盾内心无比愤怒。晋灵公偏偏在自己把七国联军召集起来进攻齐国的途中发出撤军命令，让自己好不容易组织起来的十余万诸侯联军立刻解散，而且自己还得老老实实回去，这不是耍人玩嘛！

这事让全天下都看到了晋国还是国君说了算，被晋灵公开涮的赵盾成了全天下的笑柄。

而对于有志气的晋灵公来说，这才只是一个开始。他的人生目标就是打垮赵盾，成为晋国真正的一把手。

公元前610年，赵穿被派去郑国当人质。按照惯例，派到他国当人质的都是王室宗亲，怎么也轮不到赵穿这个当臣子的来做人质。晋灵公这一招实在太狠，他故意把赵穿当作王室成员，把赵家捧得高高的，就可以顺理成章地派赵穿去当人质，这样就达到了分化赵家力量的目的。

到了公元前607年，十七岁的晋灵公想在正式成人前送给自己一个成年礼物，这个礼物就是赵盾的人头。对此，他是很有信心的，毕竟他再过三年就正式成人，不再是小孩，已经能做一番事业了。

晋灵公的底气在于，他手里有兵。晋国国君手里的兵被称为公乘，这是国家武装力量里的精锐，并且是常备兵。

卿大夫在自己的封地上也可以征兵，晋国卿大夫的私人武装被称为私属。国家要打仗时，卿大夫要带上自己的私属随同国君一起出征。

通常情况下，国君手里的公乘对卿大夫手里的私属是有压倒性优势的，除非广大卿大夫们联合起来，一同对抗国君。晋国从晋献公时期就开始重用卿族，经常给卿族封官封地，卿大夫的土地全部加起来要比王室多。只要卿族联手，在土地面积与军队数量上对比国君是有优势的。

所以晋国国君如果想掌控大权，就必须拉一派打一派，从中渔利。可惜晋灵公太年轻，还没有学会这一招。在没有给赵盾树立政敌、满朝都是赵盾势力的情况下，他就贸然向赵盾发起进攻，这无疑是死路一条。

这只能怪晋灵公的母亲穆嬴只给他灌输仇恨的思想，却从未教导他帝王之术。康熙之所以能在十四岁就扳倒权臣鳌拜，关键在于他背后有一个强有力的女性，就是他的奶奶——孝庄太皇太后。

一个年少的君王，想在政治博弈中与权臣一较高下，唯一可以依靠的就是家人。而晋灵公在这方面明显先天不足，所以注定难逃失败的命运。

虽然晋灵公在与赵盾的交锋中失败，但是他还是值得尊敬的，因为他不想做一个傀儡，而是一位有理想有抱负的国君。即使明知会失败，他也犹如飞蛾扑火般在所不惜。

如雄狮般称雄一日，胜过如绵羊般苟活百年。

神反转的历史剧情

公元前607年，晋灵公与赵盾正式交锋，一场大逃杀的故事拉开帷幕。

这个故事被记载到《左传》里，后来又被司马迁在《史记》中引用，故事情节跌宕起伏，人物塑造也很丰满。然而，我要告诉你的是，这个故事以历史的角度看，是有问题的。

《左传》里是这么记载的：晋灵公是一个总是横征暴敛的无道昏君，平时还喜欢拿弹弓射人。有一次，厨师没有把熊掌煮熟，晋灵公吃了不熟的熊掌后很不高兴，就让人把厨师杀了，再把尸体装在篓子里面，让宫女们抬出宫去。

赵盾与士会正好入宫觐见晋灵公，看见宫女们抬的篓子外面露出一条胳膊，感到很好奇，便上前询问。他俩得知此事后，觉得晋灵公做法十分不妥。赵盾与士会多次劝诫，晋灵公就是冥顽不灵，死活不改正自己的错误。

赵盾总是劝诫晋灵公，这让晋灵公极其反感。为了让赵盾彻底闭嘴，晋灵公派一个叫鉏麑（Chú Ní）的刺客去暗杀赵盾。

一般来说，刺客应该是杀人不眨眼的坏蛋，而鉏麑却是一个讲道德、重仁义的好刺客。鉏麑一大早就潜入赵盾家中，趴在屋顶上，看到屋中的赵盾已经穿戴整齐，准备上朝。由于时间尚早，赵盾就端坐在屋子中央打盹。

看到此情此景，鉏麑被赵盾身上散发出来的一身正气所感动，于是离开赵盾家，还感叹道："这样恭敬勤勉的人，是百姓的好公仆。杀了赵盾，是百姓的不幸；不杀赵盾，是违抗国君的命令。我不想做不忠不义之人，还是死了算了。"接着，鉏麑撞死在一棵槐树上。

晋灵公一计不成又生一计。到了秋天九月，晋灵公摆下鸿门宴，邀请赵盾进宫聚餐。酒过三巡、菜过五味，晋灵公突然放出一条猎犬直扑赵盾。赵盾的车右兼保镖提弥明在保护赵盾的过程中，不幸被狗咬死了。

此时，早已埋伏好的甲士把赵盾团团围住，大殿之上的赵盾孤立无援。就在赵盾感到在劫难逃时，突然从众多甲士中冲出一位救星。只见这位甲士调转手中武器，将赵盾从重围之中安全救出，一路杀出宫外！

死里逃生后，赵盾便问眼前这位大侠是谁。

这位大侠说："我叫灵辄，是翳桑快饿死的人。当年您在翳桑打猎，看我快饿死了，于是赏给我饭吃。您的恩情我一直记着。后来我进宫当了国君身边的甲士，这次把您从宫中救出，就是为了报答您当年的饱腹之恩。”

赵盾接着问：“灵辄大侠具体住哪，我好上门答谢。”

灵辄大侠笑了一下，什么都没说，挥了挥衣袖走了。

为了摆脱晋灵公的追杀，赵盾开始了逃亡国外、颠沛流离的生活。

可能是赵盾跑得慢，到了九月乙丑日，还没逃到国外，他就收到侄子赵穿发动政变、把晋灵公袭杀在桃园的消息。于是，赵盾赶紧回到绛都处理国事，毕竟国家不能没有管事的。

此时一个不怕死的人站了出来，这人就是太史董狐。他用小刀在竹简上刻道：“赵盾弑其君！”春秋时，史官都是一根筋，只会说真话。

赵盾听说此事，吓了一大跳，自己竟然以谋杀国君的形象载入史册，以后老赵家子孙还怎么在晋国混？为了老脸，赵盾放下身段，主动去找董狐谈谈，看能不能通融通融。毕竟自己没有动手杀国君，太史能否给自己换个光辉形象？

赵盾找到董狐后，对他说：“我没有杀国君，请您听我解释！”

赵盾还没说完，就被董狐怼了回去：“你是国家正卿，逃亡的时候没有逃到国外；回来之后，你也没有把弑杀国君的赵穿绳之以法。你不是凶手，谁是凶手？”

赵盾无力反驳。最后，赵盾被史官董狐扣上弑君的罪名。

按照套路，赵盾在史书上理应是奸臣形象，永遭世人唾骂。但是后世历史发展却截然相反，赵盾竟然成了忠君爱国的大夫形象，甚至连京剧舞台上的赵盾都是正面角色。

而将历史剧情反转的人，正是中国历史上的文化名人——孔子。孔子评价道：“董狐，古之良史也，书法不隐。赵宣子，古之良大夫也，为法受恶。惜也，越境乃免。”意思是：董狐是古代一名秉笔直书的好史官，赵盾是古代一个好大夫。赵盾因为史官的写法，而蒙受弑君的大罪，如果他当初逃出晋国，就能避免这一罪名。

从孔子的话中，我们可以看出，他给董狐和赵盾都点了赞，还把赵盾落得弑君的罪名归结到他没有逃出国境。

有《左传》的权威记载，又有孔子的背书，于是在这个故事里，赵盾是一位赤胆忠心的大夫，鉏麑是一位深明大义的刺客，灵辄是一位知恩图报的义士，唯一的反派就是晋灵公。晋灵公被描述成一位昏庸无道的国君，他的死让人大呼过瘾。

在一个历史故事里，如果出现个性鲜明的正反派，如果人物之间矛盾冲突激烈，情节跌宕起伏，如果最后以反派死掉的大快人心剧情结束，那么这个故事是后世编纂的可能性极高。因为真实的历史走向，根本不受人控制，我们很少能看见黑白分明的人物，真相往往是被掩盖了的。

再把这场大逃杀的场景还原，我们会发现这段剧情里有两个违背自然规律和物理法则的硬伤：

第一，鉏麑的遗言。

刺客鉏麑准备刺杀赵盾，却被赵盾的一身正气所感染。于是鉏麑感叹了一番赵盾恭敬勤勉之后，撞死在槐树上。

可是既然鉏麑撞死了，那么他生前说的话谁记录的？死人不会说话，除非有时光飞船可以穿越回去，否则一个人在临死之前说了什么，有谁知道？

第二，超级英雄灵辄。

灵辄凭一己之力将赵盾从重兵包围之中救出，一路杀出宫外，这样的故事情节，实在太离奇。

晋灵公作为春秋第一超级大国的国君，拥有两项丰厚资源：一是巨大的宫殿，二是属于国君直辖的精锐军队——公乘。另外，他还养着一条凶狠的烈性犬，在需要的时候，猎犬可以辅助攻击。当他摆下鸿门宴，邀请赵盾来吃饭时，赵盾只带了一个车右兼保镖的提弥明赴宴。

在提弥明战死之后，灵辄竟然凭借一己之力，保护赵盾从重兵把守的宫殿中杀出，实在不可思议。

细细读来，你会发现这个历史故事里有很多不合逻辑的地方。

但如果你撇开历史的严谨，把“赵盾弑君”当作一篇小说来读时，你会发现很多不合逻辑的事，都说得通。小说要让人物栩栩如生，需要描写其内心活动，塑造正面与反面角色，制造剧烈的矛盾冲突，充满了转折，让读者读起来非常过瘾。

小说在人物刻画上，需要作者替人物独白，也就有了鉏麑对赵盾的感叹。为了让高潮不断迭起，作者对灵辄突破重围进行了生动描写。

而讲述“赵盾弑君”的《左传》，如果你以为这仅仅是一部史书，那就大错特错了。本来文史就不分家，《左传》更是一部文学作品，对后世文学影响极其深远！

《春秋左氏传》

我们在书中经常提到《左传》。

《春秋》是孔子整理编写的，他的文风特点就是字字珠玑，说直白点就是字少。由于《春秋》按照年、季、月、日进行记述，重大事件往往也就写了几个字，经常让人不知道在说什么，于是阐释《春秋》的《左传》出现了。

《左传》全称是《春秋左氏传》，是战国时期一个叫左丘明的史官编写的。他和孔子都是鲁国人，所以他写的《左传》是对孔子《春秋》最细致的解读，详细补充了春秋时代众多历史大事件。

孔子拥有众多崇拜者，而左丘明就是那最疯狂的一个。他竟根据一万八千字的《春秋》，扩充写成了十八万字的《左传》。先秦时，字都写在竹简上，一枚竹简写不了很多字，字写多了竹简就会又多又沉，而四书五经都是几万字，竹简的重量可想而知。左丘明写《左传》用的竹简有几百斤重，需要用板车拉好几趟才能运走。

左丘明可谓将孔子思想发扬到登峰造极。但凡孔子的观点，他都坚决拥护；但凡孔子的思想，他都坚贞不渝地传播。

古代学生参加科举考试，《春秋》是四书五经里的必考科目，但由于字太少，学生们怕考不好，就催生了《左传》和《春秋》合在一起印刷的现象，方便学生考高分。所以后世经常会把《春秋》与《左传》混在一起谈。

古人高度评价《左传》：“左氏之传，史之极也。文采若云月，高深若山海！”

对于赵盾与晋灵公冲突的事件，《春秋》里只有简简单单八个字的描述：“晋赵盾弑其君夷皋。”但孔子却又说过“赵宣子，古之良大夫也”，所以左丘明疯狂收集资料，把只有八个字的记述，硬生生扩充成了一千多字的故事。

孔子与左丘明都对赵盾做出正面评价，其实也不能怪他们。他俩都干编写史书的活，收集史料就是他们的日常工作。因为他俩都不是历史亲历者，所以收集来的史料也是别人传抄来的。

先秦时，交通闭塞，那时候传播、搜集信息基本靠人的两条腿，十分不容易。孔子生于春秋晚期，他编写《春秋》时离三家分晋的时间不远了。晋国当时都是大夫轮流执政，王室相当于吉祥物一样，除了当作摆设，啥用没有。所以孔子拿到的赵盾与晋灵公的史料，极有可能被大夫们篡改了很多遍。

而左丘明生在战国中前期，那时已经没有晋国了，只剩下赵、魏、韩三国。左丘明从赵国获得有关赵盾与晋灵公的史料，可能性最大。赵盾是赵国王室的老祖宗，赵国肯定会极力美化老祖宗，总不能让人一提到赵盾就想到他是个奸雄吧？

要论先秦编剧能力哪家强，赵国当数第一。赵国不光把祖先赵盾洗白了，后来还编出文学作品《赵氏孤儿》，直接把史学大家司马迁给误导了。

至于左丘明收集来的资料是否靠谱，对他来说是无所谓的，为偶像孔子代言才是左丘明的荣耀。所以《左传》里部分内容是文学性大于史料性，所以我们才会经常看到中文系古典文学研究生，专业不是历史，毕业论文却是在研究《左传》。

《左传》对《史记》的作者司马迁有着深入骨髓的影响。司马迁在写《史记》春秋内容时，大量引用了《左传》的内容，在进行人物刻画时，很多情节写得绘声绘色，让人有身临其境之感。

最典型的是《史记》写秦始皇死后，赵高、胡亥、李斯密谋伪造始皇诏书，立胡亥为太子，赐死太子扶苏。本身密谋就是天知地知你知我知，更何况伪造立储的诏书，怎么能让他人知道？然而你读《史记》的时候，会发现书上对三位奸人对话的记载极其详细，仿佛司马迁就在赵高、胡亥、李斯身边，看着他们的一举一动，为公子扶苏无辜的死感到悲哀。《史记》生动的文学描写手法，被称为“史记手法”。

书归正题，“赵盾弑君”的故事里，看似坏人取得了胜利。整个故事里，活得最正直的唯有董狐，他是整个晋国大夫中唯一正直无私的人，他在用自己的生命去对抗一群嗜血爱权的猛兽。

董狐秉笔直书让赵盾不敢杀他，赵盾看似是政治斗争的胜利者，但是他却败给了眼前毫无权势的史官，正是董狐揭露了赵盾的真面目。

赵盾不敢杀董狐，甚至害怕他，因为董狐身上背着“大义”二字！正是这些秉持着大义的人，推动着民族与国家滚滚向前。

赵家干掉晋灵公后，虽然权倾朝野，但是天道轮回，人生无常。公元前601年，赵盾死后，等待赵家的将是一场灭门大祸！

而就在赵盾弑君后在国内敛财敛权的这几年，南边的楚国在一位大魔王的领导下，即将率兵席卷中原！

拾柒

一鸣惊人

童年阴影

公元前614年，在位十一年的楚穆王去世了。他的一生在楚国历史上并不算太惊艳，反倒是他的儿子，后来成了春秋历史上最具有个性的君王。

楚穆王的儿子熊旅，正是春秋五霸之一的楚庄王。

在历史上，春秋五霸的名单有很多种说法，常见的有以下几种：

一、齐桓公、晋文公、秦穆公、楚庄王、宋襄公。

二、齐桓公、晋文公、秦穆公、楚庄王、越王勾践。

三、齐桓公、晋文公、楚庄王、吴王阖闾、越王勾践。

但是无论哪种说法，齐桓公、晋文公、楚庄王始终无可争议地霸占着春秋五霸的名单，因为这三位完全是用赫赫战功来说话的。

楚庄王能成为春秋历史上一颗耀眼的明星，这一点估计连他爹楚穆王都没有想到。因为楚穆王完全没有把儿子的事放在心上，就连儿子的家庭教师都是随便找的。

楚穆王给儿子熊旅找了两个失败者当老师，一位叫子仪，原是申县县公，曾经因为作战不利被免职。另一位叫王子燮，是楚成王的叔叔，心比天高，想当令尹却一直当不上。

教师是人类灵魂的工程师，由于这两个不称职的老师在熊旅灵魂建设上偷工减料，导致后来的楚庄王暴虐成性，做事惊世骇俗，成为春秋君王里的“非主流”。

楚穆王死的那一天，不满二十岁的熊旅继位为楚王。子仪与王子燮作为太子老师的教学任务算是完成了，但是这两位老师并不想就此罢休。

“捧着一颗心来，带着荣华富贵去”，那是子仪与王子燮的毕生追求。

很快子仪与王子燮找到了机会。

楚庄王继位没几个月，楚国边境的群舒发生暴乱，令尹成嘉和太师潘崇率军平定叛乱。令尹成嘉正是当年城濮之战时楚军主帅子玉的小儿子，楚穆王当上国君后，再次重用若敖氏，让子玉的长子成大心担任新任令尹，从此若敖族再次垄断令尹职位。成大心做了十二年令尹后去世，接任者就是他的弟弟成嘉。

此时楚国两位重要人物率大军远征，郢都空虚，子仪与王子燮认为正是实现梦想的大好时机。虽然他俩才能平平，但是他们手里有可以号令楚国的楚王。于是，他俩造起反来。

令尹成嘉气得歇斯底里，立马调转枪头，杀回郢都。子仪与王子燮想在郢都负隅顽抗，可手下却没有一兵一卒。毕竟他俩之前只是教书匠，不是指挥打仗的，捅娄子容易，想挽回却难于上青天。于是他们挟持楚庄王出逃，半路却又被忠于楚王室的大夫杀死，楚庄王也就恢复了自由。

本来与自己最亲密的老师，却把自己当作上位的工具，受到如此大的心理冲击，楚庄王想正常也难了。

公元前611年，楚庄王已经继位三年了，仍然整天浑浑噩噩，平日除了喝酒吃肉，就是纵情美色。为避免搞坏身体，他偶尔也会牵着黄狗出去打猎。

历史上的“怠政第一人”万历皇帝虽然三十年不上朝，但是他在宫里还是该批奏折就批奏折，该宣战就宣战。而咱们的楚庄王，对于政务处理完全避之不及，竟全让新任令尹子扬来干。子扬名斗般，其父亲正是被楚成王处死的令尹子上。前任令尹成嘉在平定子仪与王子燮的叛乱后没多久就死了，他在临死之前指定若敖家里的子扬来接任令尹一职。

子扬每天忙于国事，拿着令尹的俸禄，却干了国君的活。对于若敖家来说，这可是无上荣光。

其实，年轻的楚庄王对若敖族不以为然。在他眼中，若敖族只是替自己干活的工具而已。若敖族为了垄断令尹的位子，必然会为自己卖命。

如果楚庄王再这样对若敖族放任下去，说不定哪一天就会被干掉，或者被若敖族架空为傀儡。然而此时，一场关乎国家存亡的危机爆发了，楚庄王的“好日子”也因此到头了。正是这件事，让楚庄王的人生轨迹彻底改变，不仅拯救了他的后半生，也拯救了整个楚国。

这一年，楚国西南暴发了大饥荒，众多少数民族和附属国为了活命，集体造反。其中，庸国是这次造反的中坚力量。

成千上万的饥民，像洪水一样声势浩荡地涌向楚国。对于饥民来说，与其活活饿死，还不如去抢掠富庶的楚国，虽然可能被楚军杀死，但至少还有一线活下去的希望。

为了活命，人总会产生强烈的求生欲，楚国边境的军队根本无法阻挡视死如归、势如破竹的饥民。很快，饥民大军冲入楚国境内，如同蝗虫一样，走到哪里就把哪里吃光、掠光，然后再奔向下一个目标。

收到消息的楚国朝堂一片震惊。楚国向来是南天一霸，从来只有自己抢别人吃的，哪发生过自己的食物被人抢的情况，更何况对方还是饥民！

没过多久，传来了让楚国更惊悚的消息：派去镇压饥民的军队，竟然被打得七零八落。

一群饥民，为了生存，竟然变成了强悍的军队。原本是饥荒引起的骚乱，现在变成了起义！如果再不阻拦，这帮起义大军就要攻入郢都！

曾经令天下闻风丧胆的堂堂楚国，竟然要被一群暴民灭掉，这岂不让中原诸侯笑掉大牙！

在楚国生死存亡之际，所有人都在争论到底是死守郢都，还是学当年周平王迁都，另起炉灶。

此时，有两个有良知的大夫，分别叫伍举与苏从。他俩忧国忧民，心想照这形势发展下去，楚国离亡国不远了。于是他俩抱着必死的决心去找楚庄王好好聊聊。

在如何觐见楚庄王的问题上，他俩的意见达成一致：不能一起去。因为楚庄王在宫门挂了一块大牌子，上书："有敢谏者死无赦！"如果伍举与苏从同时向楚庄王谏言，万一楚庄王不高兴，把两个人一起宰了，那就完了。为了楚国的江山，伍举与苏从选择先后觐见楚王。万一伍举被楚庄王宰了，苏从将继承他的遗志，接着去谏言。

中国历史上总会有一些至暗时刻，但也总会有人不惜用自己渺小的生命去赶走看似强大的黑暗。

第一个去向楚庄王谏言的伍举是一个聪明人，他并没有像后世的海瑞一样来一个“自杀式”谏言。他懂得老虎的毛要顺着摸。

伍举进到殿内后，看到楚庄王怀里抱着两个美女，正在亲热。楚庄王也不回避，问伍举有什么事。

伍举没有直接回答，而是给楚庄王讲了一个谜语：“咱们楚国山上有只五彩鸟，它三年不飞，三年不叫，这是怎么回事呢？”

楚庄王听完微微一笑，他知道这谜语是说自己：“这鸟是神鸟，不飞则已，一飞冲天；不鸣则已，一鸣惊人！”

伍举听完，内心那叫一个高兴啊：劝谏有用了，大王表态要奋起了！

可是过了几个月，楚庄王依然无所作为。

这次轮到苏从进谏了，暴脾气的他即将开启自杀式谏言。死亡对于他来说并不可怕，最可怕的是不能尽臣子的本分，坐视国家的灭亡。

苏从来到宫内，大声斥责楚庄王。

楚庄王冷冷地说：“你不怕我杀了你？”

苏从斩钉截铁地说：“杀了我，如果能让大王幡然悔悟，那就赶紧杀了我吧！”

楚庄王听完表情漠然，什么也没说就走了。

苏从愣了：不是要杀头吗，怎么没下文了？白做那么长时间的心理准备了。

第二天，楚国王宫传来旨意，让所有大夫前往朝堂，举行廷议。三年没见过楚庄王上朝的大夫们都蒙了，难道国君正常了？更让所有大夫没想到的是，国君不但正常了，而且还斗志昂扬。

所有大夫集中到朝堂上，终于看见了三年都未谋面的楚庄王。很多大夫心想，一定是叛乱的大火要烧向郢都，楚王被吓破了胆，方才召集大家商议对策。

楚庄王端坐在王座上，不怒自威地说：“乱贼杀向郢都，众位大夫有何高见？”

大夫们并没有觉察到楚庄王话里藏着的浓浓杀机，于是开始七嘴八舌地吵起来。吵着吵着，大夫们分成了两大派：一派是迁都派，主张丢弃郢都，另起炉灶；另一派是主战派，反对迁都，与敌人死战到底。

工正（掌管土木基建的官员）蔿贾站了出来，大声痛斥迁都派："我们能去的地方，敌人也能去，迁都没有任何意义！"

蔿贾的话刚说完，迁都派就和他大吵了起来，朝堂上乱成一锅粥。

此时，楚庄王说道："请主张迁都和主张死战的大夫们，分别站成两队。"

楚庄王的声音如同一盆冷水，把朝堂上正在激烈争吵的大夫们浇醒了：这是要他们站队了。站队要是站得好，荣华富贵不得了！于是迁都派与主战派分别站在朝堂两侧，等楚庄王发话。

然而，楚庄王的表态方式却是如此令人发指。

楚庄王嘴角露出一丝冷笑，然后大喊道："宫外王卒听命，将殿上主张迁都的卖国贼臣拿下，拖出殿外斩首！"

迁都派想要申辩，却已经来不及了。上百号人被王卒拖了出去，殿内地上留下一摊摊尿液，殿外哭声喊声响彻天际，很快就又安静了下来。殿外此时已变成了人间地狱。

活下来的主战派大夫也被吓得面如死灰，其中心理承受能力较差的已经昏厥过去。他们从未见过如此恐怖的场面。

这时，坐在王座上的楚庄王又发话了："蔿贾大夫，现在国难当头，你有何高见？"

蔿贾听到楚庄王问话，内心不寒而栗。他明白，王座上的楚庄王，哪里是想要什么民主投票，他要的只是绝对的臣服。现在，楚庄王就是楚国的天，所有人的生死只在他一念之间。蔿贾万万没有想到，楚庄王竟会这么狠。

蔿贾把目光从殿外收回来，转向楚庄王，却又不敢抬头。他小心翼翼地回答，生怕说错一个字："这次叛乱的主力是庸国，其他都是被裹挟的乱民。只要我们集中力量打败庸国，这场叛乱就自然平息了。"

"说得好！现在楚国就需要像蔿贾这样的忠臣。众位主战的大夫们，刚才殿外被处死的奸臣们空出来的重要职务，我会让你们接替。同时，我还要重重赏赐苏从与伍举，他俩冒着杀头的危险谏言，都是好样的！”

年轻的楚庄王杀了上百号人，也奖赏了上百号人。一边是地狱，一边是天堂。

楚庄王要的就是主宰一切，在他看来，别人是否臣服自己很重要。如果你臣服于我，我就赐予你美好的人生；若是你反抗我，我将把你打入十八层地狱，永世不得超生！

楚庄王在殿上的举动，让他在所有大夫心中彻底变成了混世大魔王。与楚庄王相处的臣子，个个胆战心惊，因为他们是在与魔鬼共舞。楚庄王开心时，他会像暖阳一样给你温暖；他不开心时，就要杀人解气。大夫们为此承受着巨大的压力，严重缺乏安全感。

这次廷议中蒍贾大放光芒，从此进入了楚庄王的视线。蒍贾是蚡冒族的人，蚡冒族在楚国算得上大家族。蒍贾的父亲是曾接替子玉令尹之位的蒍吕臣，可惜当年他因为被若敖族架空，内心抑郁，干了一年就死了，所以整个蚡冒族的头号敌人就是若敖族。楚庄王重用蒍贾，就是把他当作遏制若敖族的工具。

蒍贾还有一项很强的能力，就是咒人死。城濮之战主帅子玉的“三百乘战车”的绰号就是他取的，那时他还是个十三岁的少年。有一次，他看到子玉阅兵时，对待表现不好的士兵会用鞭子抽打、用弓箭射穿耳朵。少年蒍贾看到后，当众说道：“子玉刚而无力，不可以治民。过三百乘，去不能以入矣。”意思是子玉刚愎自用，不能管理好百姓。如果带领三百乘战车出征，就回不来了！子玉从此就有了个“三百乘战车”的绰号。结果城濮之战，子玉真的没有回来。

蒍贾不光诅咒人能力强，对子女的教育也很上心，这一点要比楚穆王强上百倍。他有一个了不起的儿子叫蒍敖，又称孙叔敖，正是把楚庄王推向霸主之位的名臣，堪称楚国的管仲。

自从楚庄王在朝堂上杀人立威后，主战派的大夫们三班倒，积极筹备平叛工作。有人升官，有人得到赏赐，但是他们仍然不敢掉以轻心，反而打起了十二分精神。很快叛乱得到了平定。

楚庄王用自己的实际行动，实现了“一飞冲天，一鸣惊人”。

事后，楚庄王得胜回朝，摆起庆功宴，犒劳众位将领。

君臣之间都喝大了。突然一阵大风刮来，把屋内的蜡烛吹灭了。有一位醉酒的将领，伸手拉扯楚庄王身边美女的衣服。这位美女一把扯掉那人头上的冠缨，随即向楚庄王告发。

众人屏住了呼吸，等着看那个敢动楚庄王女人的家伙会被楚庄王怎么惩罚。

然而，楚庄王看了看生气的美女，只是哈哈大笑地说道：“大家来喝酒，就是要尽兴。大家都把冠缨摘了。”

于是众将领都摘掉冠缨，楚庄王再次点燃蜡烛，君臣就当什么都没发生过，继续喝酒。

通过这事我们可以看出，楚庄王既有凶残嗜血的一面，又有宽宏大量的一面。像他这样一个有着双重人格却又有作为的君王，在中国历史上真的不多见。

就在平定叛乱后，不走寻常路的楚庄王，又要再干一件让天下都瞠目结舌的事——勤王。

问鼎中原

公元前606年，楚庄王在继位的第八年，第一次亲率楚国大军进入中原。此前一年，由于晋国爆发内乱，晋灵公被赵穿弑杀，晋国对中原的控制力下降，这给楚庄王带来了千载难逢的好机遇。

楚庄王出师的名义却很无厘头，他打着“勤王”的旗号，以“尊王攘夷”的名义进入中原，然而此时周王室的小日子过得好好的，根本没有任何麻烦。

如果给春秋无厘头事件排名的话，楚庄王的“勤王”事件绝对位列第一。楚庄王来中原勤王的举动，让各方势力都丈二和尚摸不着头脑。

首先是楚国人自己。楚国从建国开始就一直被当时的中原文明视作蛮夷，西周时的周天子和春秋的中原诸侯，都把楚国人当作蛮夷，攘了四百多年。结果突然有一天，楚庄王对所有国人说："我们要尊奉周王室，帮他除掉蛮夷的威胁。"楚国人以为自己在做梦，不明白楚庄王为什么要帮曾经的死对头，况且周王室也没有请楚国人来帮忙呀！

其次是中原诸侯。他们猜想，楚国难道是想完成身份转型，从被人歧视的蛮夷，转型为华夏文明的一员吗？不管楚庄王葫芦里面卖的什么药，中原诸侯都蓄势待发，准备应战，因为楚国一向不是什么善茬儿，它进军中原，搞不好又要引发一场大战。

而最觉得无厘头的要数周王室。如果给历代周天子做问卷调查，问他们内心最讨厌的国家是哪个，楚国一定高票当选！因为天下本应只有一个王，那就是周天子，而现在天下竟有两个王，另一个就是楚王。在历史上，姓姬的和姓芈的，一直都是死对头，可是突然有一天，死对头主动来找你，说愿意来帮你，你肯定觉得其中有诈，对方不是谋财就是害命。

话说回来，这次楚庄王的确是来尊王攘夷的，只是他的气焰十分嚣张。

他先率领大军攻打崤山边上的陆浑戎。攘完夷后，楚庄王又带着刚打完仗的大军，气势汹汹地来到了洛水边上的洛邑尊王。

躲在洛邑里的周定王，被不请自来的瘟神吓坏了。周朝从开国以来，从未被楚国兵临城下。洛邑城内的贵族没有人相信楚庄王是来勤王的，都觉得他是来灭国的。楚庄王如果把周天子灭了，那么他就成了普天之下唯一的王。历史上也的确有很多人打着勤王的旗号去干造反的事。

为保险起见，周定王决定派人去楚军大营探探虚实，于是他找了王孙满。王孙满不仅是王室成员，也是一位智者。在崤之战前，他看到秦军耀武扬威地路过洛邑，就断定秦军是一帮乌合之众，必将失败。果不其然，秦国三军在崤之战被晋军全歼。

王孙满受到周定王的委托后，带上好酒好肉，假装去犒劳楚军。出城走了没多远，看到漫山遍野的楚军大营，王孙满顿时明白：虚实不用探了。楚军没有"虚"，全部主力实实在在摆在那儿，攻下洛邑那是分分钟的事。

王孙满进入楚营后，受到楚庄王热情的接待。

楚庄王说："我们楚军来中原，是帮周天子清除蛮夷的。周天子还给我们送来犒劳的物品，真是太客气了！"

"楚王帮我们除掉了蛮夷，我代表周天子万分感谢！楚国将士远征在外，多有不便，不知楚王何时班师回国，我好送送你们。"王孙满客气地说，其实心里巴不得楚军早点走。

"哎呀，我们好不容易来一趟，就是为了给周天子长天子威仪。有我楚国在，还有谁敢对周天子不敬！正好您来了，就请您检阅楚国大军，看看我们能不能给周天子长脸！来，随我一同上车阅兵！"

王孙满只想问问楚军何时走，没想到却被楚庄王拉上车去阅兵了。

楚庄王向手下将领喊道："全军集合！"只听战鼓隆隆响起，大地晃动了起来。战马的嘶鸣声、士兵的呐喊声，从不远处传来。规模庞大的楚军，正踩着鼓点，以排山倒海之势，涌向楚王面前。楚军在极短时间内完成集结，并面朝洛邑方向，列出一眼望不到头的军阵。

王孙满被眼前雄壮的一幕彻底震撼了，他觉察到楚军阵中杀气腾腾。

洛邑城内的贵族、百姓，也都被城外楚军传来的声音惊扰了。所有人都登上城墙，惊恐地看着整装待发的楚军。

看到气氛活跃起来，万众瞩目的楚庄王开始驱车阅兵了。楚庄王的车子从一个个方阵面前驶过时，每个方阵都爆发出雷鸣般的欢呼声。

楚庄王是在用阅兵的行动告诉城内的周定王，论实力，自己才是真正的王，无冕的天子！你周天子只不过是名义上的王，在我楚王面前什么都不是！只要我大旗一挥，眼前的洛邑瞬间就能被拿下。

楚庄王检阅完毕后，驱车来到军阵中央，指着眼前的大军，挑衅地对身旁的王孙满说："您看我楚军军容如何，能否给周天子长脸？"

"楚军军容壮盛，天下无敌！有楚国捍卫周王室，周天子可以高枕无忧了！"

王孙满以为拍拍楚庄王马屁就行了，没想到楚庄王接下来问的一句话，让他胆战心惊，嗅到了国家危亡的气息。

"洛邑里的九鼎有多重啊？"

王孙满察觉到，眼前这位楚庄王，不像一个君主，更像一个地痞流氓，言语中充满戏谑。

楚庄王第一次到洛邑，就问九鼎的重量，的确很失礼。九鼎乃是天命所在，是地位的象征，九鼎在，周天子就是天下共主。楚庄王问九鼎的重量，仿佛一个强盗惦记别人家里的东西，要先了解一下好不好搬。

面对楚庄王的刁钻问题，王孙满很难回答。把九鼎说重了不好，没准人家回去造个比你还重的，就丢人了；如果说轻了，没有天子的威严，楚王一看九鼎还不如自家的重，说不定直接把周朝灭了。

既然无法正面回答问题，那就从侧面绕过去。聪慧的王孙满，就用道德仁义作为保护周王室的铠甲："天子治理国家，靠的是道德，而不是靠宝鼎！"

此话刚说完，楚庄王突然变了脸，狠狠地说道："你们不要以为有了宝鼎就了不起，我们把楚国刀剑上的刃尖折断下来，也能铸成宝鼎。"

王孙满并没有被楚庄王吓倒，而是不卑不亢地对楚庄王讲解起了九鼎的历史故事："我来跟您说说九鼎的故事吧。夏朝国运昌隆时，大禹用九州地方官员进贡的金属铸造了九鼎。后来夏朝气数已尽，九鼎就被商朝获得，因此商朝有了六百年的岁数。商朝末年纣王残暴无道，九鼎就被大周朝所得。

"如果君王贤明，哪怕鼎再轻，也不可能被夺走；如果君王无道，哪怕鼎再重，也会被夺走。当年周成王把九鼎放置在洛邑时，专门占卜了一回，据说大周朝能存七百多年，传三十多代，这就是天命！

"虽然周王室衰微，但是天命未改，问九鼎的轻重，真的很不合适！"

楚庄王始终没有打断王孙满的话，一直是面带微笑地听着，但是笑容里藏着一丝邪魅，让王孙满隐隐感到不安。

楚庄王说："您说的话让我受益匪浅。明日，我楚国大军就班师回国。日后，周天子有什么需要，尽管吩咐！"

王孙满完全不敢相信自己的耳朵，他瞪大了眼睛看着楚庄王，想说话却不知道该说什么。

楚庄王看见王孙满这个表情，坏坏地说："王孙，我看您这表情是舍不得我们走，要不我多待几天？”

王孙满无语。

“好啦，我再说一遍，明天我们就班师回国。王孙，您就放心回洛邑复命吧！”

王孙满听到楚庄王的回复后，如同刚从万丈高空稳稳落到地面。他瘫坐在车上，内心总算平静了下来。王孙满看着眼前的楚庄王，心里明白了，虽然楚庄王看似流氓，其实却是一个豪爽大度的人，他必将会成为一代霸主！

第二天，楚庄王履行了诺言，撤回楚国。而一个成语就此诞生，这就是“问鼎中原”。

读者可能会问：“楚庄王大老远打着‘勤王’的名义，先攻击陆浑戎，又到洛邑城下大阅兵，啥也没有得到，就撤军回国了。他花费那么大劲，到底是图什么？”

楚庄王是一位大魔王，做事无厘头，总让人不明白他到底想干什么。可是他通晓游戏规则里的漏洞，往往能抓住漏洞，打着道德牌子，来实现自己的政治意图。

笔者在这里分析一下楚王的政治意图。

意图一：身份转换。楚国通过勤王的方式，转变自己蛮夷的身份。那些道貌岸然的中原诸侯，几百年来一直说楚国是蛮夷，那楚国就也来玩一次尊王攘夷。既然大家都玩一样的把戏，那大家就是同类人，以后中原诸侯不要戴有色眼镜来看楚国。

意图二：探探天下霸主晋国的虚实。自城濮之战后，晋国一直是天下霸主。而陆浑戎作为晋国的盟友，曾在崤之战中为晋国出工又出力。楚庄王这次攻打陆浑戎，不光是为了所谓的“攘夷”，更是为了敲山震虎，威慑晋国。

打完陆浑戎后，楚军移师洛邑，这更是狠狠打了晋国的脸！从晋文公时代起，晋国就一直奉行“尊王攘夷”的政策，如今楚国大军都兵临洛邑城下了，你晋国大军在哪里呢？

楚军在洛邑城下举行了盛大的阅兵式，而晋国悄无声息，可见现在的晋国早已没有当年的霸主雄风，就是一只纸老虎。

意图三：灭了周王室。

楚庄王陈兵洛邑，是否有灭了周王室的想法？笔者觉得他是有这个想法的。

楚庄王认为，齐桓晋文曾经高举“尊王攘夷”大旗，为他们赢得了不少声誉。实际上他们坏事也没少干，但是“尊王攘夷”的大旗一旦竖起，就会产生巨大的广告效应，因为它站在道德制高点上。

中原诸侯大部分姓姬，几百年前都是周天子分封的。一旦某位霸主拥有强大的实力，就可以祭出“尊王攘夷”这面大旗，胁迫手下诸侯来进攻楚国。之前齐桓公率领八国军队，兵临楚国国门，楚国不得不签订召陵之盟。之后晋文公会同秦、齐、宋三国，在城濮之战中击败楚国，从而成为天下霸主。

从此形成了一个有趣的游戏模式，即对于想当天下霸主的诸侯来说，楚国就是游戏里的大怪物，只有打败楚国，才能获得霸主头衔。宋襄公想成为霸主，也急急忙忙地来打楚国。

为了避免楚国再成为霸主攻打对象，就得把“尊王攘夷”的大旗撕碎。所谓“尊王攘夷”，其核心是王，而王就住在洛邑里。所以，楚庄王兵临洛邑，是有一举灭掉周天子的企图的。

然而到底是什么原因，让楚庄王最终放弃了洛邑，撤军回国呢？

笔者觉得，应该是王孙满所说的“在德不在鼎”，触动了楚庄王的内心。

楚庄王的爷爷被他爸逼死，两位老师又挟持过自己，身边最亲近的人竟然都是如此不堪。年轻的楚庄王也曾思考过如何避免这样的悲剧再次发生，也许他从王孙满口中得到了答案，那就是“德”。

楚庄王是一个有双重人格的人，有时候非常宽宏大量，有时候又极端嗜血残暴。他何时行善，何时作恶，并非任性妄为，而是依据利弊考量。如果行善对国家有利，他就会变成君子，行仁义之事；如果作恶对国家有利，他就会变成魔鬼，破坏一切。他之所以认同德，完全是因为德对国家有利。

楚庄王意识到，如果将德作为楚国文化，来教化百姓、笼络诸侯，那么自己国家的运营成本与争霸风险将会大大降低。鼎盛大国，就该以德服人，海纳百川。

为了国家，他选择了王孙满的德，认同了华夏文明的核心理念。只有在心理上认同德，才是真正地融入了华夏文明。从楚庄王之后，楚国人逐步认同自己身为华夏文明里的一员。到了楚庄王的儿子楚共王时期，楚国已经开始以华夏正统自居。

拾捌

大魔王

致师

楚国令尹子扬被楚庄王以莫须有的罪名处死了，而诬蔑子扬的人，正是芳贾。

子扬死后，由于若敖族依然势力庞大，楚庄王还是选用若敖家的子越担任令尹。子越名斗越椒，是老令尹子文的侄子，当年曾参加城濮之战。在战斗中，神射手子越曾一箭射落晋军大帅旗，差点让楚军翻盘。

子越刚出生的时候，由于长得太丑，把他大伯子文吓到了。受到惊吓的子文劝子越的父亲赶紧把子越杀了，免得惹大祸害若敖族。不过子越的父亲没有听大哥子文的一面之词。

子越小的时候差点被杀，长大之后竟能坐上堂堂令尹之位，本应扬眉吐气，但他并没有感到高兴，而是莫名紧张。虽然若敖家始终把令尹的位子攥在手里，但是楚庄王不会善待痴情于令尹之位的若敖族，他只会把若敖族往死里整。若敖家可是有三位令尹被楚王弄死的，先后是子玉、子上、子扬。

虽然楚成王爱玩阴的，但是和他接触久了，熟悉了他的套路，也能提防点。然而楚成王的孙子楚庄王却是异类，从不循规蹈矩，做事很随性，人们跟他很难在同一维度交流。所以子越在楚庄王手下干活，很没有安全感。

担任令尹后，子越身心极其疲惫。在楚庄王手下干活，那叫一个忐忑不安。说不定哪一天自己干得不好，大魔王不高兴，一刀就把自己砍了。

有一天，楚庄王给子越身边安排了一位副手，子越起初很激动，以为有人帮他干活了。但是听到副手名字之后，子越真想一头撞死在墙上。

这个副手就是若敖族的克星芳贾。

芳贾虽说克若敖族，但是人家是真来帮子越干活的。楚庄王把芳贾从主管土木建设的工正调任为掌管全国武装力量的司马，分担了子越的军事工作，帮他减轻了很大一部分工作量。

换作一般人，工作变轻松了，职务又不降，工资又不减，应该很高兴。但子越却觉察到，楚庄王已将绞索套在了若敖族的脖子上。

令尹作为楚国二把手，总理全国军政事务。当年城濮之战中，子玉就凭借令尹的身份，率领若敖六卒、县兵、宫甲、诸侯联军与晋国联军交战。而如今，子越虽是令尹，但是兵权已经被蒍贾分走了，除了自家的若敖六卒能统领以外，其他军事力量根本不听他的话。

子越明显意识到，楚庄王夺了自己的兵权，下一步就应该是找个理由杀掉自己了。

与其坐以待毙，不如鱼死网破。

子越先杀掉煞星蒍贾，然后跑回自己的封地，率领若敖六卒集体造反。

由于若敖族进军迅速，很快挺进到离郢都较近的野地。楚庄王手上只有王卒，戍守边境重镇的申、息两县的县兵来不及回援。

若敖族毕竟是楚国最大的家族，手下的私人武装若敖六卒百年来都是楚国对外征战的主力，人员众多，装备精良，经验丰富。在城濮之战中，若敖六卒自己就敢与晋国联军开战。楚庄王仅凭手上的王卒，如果与若敖六卒开战，未必有太大胜算。

为了延迟若敖族的进攻时间，楚庄王想出了缓兵之计，把前几代楚王的子孙送给若敖当人质。反正王室子孙多，就算人质被杀害也没关系。

子越也不傻，他要这么多王室子孙又不能当饭吃，养着还浪费粮食，他只要楚庄王的人头。

一看缓兵之计不奏效，楚庄王只能亲率王卒出征。两军在皋浒遭遇，一场大战即将爆发。

然而这场大战，却更像一场决斗。

在《三国演义》里，两军交战时，往往会各派一名将领骑马单挑，如关羽温酒斩华雄，就是一对一单挑。很多人认为，这是小说为了剧情更精彩而虚构的情节，现实中的战争很少这样。

但是在春秋时代，武将单挑其实是司空见惯的。春秋时的单挑被称为“致师”。由于春秋以车战为主，车上有三个人，所以出阵单挑的也是三个人，而不像《三国演义》里是一个人。

两军摆好阵后，子越亲自担任若敖六卒致师人。他站在飞驰的战车上，行驶到两军中央。作为神箭手，子越阵前致师，信心十足。他就是要挑战楚庄王，看作为一国之君的楚庄王熊旅敢不敢像自己一样玩命。

看到子越前来致师，楚庄王对众将领说：“子越代表若敖族来致师，我作为楚王，也不能示弱！”

楚庄王此话一出，众将领都听傻了。春秋时国君御驾亲征是常事，但都是作为军队统帅，被层层保护起来，从来没有见过哪位国君阵前致师的。万一楚庄王阵亡，这仗就毫无悬念地输了。

楚庄王这个大魔王，有时候既不在乎别人的生死，也不在乎自己的生死。

众将领拼死拉住楚庄王，劝他不要干蠢事。但楚庄王大喊道：“有阻拦者，杀无赦！”众将领一听，就都不再说话了。他们了解楚庄王，这位说一不二的君主从来不允许有人违抗自己。

聪明的楚庄王并不是一个人致师，他挑了一个年轻人来担任车左。此人就是春秋第一神箭手——养由基，人送绰号“养一箭”。养由基的射箭技术高超到什么地步？他距离柳树一百步，每支箭都能射到柳叶正中心，成语“百步穿杨”说的就是他。

见到楚庄王的战车驶到两军阵中，王卒发出了惊天动地的欢呼声。子越与若敖六卒没想到楚庄王会亲自致师，不禁被楚庄王的霸气所震撼，也胆怯了起来。

楚庄王如雄狮般站立在战车上，傲视前方的若敖六卒，整个战场瞬间安静了下来，所有人的目光都聚焦到他身上。

“叛贼子越，你公然率领若敖六卒造反。今日我阵前致师，就是要灭了你这帮乱臣贼子。”

子越内心既紧张又愤恨。他没有想到楚庄王走到哪里都能调动气氛，如同太阳一般光芒万丈。

子越不想再让楚庄王嘚瑟，他张弓搭箭，瞄准了楚庄王。

楚庄王哈哈大笑起来："子越，你有本事尽管朝我这里射！"

这句话看起来像流氓打架时常说的"有本事你打我呀"，看似挑衅，实则是故意激怒对方，让对方失去理智，被自己牵着鼻子走。

也许子越是被楚庄王激怒了，没能正常发挥，他朝楚庄王连射两箭，第一箭飞过车辕，穿过鼓架，射在铜钲（用来退兵的打击乐器）上，第二箭则射到车上的木毂上。

面对射来的两支箭，楚庄王毫不胆怯，没有半点躲闪，一直稳稳站立。两军士兵都看见了，两支箭绕着楚庄王走，楚庄王有如神助！

看着车上的两支箭，楚庄王嘴角露出一丝邪笑。

"养由基，该你了！"楚庄王提醒了站在他身旁的神箭手。

子越马上驾车，想跑回阵中，但他还没来得及握起缰绳，"嗖"的一声，养由基一支箭正中他的咽喉，只见子越一声不吭地从战车上一头栽倒。若敖六卒全都惊呆了，原本以为子越是个王者，结果竟然被秒杀。

子越死了，若敖六卒群龙无首，军心涣散，军阵混乱，有的人甚至已经驾车跑了，可谓不战自败。楚庄王瞅准时机，率领王卒一下就把若敖六卒冲垮了。曾经战斗力彪悍的若敖六卒转眼就败了，他们在心理上彻彻底底地败给了楚庄王。

战后，在如何对待若敖族战俘与妇孺老幼的问题上，楚庄王选择了斩草除根，一个不留。显赫百年的若敖族，就此烟消云散。

但是若敖族仍有两条漏网之鱼，一个是子越的儿子贲皇，他逃到晋国后被晋国国君封为大夫。还有一个自投罗网的，就是老令尹子文的孙子斗克黄。

楚庄王诛杀若敖族时，斗克黄在齐国访问，听到若敖族被灭族的消息，他坚持要回国。斗克黄身边的随从拼命劝他不要做傻事，他却说："君，天也，天可逃乎？"意思是，国君就是天，我能逃脱了天道吗？斗克黄回国后，主动向楚庄王汇报访问工作，然后向司败（主管司法的官员）自首。

大魔王楚庄王被斗克黄的义举感动了。政治斗争本来就存在嗜血性，失败者为了活命选择逃亡，这无可厚非。但是斗克黄始终记得自己是楚王的臣子，无论何种情况都要尽自己的本分，他的身上有着王孙满说的德。

楚庄王仿佛从斗克黄身上看到了若敖族祖先斗伯比、子文为楚国鞠躬尽瘁、毁家纾难的身影，斗克黄是楚国乃至整个世上不可多得的高尚之人！

楚庄王不但没有惩罚斗克黄，还让他官复原职，并赐给他新的名“生”。“生”字包含了楚庄王对他的敬重，斗克黄是靠自己的勇气与忠义给了自己再生的机会。

子越死后，一位年轻人被任命为新任令尹，他将带着楚庄王与楚国再次走向辉煌。他就是蒍贾的儿子蒍敖。

孙叔敖治楚

楚庄王把若敖族灭族后，令尹的位子空了出来。楚庄王灭了庸国后，实现了“一鸣惊人”的诺言。他虽然不在宫里当“宅男”了，但是依然喜欢出去玩乐。据《吕氏春秋》记载：“荆庄王好周游、田猎、驰骋、弋射，欢乐无遗。”

不想操太多心的楚庄王急需一位新令尹。这时沈尹（沈县县公）向楚庄王推荐了一位居住在期思（今河南淮滨东南十五公里）名叫蒍敖的年轻人。

蒍敖是蒍贾的儿子，他还有一个被后世熟知的称呼——孙叔敖。蒍敖的儿子被分封于寝丘，楚语中“孙”通“寝”，“叔”表示蒍敖还有两个哥哥，“敖”则是他的本名。

蒍贾曾担任工正，掌管土木基建工作，孙叔敖在父亲蒍贾身边耳濡目染，也成了一名工程师，专业方向是农田水利工程。

在孙叔敖的父亲被子越害死后，楚庄王诛灭若敖族。孙叔敖并没有去参与平叛，为父报仇，而是在期思修建了一个大型农田水利工程，叫芍陂（bēi）。“芍”是指水经过白芍亭，“陂”是堤坝的意思。

期思这里原本是个艰苦地方，不是洪涝就是干旱，然而越是艰苦的地方越能锻炼人。年轻的工程师孙叔敖在这里修建了长112公里、宽50公里的堤坝，足以灌溉1万顷土地。

这个水利工程放现在规模不大，但是在春秋时代，绝对堪称超级大工程，地位相当于现在的三峡大坝。芍陂的修建，使当地成为巨大粮仓，使楚庄王争霸中原如虎添翼。到了战国时期，楚国老家郢都被秦国占领，楚国迁都首选地就是期思。

孙叔敖作为总工程师，在完成芍陂修建时只有二十多岁。面对沈尹的举荐，楚庄王感到很为难。孙叔敖的才能全国都知道，但是他太年轻了，能不能掌舵楚国这艘大船尚不可知。

沈尹与孙叔敖交情很深，深知孙叔敖是世间少有的人才。他说了一句让楚庄王震惊的话："孙叔敖，圣人也，王必用之！"

楚庄王心想："楚国竟然出圣人啦，还不得给予最高待遇呀！"于是就用王舆（楚王自己的座驾）把孙叔敖接了过来。

孙叔敖到了郢都，得到楚庄王亲自接见。楚庄王面试这位年轻人，提的问题很直接："如果让你当令尹治理楚国，要几年可以具有称霸天下的实力？"

孙叔敖想了半天，然后说了两个字："三年。"

楚庄王眼珠子差点掉下来。他活了这么多年，什么大话假话都听过了，但是敢拿国家大事开这么大玩笑的，孙叔敖算是第一人。他不禁怀疑孙叔敖是一个骗子："你说的当真？"

"当真！"

楚庄王不再说什么，他被眼前年轻人强大的自信所折服，这种自信是超越年龄的自信。

"你就在令尹的位子上放手干吧！"楚庄王郑重地对孙叔敖说道。

孙叔敖担任令尹后，有一次在沂地修城墙，他先让管理城墙建设的官员做出工程计划，然后上报给司徒（掌管土地与人民的官员）。计划里面必须明确说明工程所需周期、开工时间、所需材料种类、工具的数量、工人数量、运输原材料的距离、全体施工人员的粮食准备、验收工程人员的安排等。由于计划做得很细致，工程只用了三十天就提前完工了。

如果说孙叔敖修城墙只是发挥老本行优势的话，那下面一件事就反映出他过人的理财能力。

有一次，楚庄王觉得楚国流通的小铜钱太轻，想换成面额更大、重量更重的大铜钱。

楚国的小铜钱俗称“蚁鼻钱”，重量也就两克左右。虽然跟齐国刀币、晋国布币比起来很袖珍，但蚁鼻钱有一个其他国家货币所不具有的优势，就是其背后是有黄金支撑的。蚁鼻钱有“金贾四千”的说法，意思是一斤黄金可以兑换4000枚蚁鼻钱。

齐国有海盐来支撑刀币流通，晋国有河东盐池来支撑布币流通。而楚国虽然食盐少点，但是不差黄金呀！

楚庄王这么做，无非是想提高货币面值，方便敛财入库。比如以前收税只能收两个小铜钱，现在能收两个大铜钱，那实际收入就比过去更多了。但蚁鼻钱作为当时坚挺的货币，被楚庄王擅自废除，引起了老百姓怨声载道。楚国国内货币市场混乱，再这样下去楚国这个大公司就要崩盘了。

经孙叔敖苦劝，楚庄王同意不再扰乱货币市场，蚁鼻钱继续作为楚国法定货币流通。孙叔敖对货币市场的规范治理，使得楚国经济实力不断增强。

经过孙叔敖三年的治理，楚国国力大增。史书上记载：“王以为令尹，治楚三季而庄王以霸。”

此时，春秋时代已经过了一半。在争霸的号角下，每个大国都在不断搞制度创新。孙叔敖担任令尹，标志着楚国逐步进化成一个高能的国家，而其他三个大国和楚国相比，都是比较低能的。

齐国虽然发展最早，创新最多，但是自齐桓公、管仲死后，齐国就在原地踏步；秦国在春秋时就进化到了中央集权，但从秦穆公开始，国君为了大权独揽，但凡有威胁、有才能的人全部殉葬；晋国为了提高大夫们的工作热情，把分封制玩到了极致，搞出了六卿的激励制度，干得好给地给职务，但是当晋国没有那么多奖励给大夫时，大夫就要靠吃晋国国君来填饱自己，所以晋国最短命。

在孙叔敖时期，楚国利用数据进行管理。从城墙修建工序的周密程度，就能看出楚国一个个项目是由受过专业训练的官员相互协作、层层管理而完成的，这就是先进的“科层制”。

楚庄王对孙叔敖的工作很满意，什么事都交给他来办。孙叔敖从早忙到晚，楚庄王则是无忧无虑地玩耍，只在有需要自己拍板的大事时才露面。

公元前597年，楚庄王悠闲不下去了：郑国出事了。

邲之战

公元前597年，郑襄公选择了晋国当大哥。他一定是拿尺子在地图上测算过距离，晋国离郑国近，当楚国打过来时，晋国老大哥可以及时派兵来保护自己。

可惜郑襄公不知道此时的晋国已大不如前了。

公元前601年，晋国中军将赵盾死后，按照资历，由中军佐荀林父接任新一任中军将。老一辈的晋国六卿，除荀林父全都归西了。荀林父凭借硬朗的身体、淡泊的心态，终于熬到了中军将！

荀林父不光把老战友熬死了，把国君也熬死了。晋成公的儿子姬拒继位，就是后来赫赫有名的晋景公。

此时晋景公还只是一位少年，毫无执政经验，好在有荀林父辅佐。荀林父这辈子侍奉过晋文公、晋襄公、晋灵公、晋成公、晋景公五位君主，是名副其实的五朝元老，再加上自己口碑好，全国上下就指望他主持大局。

然而，上了岁数的荀林父喜欢耳根清净，没有太多的政治欲望。在国内处理政务还行，让他带兵上阵杀敌就很不切实际。

郑襄公如果知道自己在遭到楚国暴打时，晋国老大哥只能派这么一位快入土的老人领兵救援自己，估计肠子都要悔青了。

就在郑襄公选择晋国当大哥这一年的春天，楚庄王快速完成了军事动员，大军追寻着春姑娘的脚步，浩浩荡荡地杀向郑国。

楚庄王把郑国打得几乎要亡国。郑襄公光着膀子，手里牵头羊，带着残存的人跪在大路上迎接楚庄王。郑襄公这夸张的举动叫作“牵羊礼”，这可不是普通的投降礼仪，必须得是亡国之君，还要心甘情愿地臣服于敌人。

很多亡国之君虽然亡国了，但是老脸还是要的，宁愿一死也不搞什么牵羊礼。所以历史上举行过牵羊礼的人，扳手指头都能数出来。最著名的要数北宋末年的宋徽宗与宋钦宗。这对父子被金朝俘虏，金人就让他俩举行牵羊礼。

当楚庄王收服郑国后，晋国才开始出兵。

晋国的情报工作失误极大，竟对郑国此时已经投降一无所知，还以为楚军已被耗得差不多了。造成这种局面，是因为晋国国内没有强有力的执政者。晋景公刚继位，还是一个年轻人，经验不丰富，大事小事只能依赖中军将荀林父。荀林父作为五朝元老，政治、军事、外交，什么经验都丰富，就是精力不丰富，别指望一把年纪又生性淡泊的他能像强势的赵盾那样让晋国运转。

在六月的夏天，晋国召集三军出发了。

我们来看看新任三军将领。

中军将　荀林父	中军佐　先縠（hú）（先轸的孙子）
上军将　士会	上军佐　郤克（郤缺的儿子）
下军将　赵朔（赵盾的儿子）	下军佐　栾书（栾盾的儿子）
中军大夫　赵括（赵盾的弟弟） 赵婴齐（赵盾的弟弟）	
上军大夫　巩朔　韩穿	
下军大夫　荀首　赵同（赵盾的弟弟）	
司马　韩厥（赵盾提拔的将领）	

这些都是晋国的精英，但是荀林父统领他们却是力不从心。他们要么是赵家的人，要么是祖辈干过六卿的“卿三代”，不少人巴不得荀林父早点死，把中军将的位置空出来，好让自己晋升。而要想晋升，需要实实在在的战功，所以他们对打仗特别积极。

当晋军到达黄河北岸准备渡河时，终于传来郑国已经投降楚国的消息。荀林父长舒了一口气，既然郑国已经不是晋国的小弟，再去援救就没有任何意义了。

荀林父想撤军，但是又不能让楚国太嚣张，于是想出了一个非常理想的战略构想。他对众将领说："我们现在去救郑国，将会与楚国硬碰硬。郑国离晋国近，离楚国远，不如等楚军回国，我们再讨伐郑国，便可以恢复对郑国的控制权。"

荀林父不想打，可是手下的卿三代个个都想打。他们不听荀林父的命令，强行率领各部渡河。荀林父无奈，只能率军一同渡河。

晋国三军到达黄河南岸后，荀林父让大军进驻到邲（bì）地，那里位于衡雍西南，生态环境极好，是国家保护动物麋鹿的栖息地。

在三十五年前，衡雍曾经举行过闻名天下的践土之盟，春秋霸主晋文公就是在这里到达了人生巅峰。荀林父之所以选择这块福地，一是表明晋国从晋文公时就是天下霸主，二是向楚国发出和谈信号。衡雍是晋文公曾经会盟的地方，大家有什么争执，坐下来聊聊，谈妥了就搞个和平会盟，没必要打打杀杀，死几万人。

当晋军进入邲地的时候，楚庄王正率领楚军向北方行进，打算去著名的旅游景点黄河边完成一个夙愿——饮马黄河。

现在大家出去玩，会在景点拍个照，发个朋友圈，亲朋好友就都知道你在干什么了。楚庄王率领大军去饮马黄河，就相当于在发朋友圈。只有让楚国大军来到黄河边上，才能让全天下诸侯都知道，楚国有逐鹿中原的实力与野心。

就在此时，前方传来探报：晋军已在黄河南岸邲地驻扎。摆在楚庄王面前有两个选项：一是向北与晋军交战，一是向南撤回楚国。

孙叔敖对楚庄王说："我们攻打郑国消耗了太多的实力，如果再与晋国交战，胜算可能不大。"

楚庄王明白，楚军刚花了三个月打下郑国，现在再与晋国交战，搞不好会吃败仗。可是楚庄王又心有不甘，不忍心把到手的果实拱手相让。

孙叔敖看出了楚庄王内心的纠结，于是替楚庄王下令，所有战车车辕转向南方，军前大旗调转到南头，准备班师回国。

一个叫伍参的大夫挡在了楚庄王车前。他官位不高，但是胆量很大。他对楚庄王与孙叔敖讲道："晋国中军将荀林父刚上任不久，威望不足。中军佐先縠刚愎自用，不服从命令。晋军将领各行其是，完全没有纪律可言。此次交战，晋军一定会战败！”

孙叔敖想骂伍参不识时务，却被楚庄王拦下了。楚庄王觉得伍参说得很有道理，于是爱冒险的他喊道：“全军向北进军，正面迎击晋军。”

很快，楚军抵达邲地，与晋国三军对峙。后来双方达成了停战协议，但是由于没有签和平协议，双方仍是敌对关系。

对峙期间，大规模互殴没有发生，小规模的寻衅滋事还是可以有的。

就在达成停战协议的第二天，一辆楚军战车风驰电掣般地冲进了晋军大营，车上有三位亡命之徒，分别是车左乐伯、车右摄叔、车御许伯。

晋军本以为再过几天就回家了，精神上也就放松了警惕。这三人战车小组配合娴熟，在晋军大营内如入无人之境，造成一片混乱。杀到兴头时，三人跳下马车，车左乐伯又射人又射马，车右摄叔还生擒一人，车御许伯则牵着缰绳，不慌不忙地整理马匹。

等晋军反应过来后，一位叫鲍癸（guǐ）的晋军将领赶紧率领众多战车前去追杀。三位亡命徒驾车跑得飞快，神箭手乐伯还连续射死多名追赶的晋军。

由于乐伯不停地远程输出，最后只剩下一支箭，这时戏剧性的一幕出现了，一只麋鹿出现在乐伯眼前。乐伯用最后一支箭将麋鹿射死，并对后面死死追赶的鲍癸喊道：“这麋鹿是我送给你的，你就和身边的战士们分享吧！”

作为一名贵族，鲍癸觉得乐伯这么做是君子的行为，决定停止追击乐伯。

从现代人的角度来看，会觉得乐伯与鲍癸的做法不可理喻，可从当时来看，这就是贵族精神。贵族非常看重道德与礼节，打仗绝不能胜之不武。在他们看来，打仗就是体育竞技比赛，决出胜负就可以了，不能把人往死里打，那样太野蛮了。所以春秋时的大决战，往往一天就决出胜负了，输赢结果双方都认，不像战国时的全面战争旷日持久。

乐伯射死一只鹿，然后说是送给后面的鲍癸，就是在示弱。而鲍癸看到对方送礼物给自己，也明白对方是向自己示弱，胜负已分，就没必要穷追猛打了。鲍癸顺带夸乐伯是君子，意思是指乐伯做事上路子、会做人。

亡命三人组平安地回到了楚国大营。然而这件事并没有结束，晋军里面那些不服荀林父的将领们被激怒了。

将领魏锜对荀林父说："我愿作为使者去楚营，要求楚王惩戒寻衅滋事的三个人。"荀林父经不住魏锜的软磨硬泡，同意他去楚国大营。

魏锜驾着车跑到楚军大营门口，喊着要致师。不喊不要紧，一喊竟招来了一个狠角色。这个狠角色叫潘党，位列楚国神箭手排行榜第二名，与养由基是好朋友，二人经常切磋箭术。

魏锜叫得有多嚣张，被打得就有多惨。魏锜被潘党一路追杀，就在他觉得自己快完了的时候，一只麋鹿出现在眼前。魏锜应该是听过鲍癸放走乐伯的故事，于是他也把麋鹿射死，对后面追赶的潘党大喊道："这鹿是送给你的！"

潘党看见魏锜认怂，就撤了回去。

魏锜致师失败，其他人却不当作教训，这反而起了坏作用。有一人也想去楚军大营门口致师，他叫赵旃（zhān），是赵穿的儿子。赵旃的人生目标，就是要当六卿，所以他也要蹭功劳。

赵旃对荀林父说，自己也要当使者去楚军大营。荀林父看到魏锜被暴打回来就已经知道，他们出使是假，寻衅滋事是真。可荀林父没有办法拒绝赵旃，毕竟出征的将领一大半都和赵家有着千丝万缕的关系。

"速去速回，注意安全。"荀林父无奈地说。为了保险起见，荀林父还安排了一队人马去接应赵旃。赵旃得到荀林父的允许，屁颠屁颠地去楚军大营了。

后来赵旃用实力证明，他继承了父亲赵穿的"猪队友"基因，甚至还进化了。

六月十六日清晨，在外面数了一夜星星的赵旃看到楚军大营的门开了。他终于等来要过招的人。

然而马上赵旃就后悔了，因为来过招的是楚庄王。而且楚庄王不是一人来，他带了一群人，这群人是楚王身边的近卫军——乘广。乘广总计有战车三十乘，分为左广与右广两个小队。右广负责楚王从鸡鸣至中午的警卫工作，左广负责从中午到日落的警卫工作。

楚庄王并不是来致师的，而是率领自己的近卫军冲锋打头阵的。原来楚军已经在清晨列好军阵，准备向晋军发起总攻。

赵旃被精锐的乘广追着打，只能驾着战车拼命往晋军大营方向跑。为了减轻重量，他把能脱的盔甲、衣服都脱了。此时，一队晋军驾着战车前来接应赵旃，正是荀林父之前安排接应赵旃的人。

而楚军阵中，潘党看见远处扬起的漫天灰尘，误以为晋军主力开始向楚庄王进攻。他怕楚庄王身陷重围，立马向令尹孙叔敖报告。孙叔敖立刻发出全军总攻的命令，楚军全速前进，很快冲入晋军大营。

荀林父根本没有做好迎战准备，等看见楚军打过来，已经来不及组织抵抗了，此时唯一能做的就是让所有人赶紧跑。

于是，荀林父下了堪称世界历史上最滑稽的撤退命令："先济者有赏！"意思是，先渡河撤退的人有赏！

撤退要有人殿后，要有人打阻击，而荀林父什么都没有布置。很快，晋军的撤退就变成了溃败，溃败又变成了自相残杀。

由于上军将士会在战前做好了溃军收容工作，上军损失不大。最惨的要数中军与下军，他们溃逃到黄河边上，发现船上都是赵婴齐的部队。溃军用手扒着船边，希望能挤上去，却被赵婴齐的人用刀砍断手指。船内全是被砍断的手指。

赵同与赵括看见自己的兄弟赵婴齐撤退却不带上自己，把自己的部队全丢在黄河南岸，不禁怒火中烧，梁子就此结下，日后更是酿出了家庭血案！

赵旃一路狂奔，不幸的是车子突然坏了。这一坏不要紧，一个经典的恐怖片桥段来了。

晋军里的逢大夫和两个儿子驾车路过，赵旃呼喊逢大夫救自己。逢大夫知道赵旃是个煞星，躲都来不及，才不会去救他。于是逢大夫假装没看到赵旃，赶紧加速驱车逃跑，并告诉两个儿子千万别回头看。

没想到两个儿子好奇心作祟，回头一看，发现了后面的赵旃，立马告诉了父亲。赵旃也发现逢大夫的两个儿子看到了自己，连忙大喊救命。

逢大夫一看装不下去了，煞星赵旃已经缠身了，只能去救他了。可能是赵旃体重太重，带上他后战车跑不动，于是逢大夫把两个儿子放下来，指着旁边一棵大树说："我明天会来这里为你俩收尸。"随后，逢大夫带着赵旃驾车跑了。战争结束后，第二天逢大夫来到这棵树下，果然找到了战死的两个儿子。

还在酣战的楚庄王收到战报，得知溃不成军的晋军正在黄河边上自相残杀。他沉默了片刻，然后下令停止追击。既然胜负已分，就没有必要再打下去了。

楚军停止追击晋军，并且展现了君子美德。

晋军一些战车陷在坑里出不来，楚军将士并未对他们痛下杀手，而是对晋军进行快速救援，教他们抽调横木。但是车子还是出不来，楚军就教他们拔掉大旗、扔掉车轭，才把战车从坑底拉出来。

战车维修好后，晋军并没有对楚军表示感谢，反而讥讽地说："我们晋军的逃跑经验不如你们楚军啊。"

楚军笑笑，什么也没说，目送晋军驾车走了。

黄昏时分，残阳如血。楚军就地扎营，而黄河边上溃败的晋军仍在争抢着渡河，直到深夜，依然可以听到喧闹的声音。

邲之战结束的第二天，楚军正在打扫战场。潘党想拍楚庄王的马屁，彰显楚庄王的赫赫武功："大王，您为何不将晋军的尸体收集起来，筑造京观呢？有了京观便可震慑天下诸侯，同时也把战功展示给后世子孙，让他们不要忘记祖先的武功！"

所谓京观，就是春秋时的战争纪念碑，是把敌军尸体收集起来，盖土夯实，筑成一个形似金字塔的大土堆。

没想到，潘党拍马屁拍到马蹄上了。楚庄王虽然喜欢出风头，但也是一个务实的人。楚庄王当场给潘党来了一场德育教学，课题名称就是"止戈为武"。

楚庄王说："潘党，你告诉我，'武功'的'武'字是怎么组成的？"

潘党说："从文字构造上来说，'止''戈'两个字合起成了'武'字。"

楚庄王说："真正的武是要停止战争。武功就是要除暴安良，消灭战争，安定天下！如今两国战士暴尸荒野，没有收殓，这是不仁！夸耀武功，威胁诸侯，靠武力让他人屈服，那战争将会无休止地打下去。"

潘党简直不敢相信自己的耳朵。曾在殿堂上一旨斩杀上百人，将若敖族老少全部诛杀的楚庄王，竟然对自己讲，武功的终极目的就是为了和平。

“把两军战士尸体都收殓吧，然后我们在黄河边上祭祀他们。”楚庄王对潘党说道。

看来，楚庄王变了。他阅尽了人世间的尔虞我诈、战火硝烟，他知道，在暴力的摧残下，无论是高贵的君主还是低贱的平民，都会化作齑粉。楚庄王从小就厌倦了这些，可他作为楚王，为了自己和楚国，只能不择手段地生存下去。

虽然楚庄王不是完美的圣人，但是内心仍然认同道德的伟大，深知道德是乱世之中能把人与野兽区分开来的唯一标准。如果对手臣服了，就让他活下去。

不过，虽然筑造京观因为不人道就不做了，但是为楚人出口恶气还是有必要的。

打扫完战场后，楚庄王率军来到邲地附近的践土，那里是晋文公打完城濮之战举行践土之盟的地方。楚庄王要在这里洗刷城濮之战的耻辱。

三十五年前，晋文公曾在践土修建了周天子的行宫，用来率领诸侯朝觐天子，献上楚军俘虏。楚庄王来到践土时，行宫因为长期没有修缮，已经破败了。

楚庄王命令手下修建一座楚国先王的宫殿，他在要此举行凯旋仪式，祭告历代楚王在天之灵！

从此楚国霸权再次在中原大地上建立，楚庄王也成为名副其实的春秋霸主。

拾玖

赵氏神剧

《赵氏孤儿》

1755年，法国凡尔赛宫内的宫廷剧场正在上演一出叫《中国孤儿》的戏剧，编剧正是启蒙运动的代表人物伏尔泰。

国王路易十五与法国贵族们，被这出戏剧深深地吸引。观众们被剧中人物的侠义情怀所震撼，有的人还被感动得流下了眼泪。从此，戏剧《中国孤儿》一炮打响，成为西方戏剧舞台上经久不衰的演出剧目，也成为当时中国文化输出的成功案例。

伏尔泰没来过中国，当时能来中国的除了商人，就是传福音的传教士。伏尔泰创作的戏剧《中国孤儿》的蓝本，就是法国传教士带回去的中国经典戏剧《赵氏孤儿》。

戏剧《赵氏孤儿》的故事来源于《史记》，所以司马迁才是第一创作者。我们来看看《史记·赵世家》是怎么讲述《赵氏孤儿》故事的：

赵盾死后，他的儿子赵朔继承了赵氏族长的位子。晋景公看赵朔这小伙子才华横溢，一表人才，就把晋国的公主赵庄姬嫁给了他。

晋国朝中有个大奸臣叫屠岸贾，特别善于对国君阿谀奉承，晋灵公死的时候，他被赵盾贬职。赵盾死后，到了晋景公在位的第三年，屠岸贾再次被起用，担任司寇（国家最高法官）。

江山易改本性难移，大奸臣屠岸贾恨死了赵氏家族，天天都在筹划如何将老赵家彻底消灭掉。为了能将罪恶计划付诸实施，他使出老办法，对晋景公溜须拍马，把晋景公哄得很开心。获得晋景公的信任后，屠岸贾利用司寇的身份，向晋景公进行普法宣传。

屠岸贾："国君，当年赵盾弑杀灵公，这是滔天大罪，若不加以严惩，以后必有人效仿，国家迟早要出乱子的。"

晋景公："你说得很有道理。"

屠岸贾："灵公当时被弑杀，赵盾虽然不在现场，但他是叛乱的领袖。做臣子的弑杀国君，赵氏的家族子孙却还在朝中做官，定是一股黑恶势力。不能让罪犯一家逍遥法外，请国君诛杀赵氏！"

听完屠岸贾的普法教育，晋景公觉得必须对朝堂"扫黑除恶"，不能再让类似事件继续上演，必须以儆效尤："就依你所言，诛杀赵氏！"

韩厥听说屠岸贾奉国君之命要诛杀赵氏，立刻向好友赵朔告知此事。

赵朔听后却不肯逃跑，他认为君要臣死，臣不得不死。赵朔对韩厥说："有你在，我们赵家香火就不会断绝。所以我死而无憾！"

于是，韩厥听完，假装有病，足不出户。

很快，屠岸贾率领大军突袭赵家府邸下宫。族长赵朔和自己的三个叔叔赵括、赵同、赵婴齐全被杀死，赵氏惨遭灭族，封地被晋景公剥夺。屠岸贾对赵家毁灭性的打击，史称"下宫之难"。

当赵家被屠岸贾当作黑恶势力一网打尽时，有一条漏网之鱼逃了出来。这条鱼可不一般，她正是赵庄姬。此时赵庄姬身怀六甲，马上就要生了，她逃到弟弟晋景公的王宫内，躲藏了起来。

赵家虽灭，却有两个死党活在人间，一位是赵家的门客公孙杵臼，另一位是赵朔的朋友程婴。公孙杵臼受到赵家太多的恩惠，赵家遭此大难，他打算自杀殉葬。

公孙杵臼找到了程婴，劈头盖脸就问："你怎么还不死啊？我打算马上自杀，为赵氏殉葬！"

换一般人被这样问，肯定要暴跳如雷，程婴却没有生气。这并不是因为他涵养高，而是他知道赵庄姬即将临盆的好消息。

程婴说："赵朔的妻子即将生产，如果生下来是男孩，那我就好好奉养这孩子。如果生的是女孩，赵家断了香火，那我就去死！"

过了没多久，赵庄姬果然生了一个大胖小子，这小孩取名叫赵武。

屠岸贾听说赵庄姬在宫内生了个男孩，为了斩草除根，亲自率兵闯入宫中，搜查男婴。

赵庄姬把儿子放在裙子里，并对孩子说："如果赵家要绝嗣，那就让孩子大声哭吧；如果赵家能躲过一劫，你就不要哭。"当士兵搜查时，孩子真的没哭。

听说此事的程婴却急了，他找到公孙杵臼，商议以后怎么办："虽然屠岸贾这次没有搜查到，万一下次搜查到，怎么办？"

公孙杵臼说："扶立幼主和去死，哪件事简单？"

又是关于死亡的问题，这让程婴很无语。报答赵家有很多种方法，为啥老要死呢？看着眼前这位毅然决然的义士，程婴内心既赞叹，又无奈。赞叹的是，公孙杵臼就是顶天立地的义士；无奈的是，无论自己怎么回答，公孙杵臼都会选择以死报答赵家。

程婴最后回答："扶立幼主难，去死简单！"

公孙杵臼要的就是这句话，他说："赵家对你不薄，困难的事你去做吧。你去扶立幼主，让我去死。"说完他将自己的计划告诉了程婴，程婴同意了。

两人从别人手里买了一个婴儿，给这个婴儿包上贵族用的小被子，然后公孙杵臼抱着这个小婴儿躲进深山里。

而程婴假装是赵家的叛徒，向屠岸贾告密，声称只要屠岸贾给他千金，他就告诉屠岸贾赵氏孤儿藏在哪里。

屠岸贾付款后，程婴带着士兵进山找到公孙杵臼。公孙杵臼看到程婴带着屠岸贾的士兵来了，就开始表演。他大骂程婴是一个忘恩负义的人，而他宁愿自己死，也不愿让赵氏孤儿去死。士兵也不多废话，直接就杀了公孙杵臼与婴儿。

而真正的赵氏孤儿早已被程婴从宫里接了出来，程婴带着孩子隐居在深山里。

下宫之难结束后十五年，晋景公生病了，总是治不好，于是他就找人来占卜。占卜的结果显示："因为赵氏当年冤屈太重，只有复立赵氏，国君的病才能好。"

晋景公心想："可能是当年把赵氏灭族这件事做得太过分了，所以自己遭受了老天爷的诅咒。自己的治病良药是赵家人。"

这时韩厥说话了："赵氏还有一个孤儿在世，这个孩子叫赵武，正是您的姐姐所生！"

晋景公为了病情早日好转，要求马上复立赵氏，于是韩厥让程婴带着赵武进宫。

为了试探朝中大臣对复立赵氏的态度，有一次，群臣来探望晋景公病情时，晋景公故意让赵武出现，并对大家说，这是赵氏的子孙。

群臣看到赵武，对国君的意思立马心领神会，集体表示赞成赵氏复立。

在赵武拜谢群臣后，朝堂上的大臣们就带着赵武去屠岸贾家复仇。

到了赵武二十岁的时候，晋景公为他举行了加冠礼。这时，程婴来了。他不是向赵武表示祝贺的，而是来道别的："当年赵氏惨遭灭族，我的好友赵朔被杀。为了救你，公孙杵臼也牺牲了，如今只剩我一个人苟活在人间。现在你已成人，我的使命完成了，是我去黄泉与他们见面的时候了。"

无论赵武如何苦劝，程婴依旧要赴死。

年轻的赵武内心无比悲痛，程婴与他虽然没有任何血缘关系，但是程婴却如父如母地抚养着他，看着世界上最亲的人要离自己而去，赵武发出了哀号。

任何人都阻止不了一心赴死的人。程婴自杀后，赵武为他守孝三年。

《史记》里的故事讲完了，"赵氏孤儿"的故事却并未就此结束。程婴和公孙杵臼取义成仁的壮举，成为后世道德的楷模。很多伟大的人物在死后都会被追授一些响亮的名号，而程婴和公孙杵臼一直到一千六百年后的宋朝又被追封。

宋朝皇室姓赵，因此自认为是赵氏孤儿的后人。宋朝皇帝对于老祖宗的两位恩人，那是大封特封，分别封程婴为忠节成信侯，封公孙杵臼为通勇忠智侯。后来宋朝皇帝觉得封侯还是太低了，直接封公，并且名字又长又霸气，封程婴为忠翼强济孚佑广利公，封公孙杵臼为忠果英略孚应博济公。如果程婴和公孙杵臼姓赵的话，没准宋朝皇帝直接给他俩封王了。在宋朝，程婴和公孙杵臼成为感动大宋的著名人物，上至朝廷大员，下到黎民百姓，都把他俩当作学习榜样。

到了元代，由于戏剧行业发达，《赵氏孤儿》这么好的素材肯定要继续改编。编剧在改编悲剧情节时，总喜欢把主人公往死里虐，让他越惨越好，这样剧情才更好看。编剧把程婴买来的婴儿改成程婴自己的儿子，让他为了救赵氏孤儿，亲自献出自己的儿子，并眼睁睁地看着儿子被杀死！

通过元代文艺工作者的改编，《赵氏孤儿》登上了中国古代文艺的巅峰，成为中国四大悲剧之一。

讲完《赵氏孤儿》这一经典文学作品，笔者想对大家说的是：一个历史故事，剧情越是跌宕起伏，人物越是鲜活饱满，那它虚假的可能性就越高。

所以，《赵氏孤儿》不是一个真实的历史故事，而只是一部“神剧”，大部分内容都是虚构的。

现实世界都是讲逻辑的，有因才有果，而“神剧”里只讲戏剧性。我们在这里做个简单的推敲。

神奇之处一：赵朔托孤给韩厥

韩厥告诉赵朔，屠岸贾要杀赵家。赵朔对韩厥说，有你在赵家香火就不会断绝。

神奇之处来了，春秋时可没有B超，赵朔怎么知道老婆生的就是儿子呢？万一生的是女儿呢？

神奇之处二：屠岸贾搜查王宫

赵庄姬躲入宫内，那是得到了晋景公的庇护，毕竟她是国君的亲人。屠岸贾竟然敢带兵入宫搜查，这是拿晋景公当空气啊？

晋景公在晋国历史上好歹也是有作为的国君，这样一个国君是不可能让一个臣子在自己的地盘上随意撒野的。

神奇之处三：韩厥得知赵家有后

晋景公生病，占卜结果说要复立赵家病才能好，韩厥立马就说赵家有后。

而下宫之难后，程婴躲了起来，生怕别人知道赵家还有后人。韩厥是怎么知道赵氏孤儿的存在，还能准确找到程婴的呢？

这些问题不是不能解答，但是当一条史料有如此多疑点时，它的可信度是很成问题的。

其实，《赵氏孤儿》就是被人编出来的“神剧”。

左丘明就是因为拿到赵国的史料，被严重忽悠，把赵国老祖宗奸雄赵盾描写成大忠臣，把晋灵公描写成荒淫无道的昏君。

忽悠只要一开始就不会结束，战国中前期的左丘明就这样被忽悠了。等战国结束，完整的赵国史料迷惑性更强，接着中招的就是“史圣”司马迁。

司马迁写《史记》的时候，也需要参考资料。他担任汉武帝时期的太史令，手里掌握着全国最全的文献资料。

司马迁写的《史记》主要有三大块内容，分别是讲述帝王的《本纪》，叙述王侯的《世家》和描写名人的《列传》。而《世家》里，《赵世家》是所有《世家》里文字量最多的。

司马迁在写《赵世家》的时候，一定用了赵国的史料。由于赵国遗留的史料最丰富，所以在《史记》里呈现得最翔实，而娱乐性也最高。

民国学者李景星先生对《史记·赵世家》有过精辟的概述：“通篇如长江大河，一波未平，一波复起。令览之者应接不暇，故不觉其长，用笔节节变化，有移步换形之妙。”

可见，赵国史官编写赵国史料是极其用心的，然而越是费尽心力去编写的史料，就越容易反映出史官背后赵国王室的心虚。这不仅是因为他们祖上杀过国君，更重要的是，让赵家灭族的下宫之难爆发的真正原因是赵家内部的性丑闻。

要不是赵武是个不世出的人才，赵家也不可能东山再起，更不可能在后来瓜分晋国。

家族性丑闻

现在让我们来看看历史的真相到底是什么。

在这里，我们不需要抽丝剥茧，因为《左传》明明白白写着来龙去脉，如果给这个真实的故事取个名字的话，就叫“赵氏性丑闻”。

不过，这场看似由性丑闻引发的灭族，其实是晋景公蓄谋已久的灭赵计划。

为了鼓励大夫不断进取，更好地争霸天下，公元前588年，晋景公将国内三军扩建为六军，打破了周天子给诸侯划定的军队编制。

虽然东迁洛邑后周王室一年不如一年，但是各个大国均未突破周天子定下的军队编制，直到晋景公扩建六军（周天子划定的军队编制为天子六军、大国三军、次国二军、小国一军）、任命十二卿，俨然把自己当作天子了，做出要号令天下的姿态。

中军将　郤克	中军佐　荀首（荀林父的弟弟）
上军将　荀庚（荀林父的儿子）	上军佐　范燮（原名士燮）
下军将　栾书	下军佐　赵同
新中军将　韩厥	新中军佐　赵括
新上军将　士朔	新上军佐　韩穿
新下军将　荀骓（荀林父的弟弟）	新下军佐　赵旃

然而有人的地方就有江湖，内部也会有矛盾。这十二卿的任职名单里，藏着晋景公的小心思。

晋景公想打击赵、郤、栾组成的三家帮。其中，赵氏在国内实力雄厚，关系盘根错节，晋景公不敢轻易得罪赵氏，于是在十二卿里给了赵氏三个指标。而对于相对较弱的郤、栾两家，晋景公就打起了他们的主意。郤氏虽然有郤克担任中军将，但是也只有他一人入选十二卿，栾氏同样只有栾书一人入选。所以三家帮总共只有五个人的指标。

剩下的七个指标，被士氏和荀氏占了五个，这两家虽然势力没有赵、郤、栾三家大，但是晋景公着重提拔士、荀两家，目的就是借力打力，压制三家帮。

韩氏有两人入选十二卿。韩氏与赵氏关系很暧昧，但是韩氏善于见风使舵，风刮向哪边，他们就倒向哪边。形势不明朗的情况下，韩氏也是不敢公开支持赵氏的。

当晋景公期望士、荀两家处处给三家帮使坏时，却突然发现栾书竟然是三家帮里的异类。确切地说，栾书是一个忠君分子。

栾书虽然出身栾氏，但是心向国君，极其痛恨不尊重国君的人，坚决要与郤氏、栾氏划清界限。与其外部攻破，不如内部瓦解，于是晋景公就让栾书在三家帮内部斗争。

公元前587年，发生了一件令晋景公大喜的事，这就是是赵家内部爆出了通奸丑闻。通奸这种性丑闻，对于普通人来说顶多算是道德问题，但是对于政治人物来说，这就是会引发政治地震的丑闻。

赵家性丑闻，是叔叔赵婴齐与侄媳妇赵庄姬发生了奸情。

赵庄姬是赵朔的妻子。赵朔是个短命鬼，在邲之战后没多久就死了，不过死之前已经与赵庄姬生下赵武。历史上，赵武真正的出生时间要早于下宫之难。

赵庄姬在赵朔死后就搬到弟弟晋景公的王宫里住，那是相当孤独寂寞，只能和儿子赵武相依为命。寡妇门前是非多，就在这对孤儿寡母孤独寂寞的时候，叔叔赵婴齐经常跑到宫里给赵庄姬送温暖。一来二去，赵庄姬与赵婴齐就悄悄好上了。

天下没有不透风的墙，宫内人多口杂，奸情迅速传了出去。晋景公可乐坏了，虽然女主角是他姐姐，但只要是能抹黑赵家的机会，他绝不会轻易放过。晋景公让栾书赶紧在全国宣传，栾书化身大喇叭，很快就让赵家性丑闻成为晋国头条新闻，成为晋国百姓茶余饭后的消遣谈资。

赵婴齐不光被外人消遣，赵家内部也要拿他开刀，主刀人正是赵婴齐的亲兄弟赵同与赵括。

这两个人其实早就想动手了。邲之战的时候，赵婴齐提前在黄河岸边准备好逃跑用的渡船，结果竟然不告诉赵同与赵括。要不是楚庄王手下留情，赵同与赵括早就殉国了。

赵同与赵括决定将赵婴齐逐出家门。赵婴齐哀求这两位兄弟，说只要他没被赶走就说明赵家团结，否则栾书就会乘虚而入。但是赵同与赵括不听，赵婴齐被迫流亡齐国。

赵庄姬看到自己的情人被赶走后非常愤怒，但是她隐忍了下来，暗中寻找报仇的机会。

公元前585年，晋景公做出了一个天大的决定——迁都！

对于君王来说，迁都就是搬家。原来的都城住得好好的，忽然要搬家换房子，一般都是为了改善现有的居住环境。晋景公住的地方绛都是老祖宗晋武公建的祖宅，可是从晋武公后，绛都不断上演骨肉相残、弑君夺权的命案，搞得祖宅变成了凶宅。

凶宅待久了，会使人感觉不精神，容易半夜做噩梦。更可怕的是，晋景公的邻居个个都不是善茬儿。很多大贵族在绛都里都有自己的府邸，如果他们想造反，在绛都的府邸就是他们的进攻基地。

为了自己的人身安全，晋景公决定搬家到新田，新田因此又被称为新绛。

摆脱大贵族的束缚后，晋景公在新绛看着自己独门独院的新家，内心充满了喜悦。他要拿赵氏开刀，作为贺自己乔迁之喜的礼物。

公元前583年的周历六月，赵庄姬向晋景公实名举报："赵同、赵括要起兵造反。"

赵庄姬自从赵朔死后，一直住在宫里，怎么可能知道赵家要造反的事？分明就是诬告。但是晋景公作为一国之君，对这一实名举报，立马优先处理。晋景公把栾书和郤锜（郤克的儿子，郤氏的族长）叫来，询问处理意见："我姐姐向我实名举报赵同、赵括要起兵造反，你们俩怎么看？"

栾书心里明白，赵庄姬的举报是真是假根本不重要，重要的是国君要找个由头收拾赵家。国君招自己前来，就是让自己站队，看自己是站在国君这边，还是像祖先那样继续与赵家结盟。

"我也听闻赵氏有谋反的企图！"栾书斩钉截铁地说。

郤锜一听，这明显是要剿灭赵氏的节奏啊！他立马也向晋景公表示，听说赵氏有造反的企图。

于是晋景公派兵剿灭赵氏，大军浩浩荡荡杀向赵氏的府邸下宫。叱咤春秋时期四十余年的赵氏，瞬间灰飞烟灭。

赵氏虽然被灭，但是仍有两位幸免于难。

一位就是赵武，他母亲是晋景公的姐姐，他作为景公的外甥一直生活在宫里，从而平安躲过了下宫之难。

另一位是赵旃，赵旃的父亲就是曾亲手弑杀晋灵公的赵穿。赵旃是赵氏的小宗，和赵同、赵括大宗血缘关系不是很近。另外，赵旃一家的封地在邯郸，远离晋国政治核心。作为煞星的赵旃运气特别好，总能克死别人，自己却总是安然无恙，不受任何牵连。

就在下宫之难之后没多久，韩厥进宫求见晋景公。他虽然在下宫之难时保持中立，但是内心始终记得当年赵盾提拔他的恩情。韩厥此次入宫，就是请求晋景公复立赵氏。

韩厥说："赵氏虽然有罪，但是赵武没有。《周书》说不要欺负孤儿寡母，我请求复立赵氏！"

晋景公听完觉得也有道理，毕竟他要剿灭的只是不听话的赵氏大宗，而赵武是自己的外甥，又在自己身边抚养，自然感情深厚。

于是，晋景公复立赵氏，让小朋友赵武担任赵氏族长，并把赵氏的土地还给了他。赵氏虽然复立，但实力大不如前。邯郸的赵氏小宗嘴上不说，但心里始终不服，内部不和的种子也就此埋下。

根据《左传》记载，下宫之难发生的真正时间是公元前583年，即晋景公在位第十六年，而不是《史记》所说的晋景公在位第三年。下宫之难中被诛杀的也只有赵同与赵括，赵朔早就病死，赵婴齐也逃亡齐国，赵武则一直在晋景公身边养得好好的。

《左传》是战国中前期写的，里面写下宫之难的内容也比较符合历史事实。司马迁在《史记》里写下宫之难时，为什么偏偏选用充满了戏剧性的"赵氏孤儿"的故事呢？司马迁难道不知道所谓的"赵氏孤儿"是假的吗？

答案是，他知道这个故事是假的，仍然故意这么写。

司马迁的心思

中国人做事总喜欢讲"道"，写文章的时候讲究"文以载道"。因此，中国古代很多历史书籍，不光是记载历史，还承担着教育功能。对司马迁来说，如果写的文章没有教育意义，那还不如不写。

《史记》里经常出现“太史公曰”的一段话，就是司马迁要发表自己的看法，要评论主人公是好人还是坏人，做得正确与否，有什么教育意义。这和我们上思想品德课一样，老师讲完一个道德故事后，就会分析故事里的主人公具有什么优秀品德值得大家学习。

司马迁在写《史记》的时候，就像是把它当作德育教材来写。现在学校用的教材，都是根据教育部的课程标准编写的，而司马迁编写《史记》时也是有标准的，标准的制定人就是孔子。

司马迁是西汉大儒董仲舒的弟子，儒家的优秀毕业生，他在编写《史记》时，选取史料的标准就是“考信于六艺，折中于夫子”，意思是以六艺作为判断历史真实性的依据，以孔子的言行作为判断是非的标准。

司马迁在写《史记》里的《赵世家》时，其实知晓《左传》虽然存在一些记载的错误，但是对于下宫之难的记载还是具有较高的准确性。但是他在版本的选取上，仍然放弃了可信度较高的《左传》版本，而选择了曲折离奇的赵国史料版本。因为赵国史料版本里面的人物有血有肉，爱憎分明，完全够得上儒家核心价值观里的“仁义”二字。

换作你是司马迁，手里有两个版本的故事，一个版本尽是通奸、权谋、争权夺利，另一个版本满是积极向上、舍生取义的人物，为了传播正能量，你肯定也会选择后者。

故事虽然可能是假的，但是劝人向善，总归是好的。

讲到这里，《赵氏孤儿》的故事该结束了，但笔者还想提一下整个故事里最可怜的人——屠岸贾。

《赵氏孤儿》虽然是个虚构的故事，但是也有人物原型的，故事里的屠岸贾是真实存在的。屠岸贾是一个平民出身的官员，始终是晋景公用来打击大贵族的工具，用完又随手就扔了。屠岸贾的角色设定，完全符合真实历史上国君利用平民官员的惯用手法。

我们怎么知道屠岸贾是平民出身呢？因为“屠岸贾”压根不是他的真名，而只是一个称呼，他其实是一个连姓氏名字都没留下的人。“屠岸”是指专门宰杀牲畜的人，“贾”是指卑微的小吏。“屠岸贾”的意思是，这个人原本是个屠夫，后来到政府当了一个小吏。

就是这么一个不起眼的人，被晋景公看中，一路平步青云当上了司寇一职。幸运吗？

不幸运。

屠岸贾在国君眼中只是一个打击贵族的工具而已，因为他在晋国朝堂无门无派，要在众多贵族的夹缝中求生存，唯一可以依靠的就是国君。所以屠岸贾这种人，只会对国君无比忠诚。

当晋景公打击赵氏时，一定是屠岸贾充当马前卒，替晋景公干杀人的脏活。而他替晋景公干的脏活越多，就越遭人恨。当哪天国君觉得屠岸贾没有用处时，也预示着他的死期到了。

《赵氏孤儿》故事的结尾，一群贵族把屠岸贾全家杀光，很有可能是真实发生的。贵族们实在太恨一个平民出身的人进入朝堂，太害怕自己手中的权力被平民夺走了。

难道屠岸贾不知道这样很危险吗？也许他知道，但是平民出身的他终究舍不得那一生的荣华富贵。

春秋是贵族社会，想进入国家政权体系里当官，最低也得是个士，平民几乎没有上升的通道。屠岸贾在春秋时代算是平民里的励志人物，他非常珍惜来之不易的幸福生活，他知道国君拿他当工具使，但是他认了。都说富贵如浮云，但是平凡落魄却是一辈子的事。一个人没有获得过功名利禄，何谈“放下”二字。

权倾朝野四十年的赵氏家族被搞定之后，世家大族在晋景公面前都吓得瑟瑟发抖。国内太平后，晋景公收回手中的权力，将六军十二卿改为四军八卿，同时将目光转向南方的楚国。他不想再与楚国死缠烂打，而是想走和平路线。

贰拾

终结一切战争的大会

音乐外交

公元前582年秋天。晋景公视察军用仓库，看见一个头戴南方帽子的囚犯。晋景公很好奇地问官吏，这个囚犯是什么人。

官吏回答道："他叫钟仪，是之前打仗俘虏的楚国人。"

晋景公让官吏把钟仪放了出来，问他："你在楚国是什么职务？"

钟仪回答道："乐官。"

晋景公觉得挺有意思，一般打仗俘虏来的都是贵族，第一次俘虏了个音乐家。

当时的贵族都是乐迷，从小接受的都是素质教育，要学习礼乐射御书数六门课，德智体美劳全面发展，每个人都能弹上几首曲子。晋景公就是个音乐艺术爱好者，眼见身边竟然有楚国的乐官，立马想听他弹奏。

难得有一次与大师零距离接触的机会，晋景公赶紧让人送来一把琴，让钟仪弹奏。钟仪弹奏的是景公从未听过的楚国曲子，晋景公听完后大加赞赏："不愧是楚国音乐家，弹的曲子真是天籁之音。"

聊着聊着，两人熟了起来。

晋景公问钟仪："你们楚王是一个什么样的人？"

此时的楚国国君是楚共王熊审，他的父亲正是叱咤风云的楚庄王。而楚共王和他老爹完全是两个风格，如果把楚庄王比作凶猛的老虎，那楚共王就是温柔的兔子。

曾在楚庄王手下干活的楚国大臣每天担惊受怕，就像坐过山车一样惊险刺激。在楚庄王手下，干得好有丰厚的奖励，要是干得不好，楚庄王说翻脸就翻脸。而楚共王上台后，仁慈宽厚的处事风格让大臣们如沐春风。

钟仪如实对晋景公说："我们楚王是一个仁善的君主，他当太子的时候每天都向老师请教学习。"

晋景公听完，觉得现在的楚共王不是一个凶狠好斗的人。晋、楚两国死缠烂打太久了，都打累了，不想打了。两大国与其再打，还不如把各自势力范围划分一下，大家井水不犯河水，共享天下太平。

有了和平的想法，晋景公找来范燮商量。

范燮听完晋景公的想法，觉得两国确实没有必要再打下去。于是范燮建议晋景公对钟仪好酒好肉伺候着，然后把他放回楚国，向楚共王传达求和的愿望。

钟仪被放回去后，到了周历十二月，楚国派出大使来到了晋国，愿意与晋国和谈并举行结盟仪式。

晋国上下都不敢相信，曾经与自己不共戴天的楚国，现在不仅要来和谈，还要和自己摒弃前嫌结盟，难道世界真的要太平了吗？

晋景公内心十分高兴，虽然自己论实力算不上天下霸主，跟老祖宗晋文公不在一个级别，但是如果能促成晋、楚结盟，那也是名垂史册啊！

为了和平，为了名垂史册，第二年一开春，晋景公就派出大使去楚国商谈具体的和谈细节。

眼瞅着音乐外交大获成功，马上就要天下太平了，突然峰回路转，和平进程就此中断，全因晋景公上了一趟厕所。

晋景公得了病，而且越病越重。他想吃新麦子，但他在进食前感到肚子发胀，便去上厕所，结果这一去把老命送了。

晋景公在蹲坑的时候，可能是因为病魔缠身，没有站稳，掉粪坑里了。

外面的宦官等了好长时间也没见国君出来，他原本推测估计国君便秘了，要多花一些时间。可是过了很久，里面还是什么动静都没有，宦官觉得不对劲了。他赶紧冲进去，最终在粪坑里找到了晋景公。宦官赶紧把晋景公从粪坑里背了出来，可惜晋景公早就死了。宦官作为国君掉粪坑的第一责任人，被抓去给晋景公殉葬了。

如果当时有马桶的话，晋景公没准还能多活一段时间，晋、楚和谈就会顺利进行下去。

一次偶然的音乐外交开启了和平大门；一次蹲坑差点关上了和平大门。就在此时，出现了一个宋国人，凭一己之力阻止了和平大门关闭。

第一次弭兵大会

公元前580年，晋景公死后，他的儿子姬州蒲继位，史称晋厉公。看到“厉”这个恶谥我们就清楚了，按照晋国历史的套路，他肯定又是一位非正常死亡的国君。

晋国从曲沃小宗干掉大宗，晋武公夺取晋国国君之位后，就一直奉行国无公族的政策。这个政策就像大自然里残酷的生存法则，讲究优胜劣汰，弱肉强食。在残酷的家族内部竞争中，晋国王室内的不良基因都被剔除，只留下了优秀基因。

所以，从晋武公以后，晋国国君很少有怠政的，个个都不甘平庸，想执掌大权，争霸天下。

这其中，有的人虽然失败了，死后被加以恶谥，遭到胜者的诬蔑，但是人家至少是努力过的，晋厉公就是这样悲情的君主。他拳打秦国，脚踩楚国，离天下霸主只差一步之遥，可惜后来祸起萧墙，葬送了自己的大好前程。

晋厉公上台时，父亲晋景公给他留下了大好的政治局面。赵氏被灭后，卿族们顿时老实本分起来，对国君坚决拥护。南方的死敌楚国也暂时消停了，没有在中原与晋国为敌。

晋厉公有一颗争霸天下的雄心。从晋文公之后，晋国就失去了天下霸主之位，晋、楚两国争霸天下时，晋国总感觉力不从心，有后顾之忧。让晋国分神的后顾之忧正是西边的秦国。

原本秦国和晋国的关系如胶似漆，晋国一直对秦国说想要和秦国一起红尘做伴，共享人世繁华。结果崤之战，晋国把秦国坑得老本都赔光了。

秦国不是齐国，齐国被晋国在鞍之战中打败后，就臣服于晋国，而秦国人有仇必报。在崤之战后，晋国虽然多次击败秦国，但是秦国就是不服输，一旦恢复元气，就去骚扰晋国。

由于秦国就在晋国家门口，相对于遥远的楚国，秦国才是晋国的心腹大患。

就在晋厉公继位这一年的冬天，一位宋国的大夫来到晋国，带来了千载难逢的打击秦国的好机遇。

这位宋国大夫叫华元，他八面玲珑，跟谁的关系都处得好。华元有两个铁哥们，一位是楚国现任令尹子重，另一位是晋国现任中军将栾书。

华元作为一名宋国人，看着自己的国家夹在晋、楚两个大国之间，如同风箱里的老鼠两头受气，心里十分忧虑。他听说之前晋、楚有媾和的想法，但因为晋景公意外去世，就不了了之了。为了自己的祖国不再遭受战火，也为了天下百姓不再流离失所，华元自告奋勇充当了晋、楚媾和的中间人。

华元先去了楚国，希望通过子重向楚共王沟通晋、楚和谈。楚国君臣爽快答应了，并委托华元作为楚国和谈代表，前往晋国议和。

华元来到晋国后，通过栾书引见，见到了晋厉公。晋厉公非常诧异，要知道从邲之战后，天下的战略态势一直是楚攻晋守。万万没想到，如今楚国竟然主动媾和。

晋厉公正好想收拾秦国，但是碍于秦楚联盟，一直不敢有大的举动。既然楚国主动上门求和，那就答应与楚国媾和，再收拾秦国。

深感自己聪明的晋厉公爽快地答应了媾和，表示第二年举行两国首次会盟。

晋厉公的父亲晋景公是真的渴望和平，而晋厉公只是利用暂时的和平机会打击秦国。现在最吃惊的就是华元，他作为一个小国的大夫，竟然凭一己之力，就让天下两大巨人坐在一起和谈了。

公元前579年，周历夏五月，晋国代表范燮与楚国代表公子罢、许偃在宋国西门正式举行会谈。双方代表在诚挚友好的气氛中，就双边关系和共同关心的天下与地区问题，深入交换了意见，达成了广泛共识。

晋、楚两国代表对在宋国逗留期间所受到的热烈欢迎和盛情款待深表谢意，并对宋国华元大夫推动天下和平所做出的努力表示崇高的敬意。

会谈最后，双方签署了中国历史上第一份“和平协议”。

协议内容如下：

1.晋、楚两国再也不掐架了。

2.谁要敢欺负咱们其中一个，咱们一起收拾他。

3.以后两国要经常派使者串门，有什么事一起坐下来好好商量。

4.谁要是违反约定，天打五雷轰。

这次和平会盟，史称“第一次弭兵大会”，“弭兵”的意思是平息战争。

弭兵大会召开，天下就此和平了？

做梦吧！

弭兵大会召开后，天下仅仅和平了一年。第二年，晋厉公就主动挑起战争，攻打秦国，爆发了著名的麻隧之战。

晋国和谈是为了腾出手打心腹大患秦国，而楚国主动要求和谈，是因为它的东南也突然出现心腹大患，这就是吴国。吴国在东南如日中天，誓要与楚国争夺南天一霸的角色。楚国必须尽快解决与晋国的争端，调转枪头制服吴国。

和平并不彻底。

不确定的博弈

公元前546年的早春，宋国大夫向戌站在宋都睢阳的城楼上望着城外的农田。一年之计在于春，农民们在农田上辛勤地忙碌着，都想借着肥沃的土地多种些粮食。睢阳城外的农田异常肥沃，因为农田下埋着数不尽的死人。

春秋时代以来，宋都睢阳历经了无数次战火，数不清的敌国曾兵临城下。每次大战爆发，来时都是人海，去时都是血海。战死在睢阳城下的人，都成为无名的孤魂野鬼，尸体就地掩埋。经过上百年的积累，成千上万的尸骸化作营养充分的有机肥，滋养着睢阳城外的农田。

向戌不禁感慨，乱世之中人如蝼蚁，命如草芥。宋国贵为公爵级国家，却是大国争夺的鱼肉。不过这两年中原暂时太平了一些，小国们得到了难得的喘息机会。

此时向戌萌生了一个大胆的想法：不如趁现在天下局势稳定，自己当一个和平使者，让全天下的国家聚在一起，再开一次弭兵大会。

第二天，向戌在宋国朝会上把自己的想法说了出来，结果所有人都觉得他疯了。三十年前，宋国华元大夫凭一己之力，促成了一场举世瞩目的弭兵大会，竟然让曾经不共戴天的晋、楚两国坐下来握手言和。然而，和平仅维系了一年，晋、楚两国就又打得跟血葫芦一样。

就在所有大夫都觉得向戌异想天开时，坐在宝座上的宋平公发话了："你不妨去试试吧。"

"有一点请你记住，这是你的个人行为，与宋国无关。"宋平公补充道。

在宋平公看来，向戌的成功率几乎为零，但即使他失败了，对于宋国来说也没有什么损失。万一向戌成功了，宋国就可以永享太平，何乐而不为?

小国的可怜之处在于做事不得不小心谨慎，生怕一个不经意的举动得罪了大国，从而遭到灭顶之灾。

向戌也能理解宋平公内心的无奈，为了宋国的社稷与百姓，他选择了独自承担风险。

"请国君放心，这是我的个人行为。"向戌严肃地答道。

俗话说，弱国无外交，但是向戌不信这个邪。他不但要为国家争取独立自主，更要主导天下风云，开一场终结一切战争的大会。

所谓英雄，就是在胜算很小的博弈中胜出的人物。

要想博弈取胜，天时、地利、人和三要素缺一不可。向戌敢于博弈的底气，就是因为他发现上天赐给自己的时运无比地好。

晋、楚两个超级大国是天下动荡的根源，而此时这两个国家因为各种原因，都想和谈。只要将他俩拉到谈判桌前，那就成功了一半。

向戌拥有全天下最强大的人脉资源。他和第一次弭兵大会的倡导者华元大夫一样，是一个八面玲珑、左右逢源的交际高手。他有两个铁哥们儿，一位是晋国的赵武，另一位是楚国的屈建。这两位都混到了国家二把手，赵武担任晋国中军将，屈建担任楚国令尹。

向戌立即前往晋国。他认为只要能搞定赵武，就能搞定晋国。

赵武真是一员福将，刚继任中军将就双喜临门：晋国两大敌人都主动上门求和。

自从崤之战后，秦国与晋国彻底翻脸，战争成为两国唯一的交流方式。晋国虽然无数次将秦国击败，但执拗的秦国人只要一缓过劲儿，就不停地向晋国进行军事骚扰。

作为秦国历史上第一个鸽派君主，秦景公已经厌倦了世代厮杀。他主张祖先的仇恨不要干扰这一代人的幸福，为了秦国能沐浴和平的曙光，秦景公主动放下秦人的高傲，派出自己的亲弟弟向晋国寻求和平。

面对秦景公的和平特使，晋国表现出了高度重视。

特使来的当天，赵武的副手叔向专门去找精通外交礼节的子员前来接待。然而，秦晋首次和谈这么具有重要历史意义的事情，总有人想蹭热度，这个人就是子朱。

子朱对叔向三次请求由自己来接待秦使，可叔向就是不理他。子朱愤怒了，他朝叔向怒吼道："我也懂外交礼节，为什么不让我来接待？"

叔向呵斥道："秦、晋两国常年兵戎相见。感谢上天，现在两国终于可以坐下来和谈了。如果谈不成，我晋国三军将士又会有无数人战死沙场。子员是一个经验丰富的外交工作者，让他来处理接待秦使的工作，我放心。你外交经验不足，做事不靠谱，我才不敢用你。"

叔向的话说完，周边的大夫觉得非常有道理，于是一起把子朱拖走了。

很快秦晋达成了和平协议，三家分晋之前，秦晋再未发生大战。

而新一任齐国国君齐景公也主动向晋国臣服，心甘情愿扮演千年老二的角色。

赵武作为晋国朝堂中少有的鸽派，儿时经历过家族被屠戮的下宫之难，经历了太多血雨腥风的他深深地体会到生命的可贵。

赵武深知国内六大氏族处于均势，大权在握的六族已经失去了对外征战的渴望，不如还天下百姓一个太平，给子孙后代留下好的基业。

向戌到达晋国后，直接求见赵武，对他说要举行一场弭兵大会，让天下诸侯罢兵言和，以后再也不打仗。赵武二话不说，立马表示同意。

眼见晋国竟然如此爽快，向戌立即启程去了楚国，求见令尹屈建。

“晋国中军将赵武说了，愿意与楚国弭兵！”向戌对屈建说道。

屈建听完差点没哭出来，高兴地说道：“太好啦，天佑楚国啊！”

对楚国来说，晋楚弭兵也可以算苦尽甘来了，因为东南的吴国已经打得楚国快招架不住了。

吴国多次出击楚国，打得楚国连还手的机会都没有。屈建的两位前任令尹子重、子囊因与吴国交战惨败，丧师丧地，都得抑郁症死了，导致最后楚康王不得不起用一位老爷子——养由基。

此时养老爷子一大把年纪了，但是无将可用的楚王也只能拜养由基为宫厩尹，作为楚国与吴国交战的前线最高指挥官。到达职场顶峰的养老爷子并没有享受到功名利禄，因为吴军实在太难对付了。每一次对吴作战，都是在消耗他的元气。

终于在一次战斗中，养由基的战车被吴军困住了。如果放在过去，他肯定能将所见敌军一个个射于马下。但现在年老的他已经拉不动弓、驾不动车了。

自知难逃一死的养由基用尽最后的力气，站在战车上挺起胸膛，威风凛凛地迎接死亡。只见吴军朝养由基射出一阵箭雨，养老爷子瞬间被暴雨般的箭矢吞没了。

“神将”养由基死后，楚国人彻底明白了一个道理：曾经在中原晃荡了一百多年的楚国认错了敌人，楚国真正的克星不是晋国，而是东南的吴国。

两个超级大国愿意和谈，再把齐秦两国搞定，剩下的小国就会跟着大哥一起来。

向戌又先后去了齐国与秦国，这两个国家表示他们也早就不想打了。可是去开会就要争盟主，虽然齐、秦只是二流大国，但是大国威仪还是要有，不能屈居他国之下，所以两国就不去和平大会了。要争盟主，就让晋、楚两国争吧，如果大会谈成了天下弭兵的协议，两国也自然会遵守。

向戌简直不敢相信，自己作为一个小国的大夫，竟然真的让鏖战上百年的大国走到了谈判桌前，运气真是好到爆！

可是，和谈未必真的那么简单。

第二次弭兵大会

一场旨在终结一切战争的大会即将举行，史称第二次弭兵大会。

这是天下所有诸侯翘首以盼的大会。从周平王东迁洛邑后，王室衰微，诸侯并起，每个人都在战乱中出生，又在战乱中死去，没有人享受过长久的和平。

大家都想：去它的战争，活着才是真理！

大会的地点选在宋都睢阳的西门，和第一次弭兵大会的地点一样。这个地点远离晋、楚两国势力范围，让宋国占有地利优势，而且睢阳交通方便，到晋、楚两国的距离也相同。

此次弭兵大会，天时、地利都有了，就差人和了，可是这人和差得不是一星半点。各国上报的参会人员名单让向戌大失所望。天下诸侯说是对此次和平大会极其重视，几乎全都参与了，可为了安全起见，来参加和谈的都是国家的二把手，国君一个都没有来。

向戌很无奈，原本想让每个国家的国君一起出席会议，大家相逢一笑泯恩仇，从此就是一家人。但他也知道，一个火星子，就能让会场变成屠宰场。说句实在话，也不能怪诸侯。

周历五月二十七日，向戌听说晋国谈判团到达宋国，早早在都城的西门外迎接。

当他看到所谓的晋国谈判团时，眼珠子差点掉下来。队伍领头的是赵武，叔向是他的副手，他俩身后跟着一眼望不到头的晋国大军。

“这是来打仗的，还是来谈判的？”向戌心想。

“大夫，我看出了你的心思，你别误会，我们真的是来谈判的。沿途治安不好，这些军人是来保护我们谈判团的安全的！”赵武满脸笑容地说道。

晋国第一个到达会场，就像布置会场的主持人一样。

随后一群小诸侯也来了，他们本着“行走江湖，安全第一”的宗旨，每个人都带着大队人马前来。

周历六月十六日，楚国令尹屈建与副手公子黑肱率领楚国大军抵达会议现场。

楚国抵达会议现场后，气氛异常紧张。楚国带着自己的小弟，驻扎在宋都西门的南方；晋国带着自己的小弟，驻扎在宋都西门的北方。南北两大集团在宋都西门摆开阵势。晋、楚两国代表碍于面子，谁都不愿意迈出第一步。

向戌站在宋都城楼上看着城外的两拨大军剑拔弩张，他明白此次谈判必须要成功，否则城外又将是一片血海，搞不好还会连累城内百姓。

扮演传话筒的向戌在晋、楚两军大营内不停穿梭，希望拉近两大国的距离。

楚国令尹屈建对向戌说：“楚国渴望和平，可是没有了战争，臣服于我们的小弟心也就散了，到时候也不向我们朝贡了，我们大国的尊严将荡然无存！不如让我的附庸诸侯朝觐晋国，也让晋国的附庸诸侯朝觐我楚国，谁要是不听话，我们一起攻打它！”

向戌听完后，明白了楚国谈判的痛点与诉求：楚国害怕天下和平了，就没有人交保护费了，所以期望南北两大帮派合并到一起，两位大佬向全天下诸侯收保护费。

楚国的要求对于小国来说是有点过分。过去交保护费只用给一个大佬，现在却要交双份。但是能用钱办成的事儿都不是事儿，毕竟钱没了还可以再赚，打起仗来人死了就不好办了。

向戌到晋军大营向赵武传达了楚国的谈判条件，赵武听完觉得可行，但是又指出屈建的话里的大漏洞，那就是齐秦两个大国怎么处理。

齐国是北派里的二长老，秦国是南派的二长老。虽说两国实力是千年老二，但是一直也以大国自居。晋国可以让齐国朝贡自己，但是让齐国去朝贡楚国，齐国死都不会去。同样，秦国也是如此。

向戌又跑到楚营里，将条件里的漏洞告诉了屈建。

屈建一听，马上意识到这个漏洞的危害极大，处理不好就会酿成战争隐患。他不敢私自做主，火速派人回国请示楚康王。

楚康王立即做出批示：齐秦两国的朝贡问题先放一放，先让其他小国向晋、楚朝贡。

收到楚康王的重要批示，屈建终于长长地舒了一口气。双方大的分歧没有了，那就正式见面吧。

晋、楚之间的博弈初告段落。博弈的实质就是利益的重新分配，应该考虑双方的利益均衡。既然双方的利益都满足了，就可以谈细节了。

周历七月二日，晋楚双方谈判团正式会晤。双方在轻松友好的气氛中长时间沟通，坦诚交流，就晋楚关系及共同关心的势力划分、保护费收取等问题，全面深入地交换了意见，达成了广泛共识。

会议当晚，双方代表拟定弭兵协议，并约定三日后带着各自小弟举行弭兵大会，歃血为盟，共享天下太平。

周历七月五日，随着晋、楚、宋、郑、鲁、陈、卫、邾、蔡、曹、滕、许十二国代表步入会场，中国历史上第一场和平大会正式举行。

然而，原本应是喜气洋洋的和平大会，现场气氛却是杀气腾腾。

楚国代表抢先步入会场。他们高昂着头，迈着大步，穿着膨胀得像棉花糖一样的衣服，衣服里面还传来盔甲与兵器铿锵刺耳的撞击声。场外的楚国大军已经列好军阵，做好战斗准备。

对于大佬楚国来说，嘴上都好说，但真要做起事来，就得留一手，毕竟谁知道晋国会不会黑吃黑。

随后入场的赵武则被楚人蛮霸的作风所震惊，他对副手叔向说："楚国人会不会下黑手？当年楚成王就是在会盟时把宋襄公绑架的。"

叔向知道楚国的黑历史，但是他对赵武说："您放心，楚国这是想要和平，但又对我们不信任。他们骨子里仍怀有霸主妄想后遗症，才会做出这样的狂妄举动。即使楚人真是要火并，他们也会掂量自己的实力。会场外有我们晋国大军，不远处又是宋都睢阳，宋国人又是我们的盟友，打起仗来楚人占不到便宜！"

赵武听完才稍稍放宽了心。

弭兵大会按照标准的会盟流程有条不紊地进行，但是到了歃血为盟的环节，却出现了问题。关于谁先手执牛耳进行歃血的问题，赵武与屈建起了争执。

两个人都抓着牛耳不放手，因为按照会盟的惯例，只有会盟的领袖才能第一个歃血。虽说双方都想和平，可是一遇到要分先后的场合，可恶的霸主思维又显露出来。

赵武大喊："晋国第一个到达会场，我们又是天下霸主，没有谁能排在晋国前面！"

屈建毫不示弱，怒道："谁说你们是天下霸主，论实力楚国才是老大！"

就在两人在盟坛上争执的时候，坛下的楚国士兵脱掉外套，露出里面的铠甲，并且把宝剑从腰间抽出，做好了火并的准备。晋国随行的人员也跑出会场，准备调动晋军杀入。

一场大规模的火并即将爆发。

好在明白事理的叔向跑到赵武身边，一把拽回了争执的赵武。他对赵武说道："大局为重，让楚国先歃血！"

赵武立马冷静下来，意识到不能再闹下去了，于是主动让屈建歃血。屈建缓过神来，看见坛下都已经亮出兵器了，一身冷汗也"唰"地冒出来，知道自己玩大了。他赶紧拜谢赵武，随后手执牛耳，率先歃血。

在明争暗斗中，弭兵大会结束了。

会后，宋国款待了各国代表。大家胡吃海喝一通后，各回各家。

和平的奇迹真的发生了！

从公元前546年第二次弭兵大会结束，到公元前453年赵、魏、韩正式建国，近一百年的时间里，中原地区虽然偶尔有小战，但再也没有爆发过大战。

晋、楚两国的小弟同时对两位大佬进行朝贡，各国之间相互通婚，礼尚往来，中原一片和平景象。

这一切都要感谢向戌。虽然他只是一个大夫，但他凭一己之力，以坚忍不拔的精神，让仇杀上百年的晋、楚摒弃前嫌，化干戈为玉帛。

那些所谓的春秋霸主，为了一己之私利，将霸业建立在累累尸骨之上。而向戌所促成的弭兵大会，是为了宋国百姓的幸福，更为了天下百姓们的幸福，向戌才是真正对历史有推动作用的人。

天下和平了，不同的人开始了各自的追求，时代产生了裂变。没事做的国君开始大兴土木，修建自己的安乐宫，大权彻底旁落；精力充沛的大夫们，不断兼并土地，在自己的封地上进行精细化管理。各种先进的技术也运用在军事与生产上。

一个全新的世界开始慢慢浮现出来。

第二次弭兵大会召开时，鲁国一位叫孔丘的七岁小朋友，正在与母亲过着清贫的日子。

他们一家是落魄贵族，日子过得很艰苦，但是孔丘仍要感谢向戌。如果没有向戌召开弭兵大会，孔丘很可能在成年后被拉去充军。他虽然没有享受过荣华富贵，但是贵族当兵的义务免不了。按照之前隔三岔五的大战爆发频率，孔丘很可能在成为“圣人”前就为国捐躯了。

贰拾壹

圣人出

大儒常无父

公元前551年，鲁国昌平乡陬（zōu）邑的一户人家里，不到二十岁的女主人刚刚生下了一个孩子。

这家的男主人已经快七十岁了，他被人们称为“叔梁纥”。他姓子，氏孔，名纥，字叔梁，所以也可以称他为孔梁纥。看到子姓，就能猜到他祖上可能是从宋国来的，因为子姓是宋国的国姓。

叔梁纥祖上是宋国的司马，后来因宋国内乱就逃到了鲁国，从此在鲁国扎根。叔梁纥祖上虽然在鲁国没有大富大贵，但是混得也不差，世代在鲁国担任武将。到了叔梁纥这辈，他在战场上大显神威，屡立战功，官至陬邑宰，即陬邑的长官。

在叔梁纥与妻子颜徵在给自己爱情的结晶取名的时候，颜徵在起了主导作用。之前她在家门口的尼丘山祈祷生一个男孩，结果得偿所愿。现在怀里的孩子，头部中间低四边高，就很像尼丘山。颜徵在为了感谢尼丘山，把“尼丘”两个字拆开来，“丘”用作孩子名；等孩子成年取字时，“尼”用作孩子字。由于这个孩子排行老二，所以他的字是“仲尼”。因此，这个孩子姓子，氏孔，名丘，字仲尼。

孔丘三岁的时候，他的父亲叔梁纥去世了。

对于一个孩子来说，父亲死了是一件非常悲痛的事，却也是一种人生磨砺。这样的孩子，从小担当家庭重任，比一般孩子更加早熟，所以古人说：“大儒常无父。”

颜徵在带着孔丘来到鲁国首都曲阜，住进了城中阙里的陋巷中。阙里虽然是贫民窟，但它靠近鲁国宫城的阙门，是王公贵胄出入的地方，这就像住在北京的二环内，经常能看到国家重大仪式活动一样。

鲁国是周礼发明人周公旦的封国，但凡鲁国举行的仪式活动，都是严格按照周礼执行的。孔丘从小耳濡目染，周礼成为他生活中不可或缺的一部分。

在别人家小孩玩过家家的时候，孔丘小朋友也玩过家家，不过他没有扮新郎、扮大人，而是拿出家里的礼器，学着大人玩起祭祀活动。其实孔丘模仿的就是早期的“儒”，“儒”的本义就是术士，负责治丧、祭祀的宗教仪式。后来“儒”在孔子手上发扬光大，变成了一个著名学派。

孔丘自己也不会知道，他玩过家家的地方，以后将会有座供奉自己的大庙，就是大名鼎鼎的孔庙。

孔丘渐渐长大，八岁那年，颜徵在给他报名上了小学。虽然孔丘家里比较穷，但是上学的钱还是付得起的。

当时的学制只有小学、大学两个阶段，学校都是公办的，又被称为官学。可那时的公办学校不像现在的公办学校一样，所有人的孩子都能去上学。那时的公办学校只收贵族子弟，再不济也得有士的身份，所以都是名副其实的贵族学校。

当时，小学、大学的老师都是政府委任，带编制的，教学内容也和现在一样是分科的。现在分文科、理科，那时分文科、武科。文科学礼（周礼）、乐（音乐）、书（读书写字）、数（算数），武科学御（驾驶驷马战车）、射（弓箭射击），这六门课又被称为“六艺”。小学作为春秋时的基础教育，主要目的就是给贵族扫盲，所以主要教六艺里的书和数，让孩子能读、能写、会算。

孔丘的父亲虽不是当朝大夫，但也曾担任地方官，起码也是一个士，所以孔丘正好符合入学资格。

孔丘到十五岁的时候，已经完成了小学的学习，而且成绩优异，顺利地升入了大学。

后来，孔丘回顾自己的一生时，曾感叹“十有五而志于学”，因为大学的难度比小学的难度大幅提升，要学礼、乐、御、射了。

御、射两门课毕竟只是军事体育课，平时多加锻炼，就可以掌握了。而礼、乐这两门课可不简单，都是非常烧脑的。这两门课还有对应的四本教科书，分别是《诗》《书》《礼》《乐》。

这四本书又有一个尊称——“经”。经是真不好读，又拗口，又难懂。人的口音又会随时间改变，除了《诗》至今读起来朗朗上口，另外几本经书连古人也经常被搞得头大。但这四本经对于学霸孔丘来说是小意思。后来孔丘晚年在六艺之外还加了两本经进去，分别是《易》《春秋》。

孔丘上了大学后，就像鱼入大海一样欢畅。他如饥似渴地学习知识，但就在他进入大学的第二年，母亲颜徵在去世的噩耗传来了。

母亲是孔丘在世上唯一的亲人，失去母亲的孔丘受到了重大打击。而就在这一年，又发生了另一件大事——孔丘遇到了他人生中的宿敌。

有一次，鲁国三桓中实力最强的季孙氏族长季平子召开了宴会，邀请众多社会名流前来赴宴，其中就有孔丘。

古时候，父母死后，子女要守孝三年。孔丘当时还在守孝期，于是他身着丧服，腰间系着孝服的麻带，就来到了季孙氏家门口。

旁人不知道的还以为季平子死了，孔丘是来奔丧的。季孙氏的家臣阳虎一看孔丘穿得这么晦气，立马把他轰了出来。阳虎在当时虽是季孙氏的家臣，但掌握着季孙氏家族的大权，后来他把季孙氏彻底架空，差点灭了三桓。

孔丘被赶走了，但他与阳虎的纠葛才刚刚开始，这两人将是一辈子的敌人。

守孝三年结束，孔丘在十九岁那年结婚了。他的老婆亓官氏是宋国人，这桩婚姻是孔丘父母在世时定下的。

到了二十岁，孔丘开始担任基层官员。他先在季孙氏手下担任仓库管理员，后来担任管理牧场的小吏。

不要小看孔丘在基层的这几年经历，社会是所大学，在里面能学到课本里学不到的知识。孔丘不光体会到了底层人民生活的不易，也发现劳动人民的智慧是无穷的，所以后来他自己也说：“三人行，必有我师焉。”

由于工作认真负责，孔丘仕途顺风顺水，三十岁时当上了管理国家工程基建的司空。

由于孔丘当时名气很大，又尤其擅长“礼”这门学科，于是鲁国三桓里孟孙氏的族长孟僖子在临死前，让长子孟懿子与次子南宫敬叔拜孔丘为师，学习“礼”。

孔丘收了两名重量级人物为徒。孟懿子成了孟孙氏的族长，后来与孔丘因为政治理念不同，分道扬镳。南宫敬叔则一直追随孔丘。

可是突然间，孔丘就不上班了。他不批公文了，也不做官了，而是放飞自我，去心中的精神圣地——洛邑，去找一位大师点悟自己的灵魂。

儒与道

按照超级英雄的成长套路，主人公成长到一定阶段后，会进入瓶颈期。此时就会有贵人来帮助主人公脱离困境，让主人公能力大增。

孔丘要找的大师，那可是学术巨擘，在后世老百姓心中更是位神仙级别的存在。孔丘经过他的点化，思想跃入了一个新的境界，此后孔丘才堪配“子”这一称号。

大家看《西游记》的时候，会发现天宫里有一位白胡子老头，身骑青牛，手拿金刚镯，家住兜率宫，宫里有个把孙悟空烧了七七四十九天的炼丹炉。没错，他就是太上老君，孔丘要找的人就是他。

太上老君虽是神话里的人物，但是他是有原型的。太上老君的原型就是老子，姓李，名耳，字聃（dān），是道家的祖师爷。

老子虽是人，可由于学术造诣高，后来被当作了神仙。老子当时是洛邑周王室的国家图书馆馆长，图书馆里有海量藏书。孔丘想去那里一边博览群书，一边向老子学习“礼”，因为孔丘听说老子是全天下最懂“礼”的人。学生南宫敬叔也和他一起前往。

所谓的“礼”，就是周公旦制定的周礼，是人与人之间的行为规范。这是一套国家统治工具，成本极低，但它的效率极高，影响了两千年。周礼内容无所不包，小到老百姓的婚丧嫁娶、衣食住行，大到国家的战争祭祀、礼仪外交。周礼与其说是制度，更不如说是文化习俗。

孔丘向鲁昭公提交辞职报告时，鲁昭公很感动，觉得学霸就是学霸，一生都在勤奋求学，比只知道争权夺利的三桓要强上百倍。鲁昭公为了鼓励孔丘师徒好学的精神，帮他们开好给周王室的介绍信，并拨款给他俩配了一辆马车、一个童仆。

公元前518年，孔丘前往洛邑学习。由于第二次弭兵大会的成功举行，中原地区久不闻战事，孔丘一行人平安抵达洛邑。

一安顿下来，孔丘就带着徒弟直奔国家图书馆，一边如饥似渴地阅读着珍贵的藏书典籍，一边等着老子的到来。他心中有无数关于“礼”的问题要向老子请教。

终于等来了老子，孔丘好不容易看到了心中的学术偶像，于是一场儒、道两大教主历史性的会面开始了。

历史上，不同教派总是发生冲突，经常会相互诋毁，甚至打得你死我活。可是儒、道两大教主却是在和平友好的气氛下见面，二人的思想进行了激烈的碰撞，产生了耀眼的火花。

孔丘问老子：“听说您是天下最懂‘礼’的人，我从鲁国而来，就是向您学‘礼’的。”

老子：“那你告诉我学‘礼’有什么好处。”

孔丘：“古代的圣王都是以‘礼’治理天下，因此才会有太平盛世，人与人才能和谐共处。现在礼崩乐坏，我就是要复兴‘礼’，让天下重回圣王统治的时代。”

老子听完，大笑了起来。他笑着说道：“夫礼者，忠信之薄而乱之首！”意思是，“礼”这个玩意儿，是忠信不足的产物，是造成祸乱的罪魁祸首。

孔丘听完简直不敢相信自己的耳朵，天底下最懂“礼”的人，竟然是反对“礼”的。他问：“先生，您为何这么说？”

老子回答：“自从平王东迁洛邑后，天下就是一个礼崩乐坏的时代。杀戮、仇恨、贪欲，‘礼’能拯救这个世界吗？”

孔丘听到这儿，沉默了。

老子看着孔丘脸上写着大大的“丧”字，意识到这位年轻人被自己打击得不轻，还是得给年轻人一些信心呀。

老子又说："你说的那些所谓的圣王、周公早就化成黄土，只不过他们的言行留在了世间。时机一到，有德之人便会掌管世间；时机没到的时候，他们也只是街上行走的普通人。精明的商人财不外露，有德之人看上去大智若愚。舍弃你的娇气与欲望，不忘初心，去追寻你想要的东西吧。"

孔丘听完，感觉高人说话果然不同寻常。他好奇地问："先生，那您觉得什么可以拯救世间呢？"

老子答："道。"

孔丘问："什么是道？"

老子答："道可道，非常道；名可名，非常名！"

孔丘听到这里，陷入深思，他心想："原来老子在心中，已经彻底放弃了'礼'，自己创设了一个新的思想世界。"

与老子的历史性会面，让孔丘彻底颠覆了三观。

孔丘与老子所处的春秋末期是一个大崩溃时代，贵族把控的社会如同被白蚁蛀空的大坝，社会里的每个人像决堤的河水一样，身处在剧烈的动荡之中。

老子选择了放弃过去，遁入玄而又玄的道中。孔丘是一个从小长在市井巷中的底层贵族，担任过基层官员的他太了解百姓的疾苦，所以他是一个积极入世的人。

孔丘同意老子关于"礼"不能拯救世间的看法，但他认为不是"礼"出了问题，而是人出了问题。至于出了什么问题，孔丘也说不出来，于是他就在洛邑的图书馆里，一边看书，一边思考问题。

随着时间的推移，孔丘脑中的知识量不断暴增，在和老子的交流中，他也不停地刮起头脑风暴。

有一次聊天时，老子说了一句："天地不仁，以万物为刍狗！"孔丘似乎找到了他想要的东西，这东西就是世人所缺的"仁"。

什么是"仁"？那就是每个人要有仁爱的心，克制自己内心过度的欲望，让自己做的每件事都符合"礼"的要求。这样世间才会井然有序，天下才会太平。

既然天地不仁，那我就要让天下仁。

孔丘提出的“仁”，无疑是一个创举。“礼”很早就有了，但那只是一套人与人之间的行为规范，没有精神内涵。而孔丘把“仁”的精神内涵注入“礼”中，让“礼”充满了人情味。这也是我们中华民族被称作“礼仪之邦”的原因。

老子丢弃了“礼”，创造了“道”；孔子继承了“礼”，发扬了“仁”。“道”太玄乎，后来慢慢走向了宗教，而“仁”却走进世间每一个人心中。

在洛邑做了一年访问学者后，孔丘该学的也都学得差不多了，于是他向老子告别，准备回国。

老子依依不舍地拉着这位后生的手说：“有钱人送别他人时，会送金银财宝；品德高尚的人送别他人时，会送良言。自以为聪明的人，经常会受到威胁，那是因为他爱背后说人坏话。有的博学善变的人会遇到不公正的待遇，那是他经常指责别人有过错。做子女的不要忘记父母，做臣子的不要忘记君主。”

老子这番话也是告诫孔丘，他虽学富五车，才华横溢，但是做人要低调，不要轻易显露锋芒，要尽好自己为人子、为人臣的本分。

孔丘听完，向老子拜别。路上，孔丘对南宫敬叔说：“龙乘风可以上九天，老子在我眼中，就是龙一样的人。”

孔丘经过学术的洗礼、“神人”的指点，已从一位高级知识分子进化成一代学术宗师。这时的他，已经可以名副其实地叫孔子了。

开创私学

公元前517年，孔子回到鲁国。孔子原本想着能大展拳脚，可是连施展的机会都没有就避难去了，因为三桓跟鲁国国君火并，他作为忠君派也被牵连了。孔子不得不到齐国避难，直到公元前516年鲁国局势稳定后才回到了鲁国。

从齐国回来后，孔子在鲁国无官可做，因为三桓对他很警惕。吃不了公家饭的孔子，靠什么养活自己呢?

孔子想来想去，自己最擅长的就是教书，那就自己开个私塾吧。

在此之前，贵族子弟都是在公办学校里学习，叫官学。孔子自己开的学校，则叫私学。孔子这一自主创业的行为，对于当时的中国来说，简直就是开天辟地。

中国人向来重视教育，因为哪怕自己出身再差，只要认真学习，就能改变命运。而告诉中国人这条道理的，正是孔子。

在孔子之前，寒门出不了贵子，因为只有贵族才有受教育的机会。从孔子之后，寒门也能出贵子了。

孔子开办的私学，不管学生出身如何，无论是贵族眼中的“泥腿子”，还是盗贼、乞丐，只要想学习，孔子都可以教。孔子彻底打破了贵族垄断知识的局面，底层人民自此就有了从知识领域挑战贵族的能力。

现代人的眼中，民办学校都是贵族学校，学费很贵，普通人上不起。然而孔子开办的民办学校，那学费可是良心价。只要送给老师十条肉干，就可以享受春秋顶级学术大师的教学。

孔子既没有钱建豪华的校舍，也没有钱雇用其他教员，私学里就他一位老师。

上课的地点也无所谓，有时候在屋子里，有时候在户外，有时候边走边聊。

孔子的课堂教学气氛非常活跃，有的时候孔子一边弹琴一边讲课。所以，孔子课堂上经常会出现学生之间因为意见不合相互争论的一幕，老师批评学生，学生顶撞老师。虽然乱哄哄的，但这确实是为学术争鸣，这也正是孔子想看到的。

孔子的教学方法也很灵活，主要就两点：因材施教，循循善诱。

因材施教就是看学生是聪明、普通还是愚钝，根据学生资质的不同，讲的内容与深浅程度也会有所不同。

至于循循善诱，就是孔子在教学中一直与学生互动。学生颜回曾赞叹道：“夫子循循然善诱人。”

有一次，孔子的学生子路向他请教问题：“什么是君子？”

孔子回答：“提高自己的修养，保持严肃恭敬的处事态度。”

子路说：“这样似乎不够吧？”

孔子说："提高自己的修养，用你的君子气质感染你周边的人，让他们感到安全与快乐。"

子路又问："还有什么更高层次的吗？"

孔子回答："提高自己的修养，可以让百姓安乐，尧舜那样的圣君都不一定能做到。"

对于子路提出的每个问题，孔子不仅回答，还引导他自己提出更高层次的问题，这就属于典型的启发式教学。

孔子不仅是一名任课教师，还是一位名副其实的班主任，负责学生的各种管理工作。做过班主任的老师都明白，如果班级里面有几个熊孩子，打也不能打，骂也不能骂，往往要付出大量的心血，熊孩子还不一定领情。

孔子的班里就有这么一位熊孩子，斯文的孔子经常能被这熊孩子气得吐血。这人叫宰予，字子我。有一次宰予向孔子提问："父母死后，子女要守孝三年，这时间是不是太长了？一年可以吗？"

孔子听完，内心燃起了熊熊烈火。守孝三年是周礼规定的，怎么能轻易破除？孔子强压住心中的怒火，问道："如果父母去世，你只守孝一年，你能安心吗？"

宰予回答："我安心。"

孔子被气得说不出话来。

如果说宰予只是因为学术问题惹孔子生气，倒也还说得过去，但他别的行为却真正让孔子暴跳如雷，因为宰予逃课了。

有一天，孔子在课堂上点名，发现少了宰予，于是到宿舍找到了他，原来这家伙还在床上睡懒觉。孔子气得指着宰予破口大骂，于是一句流传千古的骂人名句出现了："朽木不可雕也，粪土之墙不可圬也。"意思是，你是块腐烂的木头，都不能用作雕刻；一堵用粪土垒起来的墙，不值得涂抹。

不过话说回来，孔子对待不听话的学生的做法，跟同时代的古希腊哲学家、数学家毕达哥拉斯一比算是相当仁慈了。毕达哥拉斯是发明勾股定理的学术大神，他的一个学生发现老师的数学定理中存在错误，于是向老师提出疑问。毕达哥拉斯一看，这个数学问题解决不了，有损自己的威名，于是把提出这个问题的学生扔进湖里淹死了。

孔子虽然被宰予气得够呛，可生气归生气，哪怕憋出内伤，面对能上房揭瓦的熊孩子，老师还是得感化他，教育他。万万没有想到，这位熊孩子日后却成了孔子门下著名的“十哲”之一。孔子死后，很多弟子离开了，宰予却积极与另一名同学子贡为老师树立圣人形象。

由于孔子教书效果好，名气越来越大，投奔他的学生也越来越多。据说孔子一共有三千个学生，比一所重点高中的人数都多。

试想那时又没有电视、网络，只能面授，孔子就一个人，怎么教得了这么多学生?

答案很简单，那就是老师带大弟子，大弟子再带小弟子。我们在武侠小说里，经常听到某位大侠自称是某位门派掌门的入室弟子。但凡有“入室弟子”的名号，武功都十分了得。

所谓入室弟子，就是老师收的学生太多，教不过来了，只能先教一些学习比较好的学生。这种学生可以直接进入老师的房间，由老师面对面亲自传授，所以称为入室弟子。入室弟子学完，就去教其他弟子。

孔子从三十六岁一直教到了五十岁，一直是一名优秀的民办教师。年近五十时，孔子开始认真研究《易》。由于他太喜欢读《易》，最后就连串竹简用的绳子都磨坏了。而就在他一心研究《易》的时候，有人找他去做官了。

贰拾贰

万世师表

陪臣执国命

孔子是一个有抱负的人，他一直想步入政坛。可他一打听清楚请他做官的人是谁，又立马拒绝了。请他去当官的，不是别人，正是当年把他从季孙氏大门赶走的阳虎。

阳虎是季孙氏的家臣，专业术语叫“陪臣”。阳虎出身极其普通，可后来却成为春秋第一家臣。

古人有句老话叫“修身齐家治国平天下”。这句话指的是古人政治修为的四个层次。“修身”很好理解，就是说提高自己的修养；“齐家”，很多人认为是把家族管理好的意思，其实这就理解错了，这里的“家”指的是大夫的封地，“齐家”就是帮大夫管理好封地；“治国”就是帮诸侯管理好国家；“平天下”就是帮天子管理好全天下。

春秋时，每个大夫自己的家就是一个迷你的小王国。国君召集大夫们开会叫上朝，大夫召集自己的家臣开会叫家朝。大夫在自己家里也设置相应的管理岗位，负责管理家里所有事务的官职叫家宰，管理封地上城邑的官职叫邑宰。家宰下面还有分管各个部门的官员，掌管土地的叫司徒，掌管私卒的叫司马，掌管工匠的叫工师。

原则上家宰的职务要高于邑宰，但是由于邑宰管理这封地上的城市，手握实权，家宰有的时候对邑宰也得忌惮三分。阳虎就是季孙氏家里的家宰，而这位家宰，竟然也是鲁国的实际统治者。

这么荒唐的情况也只能出现在鲁国。鲁国是周公旦的封国，分封制在周公旦手上完善并推广，所以鲁国人一直把分封制当作自己的“非物质文化遗产”，在自己巴掌大的土地上发扬光大。国君把地分封给了大夫，大夫把地分封给了家臣，家臣一旦势力壮大，就能把大夫架空，从而控制大夫，甚至更进一步，控制国君。像晋国六卿就决不会让自己的成功在自己的家臣身上重演，所以六卿的家臣始终扮演职业经理人的角色，只拿工资，不给土地。

阳虎作为季孙氏的家宰，并没有帮季孙氏管理好家，反而霸占了季孙氏的家。

公元前505年，季孙氏的族长季平子死后，年幼的季桓子继位。阳虎瞅准时机软禁了季桓子，还杀了季孙氏很多人。控制了季孙氏后，阳虎在鲁国就是一人之下、万人之上了。由于叔孙氏与孟孙氏的族长也是小孩，阳虎一时间权倾朝野，鲁国国君也要听命于他。

孔子把这个混乱现象称为“陪臣执国命”。

执掌大权后，阳虎想拉拢一些有名望的人加入自己的阵营，于是把目标瞄准了孔子。

阳虎邀请孔子出来做官，孔子直接拒绝，避而不见。孔子虽然讨厌三桓，但更痛恨阳虎。三桓好歹是合法的卿大夫，而阳虎不过是一个家宰，说白了就是一个管家，竟然敢人五人六地主宰鲁国。

阳虎没办法，让人送给孔子家一只烤猪。按照当时的礼节，收受礼物的人要回拜。阳虎知道孔子是鲁国最讲究礼节的人，他肯定会登门拜谢。孔子莫名其妙地收到一只烤猪，一看署名是阳虎送的。孔子也不傻，专门瞅准阳虎外出的一天登门拜谢，这样既符合礼节，又避免了与阳虎见面。阳虎倒也没有为难孔子，还是你教你的书，我专我的权。

但阳虎想要将在鲁国显赫上百年的三桓彻底铲除，绝非一件简单的事，因为他手里可调动的兵力不多。他能主宰鲁国，也是仗着自己是季孙氏家宰的身份，可是阳虎和季孙氏都住在鲁国首都曲阜，而季孙氏最大的封地是费邑，封地里的人口、粮食、私卒都由邑宰管理，邑宰才是季孙氏里最有实力的人。费邑的邑宰公山不狃（niǔ）已经把费邑经营成自己的独立王国，任何人都无法染指，包括季孙氏。

鲁国就像一个层层转包的公司，每个领导看上去都很厉害，其实都是唬人的空壳子，真正有实力的都是地方大员。曾经把国君架空的家族现在被自己手下的家臣给架空，季孙氏混到这个德行，也真算得上可怜。

为了完成自己铲除三桓的伟业，阳虎去找了公山不狃。阳虎告诉公山不狃，只要干掉三桓，他俩就是鲁国最有权势的人。

公元前502年，阳虎与公山不狃在曲阜东门外埋伏好大批人马，邀请三桓来赴宴。

季桓子坐在马车上被人送往宴会地点。他请求车夫能帮他逃跑，车夫受过季孙氏的恩惠，于是猛挥马鞭，冲破阻碍，直奔孟孙氏的府邸。季桓子之所以往孟孙氏家里逃，是因为孟孙氏的族长是孟懿子，孟懿子的老师正是阳虎的死对头孔子。

当季桓子冲入孟孙氏府邸内大喊“救命”时，他看见无数盔明甲亮的武士已经做好了战斗准备。

孟懿子一收到阳虎的请柬，就感觉其中有诈。吃饭上哪儿不好，偏要去城门外的荒郊野地，那地方除了谋财害命，还能做什么？于是孟懿子联系孟孙氏主基地郕邑的邑宰公敛处父，让他把自家的私卒全部调过来，还叫上叔孙氏，准备与阳虎决一死战。

阳虎与公山不狃发现季桓子跑了，宴会也不搞了，率领人马冲入曲阜城内与孟孙氏展开大战。然而孟懿子早有准备，把公山不狃从费邑带来的人马杀得大败。

阳虎见大势已去，也就逃跑了，公山不狃带着残兵败将退回费邑坚守不出，继续待在自己的小王国里。

经过一天的激战，孟懿子拯救了三桓，季桓子也摆脱了阳虎魔掌。可是新的问题也摆到了众人的面前。

堕三都

三桓把阳虎赶走了，却没有迎来美好的明天。他们坐了下来，痛定思痛。

三桓作为鲁国曾经的三巨头，国内从无对手，字典里只有“狂妄”两个字，从来不知道“低调”是怎么写的。哪个国君要是不听三桓的话，会被直接赶走，就此浪迹天涯，杳无音讯。历代鲁国国君在面对嚣张的三桓时都会怀疑人生，觉得他们三家才是鲁国真正的掌权者。

可现在，三桓怎么会被家臣阳虎欺负到这般地步？曾经的鲁国老大差点就被一锅端了。到底是什么原因，让三桓发生如此巨变？

问题就出在三家的主基地上。

季孙氏的主基地是费邑，叔孙氏的主基地是郈（hòu）邑，孟孙氏的主基地是郕邑。虽然阳虎被赶走了，可是三家的主基地也都被各自的邑宰霸占了。

三桓表面风光，可混到现在，封地除了产权属于自己，使用权、居住权都被邑宰霸占着，自己只能在首都曲阜当“裸官”。

怎么办？

孟懿子提议，让自己的老师孔子出山，帮大家拿回属于自己的东西。于是三桓去找当时的鲁国国君鲁定公，请孔子出山。鲁定公是被赶走的鲁昭公的弟弟，现在国君与三桓都是弱势群体，都希望孔子出山，打破鲁国君不君、臣不臣的局面。

公元前500年，孔子正式出山，担任大司寇，相当于司法部部长。阔别政坛十几年的孔子一出山就不得了。在齐鲁夹谷之会，孔子通过外交手段，从只吃不吐的齐国嘴里要回了原本属于鲁国的土地。

公元前498年，孔子要执行自己酝酿已久的拆墙计划，史称“堕三都”。

按照周礼，大夫封地的城墙尺寸要比国都的城墙小。而在礼崩乐坏的时代，大夫们拼命修自家封地的城墙，三桓的费邑、郈邑、郕邑的城墙都远高于首都曲阜的城墙。春秋时，军队缺乏专业的攻坚设备，很难攻下这么高的城墙，况且三座城都已经脱离了三桓的控制，是鲁国的三颗定时炸弹。

拆除三桓封地的城墙，既削弱了三桓的势力，也打击了嚣张冲天的家臣，最终得利最多的就是鲁国国君。

面对这些擅自加高加宽的违章建筑，孔子找来产权人三桓，召开了动员会议。在会上，孔子宣传了拆迁政策：“早拆早受益，晚拆晚受益，不拆不受益。”

三桓心想，反正这三座城自己也管不了，还不如让孔子拆了，自己好趁机夺回属于自己的不动产。于是三桓旗帜鲜明地表示，百分百配合孔子的工作。

孔子亲自担任拆墙工作的负责人，指挥国君手下的士兵开始了拆墙工作。

第一个主动要求拆墙的是叔孙氏。在叔孙氏的带领下，孔子赶走了邑宰，成功拆除了郈邑的城墙。

拆墙工作取得开门红后，季孙氏也主动要求把费邑的城墙强拆了，然而一场大规模的暴力抗拆事件爆发了。

费邑的邑宰正是当年和阳虎一起造反的公山不狃。为了做好拆墙的说服工作，让公山不狃认识到强占他人不动产是一种不法行径，孔子安排子路担任季孙氏的家宰，让子路以家宰的身份劝说公山不狃配合拆墙工作。

费邑是季孙氏苦心经营上百年的主基地，里面兵多粮广，实力超过鲁国任何一个城市。但现在费邑就是公山不狃自己的地盘，把城墙拆了相当于迎回原来的主人季孙氏，公山不狃才不甘心。

于是公山不狃先下手为强，带着费邑的兵，向首都曲阜发动偷袭，顺利攻破曲阜的城墙。鲁定公与三桓躲在季孙氏家里的堡垒中，等待救援。

孔子虽是个知识分子，但不是一个书呆子，他早就料到会出现暴力抗拆的违法事件，所以提前做好了准备。孔子带着拆墙人员放下铲子与锤子，拿起武器，回师救援曲阜。

孔子带领国君的亲兵在曲阜主场迎战叛军，三下五除二就平定了叛乱，公山不狃不得不像阳虎一样亡命天涯。

得胜后，孔子在季桓子的带领下拆掉了费邑的城墙，费邑再次回到季孙氏的手中。

三桓拆了两桓，还剩孟孙氏的郕邑没拆，而郕邑不能拆。

郕邑在鲁国最北边，紧靠齐国，它既是孟孙氏的主基地，也是对抗齐国入侵的军事重镇。如果把郕邑的城墙拆了，齐国就能轻而易举地占领郕邑，进而威胁鲁国腹地。

而且，郕邑的邑宰正是当年挫败阳虎叛乱、拯救三桓的公敛处父。公敛处父虽然在郕邑里飞扬跋扈，但对孟孙氏的命令还是会老老实实地执行。郕邑的主要控制权仍在孟孙氏手里，而不是在邑宰手里。孟孙氏才不会傻到把城墙拆了，让齐国军队与国君的军队来去自由。

不过这些都不是城墙拆不动的主要原因，深层次的原因是，孟孙氏的族长孟懿子与孔子是师生关系。

孔子是讨厌三桓，但是他老人家讨厌的是三桓藐视国君、凌驾于国君之上的行为。如果三桓能改过自新，就还是好同志，毕竟三桓的职位、封地都是合法的。

三桓里势力最大的是季孙氏，最不听话的也是季孙氏。阳虎被赶走后，季孙氏就是孔子的最大敌人。

孔子是底层贵族出身，在鲁国朝堂没有任何根基，一没封地，二没私卒。而政治博弈需要实力，单打独斗是赢不了的，所以孔子必须要找一个强有力的靠山。

学生孟懿子就是孔子的靠山。让孔子把自己靠山家的城墙拆了，削弱自己的靠山，就是削弱自己，孔子才不傻。因此，哪怕后来鲁定公派兵围了郕邑，孟孙氏的城墙照样拆不了。

孔子在鲁国政坛混得顺风顺水。平定了家臣之乱，三桓也老实了，鲁定公为了感谢孔子，让孔子代理国相一职。五十四岁的孔子收到任命，不禁一阵狂喜，只要试用期一过，他就能转正当国相，一人之下，万人之上，光宗耀祖。

孔子狂喜的表现被他的学生看到了。这个学生叫什么名字，史书里没有记载。可这个学生说的话，却是肺腑之言："君子大难临头不恐惧，大福将至不喜形于色！"

孔子却完全没当回事，说道："还有一句话：'身居高位礼贤下士而自得其乐'！"

孔子不知道，命运总爱与人开玩笑，当一个人在命运最高峰狂笑时，接下来迎接他的就是跌入低谷。

周游列国

孔子在辛勤地治理鲁国时，鲁定公却沉迷于酒色。齐国害怕孔子把鲁国变强，因而向鲁国施加外交压力。三桓里势力最大的季桓子已经长大成人，也不愿意看到孔子主宰朝堂。

各方势力开始挤压孔子，孔子发现自己的工作越来越难做，处处受到掣肘。鲁国朝堂正面临内忧外患。

公元前497年的一天，鲁国举行祭天仪式，鲁定公没来，让季桓子代理祭祀。祭祀结束后，季桓子把祭肉分给了前来参加祭祀的大夫，唯独不给孔子。

读书人心气都比较高，孔子也不例外。孔子心想："我好歹也是代理国相，这点面子都不给我，我不干了！此处不留爷，自有留爷处！"于是孔子带着一群弟子，周游列国去了。

"周游"听上去像是孔子带着学生出去自驾游玩，实际上孔子周游列国跟流亡差不多，吃不饱，睡不好，小命还差点不保。在孔子流亡途中，还产生了一个形容人落魄的专有名词——丧家狗，记载在了《史记》里。

公元前496年，五十五岁的孔子带着徒弟一行人先来到靠近鲁国的卫国。卫国当时的国君是卫灵公，他在历史上出名不是因为本人，而是因为他有一个有名的老婆——南子。

南子是宋国的公主，长得非常漂亮，嫁给卫灵公后，与人私通，被人称为"美而淫"。而卫灵公知道自己被戴绿帽后，并没有阻止，反而鼓励老婆继续与人私通，可见卫灵公的大脑异于正常男人。

可这个大脑不正常的卫灵公对孔子倒还不错，按照孔子在鲁国的待遇发给孔子俸米六万斗，可惜没有给孔子安排官做。

南子听说孔子名气很大，于是想见见孔子。孔子虽然知道南子"美而淫"，可他吃了卫灵公那么多粮食，卫灵公的老婆要见他，他也不好拒绝，只能硬着头皮去了。

见完面后，孔子出来了，他的学生子路很不高兴。孔子看出子路的心思，于是对天发誓，说道：“予所否者，天厌之！天厌之！”意思是，如果我做错了事，让老天厌弃自己！

孔子在卫国住了三年，啥官也没当，工作也没做，人都长胖了。孔子不喜欢安逸的生活，既然在卫国不能发挥自己的才能，那就换一个地方。

孔子离开了卫国，途经曹国，到达了自己先祖的祖国——宋国。宋国的司马不喜欢孔子，而且还想杀了他，孔子只能赶紧逃跑。

孔子和他的弟子又跑到了郑国。在一行人到达郑国首都后，弟子们才发现孔子走失了，于是弟子们到处张贴寻人启事。有人告诉子路：“外城的东门，有一个人狼狈不堪，精神萎靡，像丧家犬一样，可能是你们要找的人。”

子路赶紧跑到东门，看见孔子孤零零一个人。孔子激动地看着子路，子路要再来晚点，他就要流落街头，以乞讨为生了。

孔子问子路：“你是怎么找到我的呀？”

子路说：“有人告诉我，东门有个人像丧家犬一样，于是我就找到了你。”

孔子听后，苦笑道：“我的确像条丧家犬。”

孔子一行人接着走啊走，又来到陈国，陈国国君友好地接待了孔子。孔子在那儿待了三年，可是也没发挥什么大作用。

楚昭王听说孔子很有才能，于是请孔子到楚国去。孔子从陈国出发要经过蔡国，陈、蔡两国大夫怕孔子去楚国会壮大楚国国力，于是派人在陈蔡边境围住孔子，打算饿死孔子。

眼看着孔子饿得眼睛发花，学生子贡突围出去，到楚国边境搬来救兵，这才把孔子救了出去。

孔子到了楚国，他的学说却没有市场，遭到楚国大臣们的排挤，不得不又离开楚国。在离开的路上，孔子遇到一名楚国隐士，他叫接舆，人送外号“狂人”。

接舆嘲笑孔子，并富有深意地说道：“凤兮凤兮，何德之衰？往者不可谏，来者犹可追。已而，已而！今之从政者殆而！”意思是，凤啊，凤啊，你的德行为何会衰退呢？过去的事情就让它过去吧，抓住机遇把握好未来。放下吧，放下吧，远离那些危险的政治任务！

孔子听完想和接舆好好聊聊，可是接舆转身就走了。

放下自己的执念，远离政坛，这对别人来说也许是好的建议，可是对孔子来说，不可能。孔子是一个积极入世的人，只有从政，才能将自己的思想传播开来。无处可去的孔子只能再次回到卫国，因为只有在卫国，他才会受到尊重。

公元前488年，六十三岁的孔子再次回到卫国，此时的卫国国君是卫出公。孔子在卫国一住就是四年，不少弟子也在卫国做了官。

公元前484年，孔子收到一封来自鲁国的信，写信人是季康子。季桓子死后，他的儿子季康子邀请孔子回国。

六十七岁的孔子踏上了返乡之路，从此再未出国。

十四年周游列国，让孔子产生强烈的挫败感，也让他看透了很多事情。步入耳顺之年的孔子，什么话都能听进去，即使是尖酸刺耳的话，他也只是放在心里，不去争论。

仁者无敌

季康子还是没有给孔子官做，他要的只是孔子的学生。

在孔子回国的第二年，他的儿子孔鲤死了。作为一名民办教师，孔子只能将儿子薄葬了。

公元前482年，将满七十岁的孔子对着自己的学生回顾了他的一生："吾十有五而志于学，三十而立，四十而不惑，五十而知天命，六十而耳顺，七十而从心所欲不逾矩。"

七十岁的孔子，已是从心所欲不逾矩，内心比较自由，做什么事也不会坏规矩。

官场失意，对孔子来说其实也是一件好事，因为官做得越大，就越没时间做学问，典型的例子就是管仲。管仲做了国家二把手，每天累得半死，哪有时间去做学术研究，更别说搞一个门派了。赋闲的孔子，则有时间去编书、带学生。

思想流派和武林门派很像。一个武林门派想要威震武林，首先要有自己的独门秘籍，比如少林寺的《易筋经》；其次还要有厉害的弟子，比如武当派张三丰手下有武当七侠。

儒家之所以最后能称霸中国思想界，就是因为有可以“吊打”其他思想流派的“武林秘籍”和众多知名弟子。

对于看透世事的孔子来说，当不当官已经无所谓了，他现在只想在生命结束前，多多传播自己的思想。所以在生命的最后几年里，他一边教学生，一边编教材。

孔子把鲁国史官记载的史料，编纂成了赫赫有名的史书《春秋》。同时，孔子对《易》进行了修改，把这本教人算命的书，变成了一本充满哲学思想的书。孔子还对市面上常见的《诗》《书》《礼》《乐》进行了修订。

此后，孔子把《诗》《书》《礼》《乐》《易》《春秋》作为课堂教学用的标准教材，这六本书也被称为“六艺”或“六经”。后来《乐》失传了，六经就变成了五经。

以前贵族也学六艺，分别是礼、乐、射、御、书、数。贵族的六艺与孔子的六艺，最大差别在于贵族六艺里有射和御。

射和御涉及设备与场地，这是要花钱的。“射”是射箭，古代一个贵族要熟练开弓，最起码要练三年。而“御”是驾车，春秋的“御”，是学习驾驶驷马战车。要养四匹马，而马要吃草，病了要找兽医，这相当于现在买辆超级跑车回家，不但价格贵，保养费也是惊人，还要有专门的赛道。而孔子收的学费不过每人十条肉干，就凭这点学费，怎么能开得起射和御两门课程呢？

孔子的儿子死了也只能薄葬，由此可以看出孔子并不富裕。哪怕让孔子把房子拆了，也供不起驷马战车。所以射与御只能在贵族官学里学，由专门的老师教，毕竟这俩玩意儿太烧钱。

而孔子自己编的六本经书，哪怕学生家里穷得叮当响也是可以啃下的。

可别小看这六本书，据《史记》记载，在孔子的三千弟子里，真正学透六本书的只有七十七人。

讲完孔子的教材，我们来说说他的优秀学生。

衡量一位教师是否成功，就看他教出来的学生是否优秀。孔子有十位优秀学生代表，分别按照四个科目划分，号称“四科十哲”。

德行科，都是德行兼备的人才。

颜回，字子渊，是孔子母亲家的亲戚，穷苦出身，老实本分，从不顶撞老师，任劳任怨。孔子对颜回非常疼爱，可惜颜回英年早逝，孔子很伤心。

子骞，是个大孝子，不屑于当官。

伯牛，德行很好，他后来得了麻风病，孔子不怕被麻风病传染，主动探望他。

仲弓，品德高尚，后来担任季孙氏的家宰。在平定阳虎之乱后，季孙氏的家宰几乎被孔子的学生垄断了，因为季孙氏看中孔子学生都是有节操的人，不会像阳虎那样犯上作乱。

政事科，都是行政管理方面的高手。

子有，善于行政理财，后来也担任过季孙氏的家宰。

子路，只比孔子小九岁，家境贫寒，也担任过季孙氏的家宰，后来随孔子周游列国，留在卫国当官，最后死于卫国内乱。

言语科，都是口才好、能说会道的人。

宰予，这位被孔子骂作“朽木不可雕也”的学生，后来在齐国担任大夫，死于齐国内乱。

子贡，孔子的得意门生。孔子最疼爱的是颜回，其次就是子贡，《论语》里子贡与孔子谈话的篇幅非常多。子贡经常作为鲁国外交大使出访他国。孔子死后，子贡竟然为孔子守孝长达六年，要知道，亲生父母去世才守孝三年。

文学科，都是学习能力强、努力钻研书本的人。

子游比孔子小四十五岁，子夏比子游大一岁。他俩在孔子徒弟里算是很小的，但这二人熟读经书，对儒家思想的流传起了很大作用。

在“十哲”之外，还有一名叫曾参的学生。这是孔子晚年收的学生，具有极高的学术造诣。孔子万万没有想到的是，正是这位曾参和他的弟子，让儒家的思想学说发扬光大。

公元前479年，孔子去世了，享年七十二岁。

孔子的弟子为了能让老师的思想流传于世，就把孔子说过的话编成了一本语录，叫《论语》。从此，孔子学生们的著书立说行动越搞越大。

孔子在临死前，把自己的孙子子思托付给曾参，希望曾参好好教导他。曾参不光将自己从孔子那里所学的知识倾囊授给子思，还编写了《大学》一书。此书成为后世科举考生的必学课本，书里“格物致知”的思想又启发了两千年后的王阳明，王阳明在此基础上创立了心学。

曾参把子思教育得很好，子思长大后，也写了一本书叫《中庸》。子思死后，他的弟子收了一个学生叫孟轲，就是赫赫有名的孟子。孟子死后，他的弟子们把孟子说过的话也编成了一本语录，叫《孟子》。

《论语》《大学》《中庸》《孟子》号称儒家的“四书”。“四书五经”后来成为参加科举考试的学生的标准教材，孔子后来还被追封为“圣人”。

估计孔子也没想到，自己百年之后会有这么大的影响力，更没想到自己会被封圣。

孔子曾经有个学生说他老人家是圣人，孔子听到后说道：“若圣与仁，则吾岂敢？抑为之不厌，诲人不倦，则可谓云尔已矣！”意思是，“圣”和“仁”这两个字，我是不敢当。我只是朝着圣与仁的方向不断努力，教导别人不知疲倦，则可以这么说！

孔子和普通人一样，有过寒窗苦读，有过春风得意，有过壮志难酬，但这不妨碍他成为我们民族心中的圣人。他的“礼”，让我们成为礼仪之邦；他的“仁”，让我们心中有仁爱之心。

更重要的是，孔子创立的私学，让公办贵族学校就此没落，形成了民进公退的局面。到了战国，遍地都是诸子百家的私学。

正是孔子，一手拉开了战国“百家争鸣”的大幕。

贰拾叁

铁三角

刺客专诸

就在孔子活跃的时期，南北两个方向都发生了剧烈的动荡。南方的楚、吴、越三国先后发生了规模宏大、时间漫长的灭国战争。北方的齐、晋两国内部发生了大夫抢夺国家控制权进行改朝换代的重大历史事件。

花开两朵，各表一枝。先说说南方，因为北方齐、晋两国的纷争说白了就是大夫为争夺土地而架空国君的内部之争，其惨烈程度远不及南方，而楚、吴、越三国将春秋时的战争艺术推向了顶峰。

楚国在春秋末期遭遇了史无前例的灭顶之灾，而这场灾难的祸根，就是楚平王自己没有管好下半身。

上了岁数的楚平王，不知道脑子里哪根弦搭错了，主动破坏自己儿子幸福美满的家庭生活，抢了儿子的未婚妻。

楚平王年轻的时候娶了蔡国公主为妻，生了太子建。在太子建小的时候，楚平王就给他找了两个人当家庭老师，一位叫伍奢，担任太子太师，相当于主讲老师；另一位是楚平王的狐朋狗友费无极，担任太子少师，相当于配班老师。

伍奢与费无极同为太子老师，却相互不和，两人经常因为教学理念不同而展开争吵。由于伍奢是主讲老师，每次都能在争吵中占据上风。太子建虽然是个孩子，但也知道哪个老师厉害就听哪个的，于是他在伍奢的课堂上就认真听讲，在费无极的课堂上就睡觉、开小差。

“量小非君子，无毒不丈夫”是费无极的座右铭，课堂教学失败的他不认真展开教学反思，反而心生歹念。眼前的太子建看不起自己，等他以后继位了，得势的伍奢肯定会整死自己。越想越害怕的费无极，打算利用自己与楚平王的关系，扳倒太子建与伍奢。

公元前527年，太子建长大了，该娶媳妇了。楚平王打算为儿子找一个秦国公主当老婆，这样可以让秦楚两国联盟更加稳固，于是派自己的死党费无极去秦国迎亲。

费无极到秦国看到公主嬴氏后惊为天人，他也由此心生阴谋。费无极知道楚平王好色，于是在嬴氏到达郢都后劝楚平王："反正嬴氏还没有嫁给你儿子，不如大王把嬴氏娶了吧。"

楚平王一听，也没觉得多不好意思，不跟太子建打招呼就直接娶了嬴氏。在他看来，只要姑娘没过门，他就有追逐爱情的权利。太子建的未婚妻，转眼间变成了太子建的后妈。

嬴氏也很争气，不久就给楚平王生了一个大胖小子，取名为壬，这个孩子就是后来被吴国打得东躲西藏的楚昭王。

楚平王看小儿子是越看越喜欢，就有了废掉太子建的想法，费无极趁机把自己酝酿已久的毒计献给了平王。计划很简单，就是让太子建和他的老师伍奢驻守边疆，远离政治中心，再捏造谋反的罪名，把他俩处死。

俗话说，"虎毒不食子，人毒不堪亲"，而丧心病狂的楚平王为了自己的爱妃和心爱的小儿子，采纳了费无极的计策。

太子建被害死，伍奢和自己的长子伍尚被楚王处死，次子伍子胥跑得快，没有被逮住。伍子胥想来想去，觉得能容纳自己的，只有楚国的死敌吴国。

可是去吴国，要路过楚国的关隘，而伍子胥现在是全国通缉的要犯。伍子胥只能一路乔装打扮，好不容易快到吴楚边境了，重兵把守的昭关挡在他面前。伍子胥发现城门口站满了全副武装的士兵，墙上还贴着他的画像，怕别人认出他来。

小说、演义里都说，伍子胥为了想出过昭关的办法，整晚失眠，一夜熬成了白头。

一个叫东皋公的人觉得伍子胥是一个忠义之士，于是让自己一位长相与伍子胥相似的仆人去城门口，结果仆人被当成伍子胥抓了起来，伍子胥自己则逃出生天。

逃到吴国后，伍子胥求见吴王僚，希望自己能得到重用。可是吴王僚嫌他是敌国的人，压根儿就没理他。为了养活自己，伍子胥只能就地当农民。

伍子胥内心充满了仇恨、委屈、迷茫，可有句话说得好："蛟龙未遇，潜水于鱼鳖之间；君子失时，拱手于小人之下。"

有一天，伍子胥在一个村落里，看见一个额头高耸、两眼深凹、虎背熊腰的大汉怒气冲冲地站在路中央，正与另一人产生口角，眼看就要打起来了。

大汉看上去是非要把对方撕成碎片不可，对方看见大汉的气场，瘫倒在地上，连忙喊："好汉，我错了，下回不敢了。"

大汉发出雷霆般的怒吼："认错没有用，看我怎么弄死你！"

可大汉话刚说完，就听见远处一个女子喊道："专诸，你赶紧给我滚回来吃饭。"

"哦，老婆别生气，我来吃饭了！"

大汉立马转身跑回家了。这位叫专诸的大汉竟然是"妻管严"，外表看似凶悍，内心却有柔软的一面。躺在地上的那位大口喘着气，十分感谢大汉的老婆，否则被这位大汉一拳打下去，谁知道自己会不会半身不遂。

这一幕刚好被伍子胥看到。伍子胥觉得这位长得高大魁梧的大汉以后可以派上用场，于是伍子胥一路尾随专诸，来到他的家门口，开始对专诸开展情感攻势，交朋友，拉家常。那时候的人都很淳朴，你对我好，我就把你当亲兄弟一样，很快专诸与伍子胥成了死党。

专诸万万没想到，正是眼前这位亲密无间的朋友，日后成为自己黄泉路上的引路人。

这也说明伍子胥是一个高明的人，虽然时运不济，但他还是在为自己的未来储备人力资源。不管三教九流，只要能为己所用，他都愿意放下身段主动去结交。

结交了专诸之后，伍子胥依旧过着种田的生活。就这样日复一日，伍子胥用粪叉的技术不断进步，再这样下去，中国历史上就要多一个农业专家了。

一心想复仇的伍子胥觉得不能再这样下去了。他想来想去，认为既然吴王僚不要自己，那就投奔公子光。公子光是吴王僚的堂弟，伍子胥凭直觉认定，公子光不是一个老实本分的人，他表面和吴王僚兄弟情深，实际上一直觊觎王位。

这都要怪吴国继承王位采用的是兄终弟及的方式。发动吴楚八十年战争的吴王寿梦有四个儿子，按年龄大小依次是诸樊、余祭、夷昧、季札。除了季札淡泊名利没有当国君，诸樊、余祭、夷昧先后担任了吴王。

风水轮流转，父辈都死光了，那就应该轮到儿子辈了。公子光是诸樊的长子，吴王僚是夷昧的长子。诸樊比夷昧大，公子光在王位的继承顺序上本来有优先权，可是吴王僚把本属于公子光的王位给抢了。公子光知道自己弱小，于是隐忍下来，一直暗中等待合适的时机。

伍子胥与公子光素未谋面，但伍子胥相信公子光一定会重用自己，因为只有自己才能帮他登上王位。于是伍子胥自称是来自楚国的流亡大夫，敲开了公子光家的大门。

公子光很谨慎地接待了伍子胥，而伍子胥单刀直入地说："公子，我可以帮你登上王位。"

公子光脸"唰"地一下就白了。他不知道眼前的伍子胥是敌是友，万一这是吴王僚派来故意试探自己有没有二心的呢?

"这位先生，你刚才所说的，可是大逆不道的话。"公子光紧锁眉头，试探地说道。

"公子，我跟你直说吧，我辅佐你登上王位，是为了复仇。"

"复仇？"

伍子胥满腔怒火地说："我们伍家在楚国世代忠良，结果全家却被昏君楚平王杀害，只有我一个人逃了出来。我必须借助吴国的力量才能报仇雪恨，所以我将用我的才学辅佐你登上王位，将吴国国力推向顶峰，助吴国灭掉楚国。您信也好，不信也罢，反正我说的都是实话，我就是要杀光楚王全家！"

公子光倒吸了一口气，他以为伍子胥是为了荣华富贵而帮自己，没想到伍子胥真正想要的是复仇。可是楚国毕竟是个超级大国，几百年来，从来没有一个诸侯国越过方城，兵临郢都城下。

不过公子光转念一想，千万不能低估复仇的力量，它能将一个人的潜能激发到意想不到的状态。

“你有什么方法可以帮我？”公子光严肃地问道。

“你只需要告诉我，吴王僚最大的爱好是什么。”

公子光仰着头，嘴里不停地念叨：“最大的爱好是什么？”他的脑子在不停地检索，吴王僚算是一个职业君王，不近女色、不爱打猎、不爱喝酒……

“对了，吴王僚爱吃鱼！”公子光苦笑道。这是他唯一能够想到的吴王僚的爱好。

伍子胥听到这个信息，大脑开始飞快地运转。伍家在楚国数百年，什么宫廷政变、阴谋诡计没见过？他很快就想出了一招，于是两人找了一个小房间，密谋起来……

没几天，伍子胥把专诸带来引荐给公子光。公子光一见到专诸，就觉得这人块头真大。

于是公子光与伍子胥把专诸当作祖宗一样供了起来。专诸家的房子破了，公子光给盖座新的；专诸缺钱了，公子光送来数不尽的金银财宝，够专诸用几辈子；专诸缺吃的，公子光送来成吨的粮食，专诸家都能开米店了。

专诸被公子光与伍子胥搞得都不好意思了，不知道该怎么报答。而公子光与伍子胥拉着专诸的双手，含情脉脉地说：“都是兄弟，客气啥啊？”

“好兄弟，一辈子！”专诸感动得痛哭流涕，他从小到大就没有遇到过对他这么好的人，比亲爹都亲。

公元前515年周历一月，伍子胥去见专诸：“我有一事相求。”

专诸说：“请尽管吩咐，我在所不辞！”

伍子胥：“公子光在太湖边上给你报了一个高级厨师特训班，你去学三个月，专门学烤鱼。”

专诸：“什么，学烤鱼？难道公子光爱吃烤鱼？”

伍子胥：“你不用多问，你只需要把烤鱼技术练到炉火纯青就可以了。”

周历四月，等专诸已经把烤鱼技术学到家了，公子光召他回来。专诸回来见到公子光与伍子胥，原以为自己将在府里干厨师了，哪知道公子光对他说的话，让他后脊背发凉："专诸，我需要你帮我杀一个人！"

专诸不屑地说："是哪个人敢惹公子生气？你告诉我，那人叫什么名字，住哪里，我马上把他人头送来。"

公子光："吴王僚。"

专诸沉默了。

专诸虽说是一个壮士，但他也知道刺杀吴王可是有去无回，要说出"不怕死"三个字，真的很难。

看到专诸为难的表情，公子光与伍子胥很紧张，生怕专诸撂挑子。

但是专诸最终说道："公子待我犹如亲生父母，我愿为公子赴汤蹈火。"

公子光与伍子胥长舒了一口气。

公子光之所以召专诸回来，是因为此时是刺杀吴王僚千载难逢的好时机。三个月前楚平王去世，吴王僚想趁楚国大丧，对楚国发动一场大战，趁机捞一把。于是吴军主力全部出征楚国，国内空虚，而吴王僚自己却没有去。

公子光向吴王僚发出正式邀请："过几日，请到家里来吃大厨做的太湖烤鱼。"吃鱼达人吴王僚立马答应了。

在刺杀吴王僚的前一天晚上，专诸被公子光和伍子胥叫到面前。

公子光隆重地给了专诸一把宝剑，剑身上的花纹像鱼肠一样。当专诸把剑从剑鞘里拔出时，一道剑气扑面而来。

伍子胥看着宝剑，充满敬畏地对专诸说道："专诸，这把宝剑名叫鱼肠剑，是闻名天下的越国铸剑大师欧冶子所铸。他用了赤堇山之锡，若耶溪之铜，经雨洗雷击，得天地精华，才铸就此剑。这把宝剑辗转多处，最后被公子高价求得。希望你用此剑击杀公子仇人。"

"众所周知，吴王僚出行，身边卫士众多，那我该如何刺杀？"专诸问道。

"烤鱼的时候，你把宝剑藏于烤鱼肚内，然后把烤鱼端到吴王僚面前，到时从鱼肚内拔剑刺杀就可以了！"

"哦。"专诸感叹了一声。他终于明白公子光和伍子胥为什么要让自己学烤鱼而不是酸菜鱼了。

这里就要说下春秋时剑的长度。去过秦始皇兵马俑博物馆的人，应该看到过秦军的铜剑，长的都是八九十厘米。但大家不要以为青铜剑全都是这个长度，这么长的铜剑都是战国后期的。由于制造工艺的限制，春秋时期的铜剑都是短剑，最长也就50多厘米，比如著名的越王勾践剑全长55.7厘米，很多铜剑也就是40多厘米长。

唐代司马贞给《史记》作注释时说："匕首，短剑也。"所以那时短剑也称匕首。一条大鱼烤好后是能完整地塞下一把青铜短剑的。

过了几天，吴王僚应邀赴约。为了自己的安全，吴王僚带了人数众多的亲兵，从王宫门口一直排到公子光家门口，吴王僚自己身上还穿了三层软甲。到了公子光家后，他身边还有两位持戟贴身侍卫，寸步不离。

公子光与伍子胥把家里的甲士全部藏在地下室，因为只要专诸把吴王僚杀死，剩下的亲兵都将是无头苍蝇。

吴王僚与公子光寒暄过后，专诸端上了自己做的烤鱼。吴王僚的亲兵对他搜了身，没有发现可疑物。

专诸把烤鱼端到吴王僚面前，一股香味扑面而来，吴王僚闻得口水直流。就在吴王僚想用筷子夹鱼吃时，专诸突然从鱼肚中拔出鱼肠剑，朝着吴王僚胸口刺去，一剑贯穿他的三层软甲，吴王僚一命呜呼。

吴王僚身旁的亲兵立马杀死了专诸。而公子光借专诸上菜的时候偷溜出去，指挥甲士从地下室一拥而出，攻打吴王僚的亲兵。亲兵看主子已经被杀了，顿时都作鸟兽散。

政变成功的公子光登上了王位，他就是历史上著名的吴王阖闾。

兵圣孙子

公元前512年，吴国新都姑苏城外一间破旧的茅草房内，一位从齐国流亡来的年轻人把刚写完的书整理好，准备第二天带着书去求见吴国二把手伍子胥。

这位年轻人就是中国兵家的开山鼻祖，他叫孙武，字长卿，后世尊称他为孙子。

孙武之所以选择求见伍子胥，是因为他可以帮助伍子胥复仇。

在伍子胥的经营下，吴国国力蒸蒸日上。但是伍子胥有一个短板：他虽然搞内政是一把好手，打仗却不是强项。这还怎么帮助吴王灭楚，还怎么向楚国复仇呢？而孙武觉得，自己可以弥补伍子胥的短板。

孙武出生于齐国一个军事世家，祖上参与过齐国的所有战争。多年的耳濡目染，使孙武对指挥作战有自己独到的见解。后来由于齐国内乱，孙武流亡到了吴国。在流亡吴国期间，孙武过着隐居的生活，一边种田一边写书。他总结了古往今来的战争，参透了其中的奥义，写下了震惊天下的兵法十三篇，后世尊称为《孙子兵法》。

孙武敲开伍子胥家的大门，伍子胥亲自接见了他。当伍子胥看完孙武所著的兵法十三篇后，内心感到巨大的震撼。在伍子胥的印象中，打仗很简单，不过就是两军对垒，相互对冲，一战定胜负，但孙武在兵法里描述了许多伍子胥前所未见的花式打法，他从来没想过仗还能那样打。

伍子胥激动地与孙武聊了起来，越聊越投机，简直就是相见恨晚，一对黄金搭档就此诞生。

这两位能珠联璧合，不仅仅是因为他俩一个理政强一个治军强，更主要的是他俩性格互补。一个是熊熊燃烧的火焰，一个是宽广博大的海洋。伍子胥性格刚烈，极其渴望出人头地，内心充满了复仇的火焰；而孙武为人低调谦和，做事极其理性，只想施展自己的才能，对权力没有太大的欲望。按照后来的职务来说，伍子胥要比孙武高一级，但是两人始终相处融洽。

伍子胥赶紧向吴王阖闾推荐孙武，阖闾在召见孙武并看完兵书十三篇后，被孙武彻底俘获。

吴王阖闾："先生的兵法是我读过的最新奇的书，这书所讲的理论很好，但是不知道能否指导实践？"

孙武："可以，我们在宫里不好外调大军进来，不如用宫中的宫女来试验。"

吴王阖闾："好啊。"

孙武："大王请把您的两个宠妃给我，我让她俩当队长，各自率领一队。"

吴王阖闾："没问题，就在宫殿前的广场演练。"

很快，广场上来了三百名宫女，孙武让她们把盔甲穿戴好，手里握紧剑与盾。接着，孙武指导这些宫女摆好队列，然后开始了战术队形的讲解工作："战士们，敲一遍鼓时，全军做好战斗准备；敲第二遍鼓时，全军开始往前齐步走；敲第三遍鼓时，全军开始做出刺杀动作，听明白了吗？"

孙武大声喊完后，没有听到回复，而是听到一阵哄笑。孙武的脸绷紧了，脸上开始露出一丝杀意。

孙武连续敲了三遍鼓，依旧没有看见宫女们按照他的讲解行动，吴王的两个宠妃，带头笑得尤其大声。

"军法官何在？"孙武的一声怒叫响彻了广场。

"在！"军法官站了出来。

"三令五申，士兵不执行军令，是队长的罪过，按照军法该如何处置？"

"斩！"

"把那两个带头不守军令的队长军法处置！"孙武毫不留情地说道。

军法官二话不说，手起刀落，两颗人头滚落在地面，尸体上的血如喷泉般飞溅得到处都是。

剩下的宫女全都吓瘫了，原本以为自己披坚执锐只是玩玩角色扮演，万万没想到，竟是真的演练。不想脑袋搬家的宫女们在孙武再次击鼓时开始整齐划一地操练，生怕做错一个动作。

站在远处看台上的阖闾差点没气晕过去。他原本想派人让孙武刀下留人，没想到这家伙下手太快了。失去了两个爱妃，阖闾心疼不已。本想找孙武算账，可孙武是按照军法办事，阖闾找不到借口。在丧妃之痛的重大打击下，阖闾在宫里躲了好多天。

过了一段时间，伍子胥去找阖闾。阖闾已经走出了丧妃之痛的阴影，于是伍子胥再次向阖闾推荐孙武。可是一听到"孙武"这两个字，阖闾立马感觉到胸口疼痛，扭头想走。

“大王，你若想灭楚，只有孙武可以助你！”伍子胥抓住阖闾的手。

“那好吧。”阖闾为了灭楚，勉强地答应了。

阖闾虽然内心生气，但不妨碍他很快与孙武、伍子胥成为铁三角。吴王阖闾是明君，伍子胥是能臣，孙武是名将，正是这铁三角，将威震天下的楚国打得差点灭国。

《孙子兵法》

提到孙子，就必须提他的代表作《孙子兵法》。《孙子兵法》的思想博大精深，可以指导战争、商战、外交以及为人处世。

《孙子兵法》在中国是历代军人的启蒙教科书，在全球也拥有众多狂热粉丝。虽然它只有五千多字，可是句句精练，读起来朗朗上口，很容易被推广。书里的很多话现在连小孩子都知道，比如“攻其无备，出其不意”“知己知彼，百战不殆”“兵者，诡道也”。

《孙子兵法》的头号粉丝要数曹操，他平时随身携带此书，有空就看。正是依靠这本书，曹操才能纵横天下。取得辉煌的成就后，曹操不无感慨地说道：“吾观兵书战策多矣，孙武所著深矣。”

曹操在繁忙的工作之余，竟然还给《孙子兵法》作了注解，方便人们阅读，这就是著名的《孙子略解》。很多人都为《孙子兵法》作过注解，其中曹操的版本是最有名的，读曹操注解过的《孙子兵法》，就犹如读一本成功学的书。

更有趣的是，诸葛亮也是《孙子兵法》的粉丝。诸葛亮之所以神机妙算、运筹帷幄，也是因为他熟读《孙子兵法》。他曾感慨道：“战非孙武之谋，无以出其计运。”

《孙子兵法》区区五千字，说话直接，也不绕弯子，在开篇第一句就讲清楚孙子对战争的看法：“兵者，国之大事，死生之地，存亡之道，不可不察也。”

意思是，战争是国家大事，关乎国家生死存亡，不能不慎重对待！

在孙子眼中，战争太凶残，总打打杀杀的，不好。能不打仗就尽量别打仗，尽量采用别的方式来解决。

中西方对战争的看法是截然相反的。西方的兵学思想就两个字——毁灭，中国的兵学思想也是两个字——慎战。

西方人不懂，本应该教人如何打仗杀人的兵书，怎么变成一本宣扬和平的书。中华文明能活到现在靠的不是武力征服，而是海纳百川的胸怀与博大精深的文化。无论你从哪里来，你只要认同我的中华文明，你就融入了我。哪怕我暂时被你征服，最终你还是会被中华文明征服。

讲到这里，有人会问：《孙子兵法》既然教人和平，那还怎么指导作战？笔者就来讲讲《孙子兵法》的精髓。

《孙子兵法》告诉我们，要珍惜和平远离打仗，但是敌人打上门来，我们也会奉陪到底。而且，我们有很多种打击敌人的方法，会打得敌人怀疑人生。

如果国君突然对你委以重任，封你为大将军，让你带兵打仗，而你是一个军事菜鸟，什么都不懂，那你该怎么办呢？答案是，赶紧看《孙子兵法》，因为它的内容通俗易懂，操作易上手。

当你拿起《孙子兵法》十三篇，可不能乱翻。这十三篇的顺序可不是乱编排的，而是有着层层递进的关系。按照顺序，依次是《始计篇》《作战篇》《谋攻篇》《军形篇》《兵势篇》《虚实篇》《军争篇》《九变篇》《行军篇》《地形篇》《九地篇》《火攻篇》《用间篇》。

作为一名将领，你首先要考虑的是战争能不能给国家带来收益，如果干的是赔本的买卖，国家迟早要破产清算。

怎么看战争的收益呢？《始计篇》《作战篇》《谋攻篇》告诉我们该如何做好战前计算。战争打起来很费钱，又会死很多人，所以打仗要慎重，能不打就别打，否则老本都不够你赔的。

虽然不想打仗，但还是要做好战争的准备，战前要比较敌我优劣势，做好详细的作战计划和充足的物资准备。要尽量集中比敌人更多的兵力，因为自己的实力越强胜算就越大，当自己实力比对方强时，就可以威慑敌方，达到不战而屈人之兵的目的。

在战争无法避免的情况下，作为将领的你就需要制订战略计划。《军形篇》《兵势篇》《虚实篇》就是教你如何制订战略计划的。

在制订战略计划的时候，要根据自己的实力结合各种有利的要素来攻击敌人，要善于造势，而虚实则是战争艺术的精髓。唐太宗李世民看完《虚实篇》后，疯狂点赞并留言："朕观诸兵书无出孙武，孙武十三篇无出虚实。夫用兵，识虚实之势，则无不胜焉。"

每个人都有虚的一面，也有实的一面，你要虚虚实实迷惑敌人，让敌人摸不着头脑，同时要避开敌人实的一面，用力击打他虚的一面。

比如战国时齐、魏两国的马陵之战，齐国孙膑用兵就是虚虚实实。孙膑暗中调兵遣将，增加军队，表面上却减少行军途中所用的饭灶，以迷惑魏国庞涓，让他产生齐军士兵大都逃散、兵力大减的错觉。结果，庞涓带领魏军盲目冒进，齐军打了他们一个措手不及，大获全胜。

制订完战略计划后，就是制订具体的战术打法。《军争篇》《九变篇》《行军篇》《地形篇》《九地篇》《火攻篇》《用间篇》就是告诉你，根据什么情况，可以实施什么打法。

《军争篇》告诉将领如何在战争中组织和调动军队。一个军队最完美的战斗表现就是"其疾如风，其徐如林，侵掠如火，不动如山"，这句话成为历代将领治军的终极梦想。

《九变篇》告诉人们一将无能累死千军的道理，要求将领必须是一个大脑清醒的人。

《行军篇》讲的是在进军、扎营、两军对垒时，将领应该如何利用有利的地形作战。

《九地篇》告诫将领，一旦打仗就要有必胜的信念，危急关头要有置之死地而后生的决心。

《火攻篇》教你如何放火，还告诉你放完火后不能得意忘形，一定要冷静。

《用间篇》教你如何进行情报战，提出能收买敌人就尽量收买敌人。

十三篇的大致内容讲完了，怎么用，就靠实战演练了。

正是《孙子兵法》造就了无数英雄豪杰。如果你想成为一位名将，请翻开《孙子兵法》；当你面对敌人，不知道该怎么打时，请翻开《孙子兵法》；当你人生遇到问题，不知道该怎么处理时，请翻开《孙子兵法》。

贰拾肆

风林火山

步兵突击

吴灭楚的战争一触即发，而吴国兵力只有三万三千六百人。要知道，楚国全国兵力达二十多万人！

对，吴国就是这么嚣张，就是这么不自量力。

吴国的底气来自吴军的武器和士兵。

吴国手里的第一大王牌兵器，就是被欧洲人视为魔鬼的武器——弩。弩射出的箭，其动能、初速、射程、穿透力远高于弓射出的箭，而且一个人在几天之内就可以熟练操作弩。

弩原本是楚国人发明的，可是楚国是一个贵族把持的国家，绝不会让这种魔鬼的武器流行，所以弩在楚国只可能小范围装备。吴国却不一样。吴国算是春秋诸侯里的后起之秀，是由断发文身的部落发展成国家的，国内没有老牌诸侯国里的大贵族，国王相当于一个部落的大酋长，国家主要阶层就是老百姓。在这样一个国家里，一旦出现“黑科技”，没人能控制其传播。

吴国人对弩一见钟情，拼命仿造，疯狂装备。虽然历史资料没有直接告诉我们吴军配备弩的总数量，但是我们可以从其他资料中看出一些端倪。比如吴国的水师大翼船，战斗人员有38人，配备弩32把，装备比率高达84%。吴军估计是全世界第一支大规模装备弩的军队，其恐怖的远程输出能力在当时可以算是全球第一。

吴国后来的死敌越国曾经想报复吴国，但范蠡对越王勾践惊恐地描述吴军的弩：“舆舟之利，顿于兵弩！”意思是，无论是战车还是战船，都会被吴军的弩打败。

吴国还有第二大王牌兵器，就是铸造精良的青铜武器。

很多人以为春秋时最精良的武器都在越国，因为湖北省博物馆里有著名的越王勾践剑。这把剑埋在土里两千多年，挖出来的时候就跟全新的一样，剑气逼人，锋利无比。可是很多冲着越王勾践剑慕名而来的游客，往往忽略了旁边冶铸精良、可以与越王勾践剑媲美的吴王夫差矛。

吴国与越国在青铜武器铸造技术上都是举世闻名，而楚国人一直在模仿，从未超越过。

弩与更精良的青铜武器让吴国在武器装备上与楚国产生了代差，如果交战的两军在装备上有着代差，那将迎来一边倒的屠杀。

聊完了吴国的武器，我们来聊聊吴国的士兵。

毛泽东说过：“武器是战争的重要因素，但不是决定的因素，决定的因素是人不是物。”

吴国是个小国，它能凑出来的兵力也就三万多人，而且几乎都是两条腿的步兵，吴军也被称为春秋时期第一个成建制的步兵军团。

春秋时大家普遍爱马，可如果你在吴国爱上一匹马，你只会感到绝望，因为那里没有草原。所以位于江南水乡的吴国，陆军的主力就是两条腿的步兵，战车只是辅助兵种。

然而虽然吴军都是步兵，但是战斗力超强，打起仗来都不要命，因为他们知道自己为何而战。

吴国是一个年轻有活力的国家，没有大贵族，国内贫富差距又不大，老百姓就是社会中坚。吴国没有经历过井田制的荼毒，老百姓都是自己有田的自耕农，再加上太湖地区是鱼米之乡，老百姓普遍富庶。所以，吴军士兵在打仗的时候知道，打仗不仅是保家卫国，更是为了保护自己的私人财产。

而相较而言，诸侯国的步兵都是底层赤贫的老百姓，打仗时跟在贵族战车屁股后面。吃不饱，穿不暖，没有自己的地，打赢打输和自己都没有关系，他们不知道为何而战。

用一个专有名词来命名吴国的步兵，就是“公民兵”。

我们会发现，历史上，中西方公民兵都有几个特点：家里有点钱，打仗要么是为了保护财产，要么是为了发家致富，而且以步兵居多，因为对于老百姓来说，买匹战马就跟买辆超级跑车一样不切实际。

有句古话说得好：“兵贵精而不贵多。”公民兵虽然不如贵族武装精良、武艺高超，但是他们战斗意志强，纪律严明。

吴国那些平民出身的步兵，在黑科技的武装下，即将向超级大国楚国发动一场灭国级战役。

柏举之战

公元前506年，周历十一月初的一天深夜，楚国郢都还在沉睡，一辆马车突然从城外急速驶入城内，直奔令尹府邸。到了令尹府邸大门口后，车上跳下一位信使，疯狂地拍打大门。府内的仆人一边咒骂一边穿衣服出来开门。当信使告诉仆人来意后，仆人脸色大变，连滚带爬地带着信使去找令尹囊瓦。

还在酣睡的令尹囊瓦被仆人强行推醒。囊瓦被扰了美梦，带着气起床。可是他一听到信使报告的信息，立马抽了自己几个大嘴巴，看自己是不是在做梦。

信使说："举水（今湖北省麻城）地区发现大批吴军，正向汉水方向快速行进。"

令尹囊瓦根本不相信这是真的，因为吴军根本不可能空降进入举水。要知道，楚国从建国以来，一直凭借坚固的方城防御工事，将任何想入侵楚国的敌人挡在国门之外。只有攻下方城才能深入楚国腹地，而举水位于楚国腹地，难道吴军是插了翅膀飞过来的吗?

就在囊瓦半信半疑的时候，第二位信使又闯进他家大门。这位信使带来了让囊瓦彻底崩溃的消息："大别山冥厄隘口出现大股吴、蔡、唐联军，正向汉水方向急行军。"

令尹囊瓦惊出一身冷汗："方城没有敌情，两支吴国大军竟然从天而降般地出现在楚国腹地，并朝汉水出发。看来吴军目的很明确，是要越过汉水，拿下郢都。得赶紧召集大军截住吴军，不然老家要被端了。"

这会儿轮到囊瓦屁滚尿流地往王宫跑了。很快王宫灯火全部亮了起来，紧接着郢都各大臣的住所也亮了起来。军情紧急，大家都不睡觉了，朝着王宫一路狂奔。

十七岁的楚昭王慌了。他是楚国历史上第一个被外敌入侵腹地的君王，他唯一能做的就是任命令尹囊瓦为主将，左司马沈尹戌为副将，率领大军前去抵抗吴军。

楚国人始终不明白，吴军是如何飞过固若金汤的方城，深入到楚国腹地的，这已经完全超出了他们当时的认知，无疑是一起巨大的“黑天鹅事件”。营造上百年的方城显得毫无用处。

吴楚作为不共戴天的死敌，不是你死，便是我亡。吴王阖闾手下的总参谋长孙武，早在几年前就开始制订详细的灭楚计划。

在孙武看来，楚国地广人多，吴国地少人稀。如果吴国与楚国打持久战，只会空耗吴国国力，最后倒下去的就是吴国。所以必须以最短的时间、最少的消耗去灭掉楚国，完成蛇吞象的壮举。

楚国的门户是方城，这是楚国营造一百多年的防御工事，从来没有一个外部敌人能越过方城。而且方城附近还有申、息两县，这两县作为楚国边境的军事重镇，县兵人数众多。方城防线周边拥有十万楚军，而吴军全国能凑出来的士兵只有三万多人。让三万多人去攻打十万人把守的铜墙铁壁，无异于鸡蛋碰石头。

既然大门突破不了，那就翻墙吧。楚国的围墙就是巍峨的大别山，东西长380公里，南北宽175公里，重峦叠嶂，很难通行。这座山形成了天然屏障，把楚国与中原大地隔开。

在楚人看来，大别山是上天赐给楚人的天然防御工事，因为战车无法越过大别山。春秋时战车是战场上的主力，主力都来不了，还打什么仗啊?

但是战车无法越过，不代表两条腿的步兵不行。

深入楚国腹地的吴军，就是翻越大别山进来的。

《孙子兵法》有云：“攻其无备，出其不意，此兵家之胜，不可先传也。”翻墙也是一门技术，有的人翻得好，双脚平稳着地；有的人没翻好，来了一个“屁股向后平沙落雁式”，摔得半身不遂。所以孙武在制定翻越大别山的行军路线时，慎之又慎。

吴军虽拥有彪悍的战斗力，但是后勤受到制约。吴军从首都姑苏出发前往楚国郢都，全程达一千公里。这是中国自盘古开天辟地以来，第一次在战争中出现这么长的进军里程。

在那个没有罐头或压缩饼干，后勤保障又糟糕的年代，即使吴军能到达郢都城下，估计也要饿得半死。

为了解决后勤问题，就必须在楚国附近设立一个补给站。

碰巧，楚国大门口的蔡、唐两个附庸国，不仅要向楚国缴纳巨额的保护费，还要遭楚国敲诈勒索。为了出这口恶气，蔡、唐两国甘愿给吴国当小弟，并在战争中担任带路人。于是蔡、唐两国成为吴国灭楚的前线粮食补给站。

按照孙子制订的计划，吴军兵分南北两路。南路是主力军，将从潜（今安徽霍山）地出发翻越大别山到达举水。北路是水师部队，扮演的是运输大队长的角色。他们从淮河溯江而上，到达蔡国境内，然后弃船上岸会合蔡国军队，翻越大别山无人区的大隧、直辕、冥厄三道隘口，到达唐国境内。随后，三国联军带着粮食补给向汉水进发。两路大军最后会师于汉水边，进攻楚国郢都。

按照孙武的作战计划，吴军两路大军迅速翻过大别山，进入楚国境内，直奔目标汉水。

楚国这一方已乱成一锅粥。楚国从来都是外线作战，主力都放置在方城，如今第一次被敌人打到家里，简直是奇耻大辱。令尹囊瓦和左司马沈尹戌拼命调动部队，要抢在吴国两路大军会师前，将敌人阻挡在汉水之外。

楚国总兵力有二十万，虽然远在方城的十万兵力来不及赶回来，但郢都也还有王卒。令尹囊瓦和左司马沈尹戌带着精锐的王卒，会合各路援军凑了十万人，星夜兼程赶往汉水，想先截住吴军再说。

当他们赶到汉水西岸时，最不想看到的一幕还是发生了：吴国两路大军已经会师于汉水东岸。

一场决定楚国存亡的大战即将打响。

日本战国时代，一个名叫武田信玄的诸侯沉迷于《孙子兵法》不能自拔，就把书里面的一段话“其疾如风，其徐如林，侵掠如火，不动如山”写在了大旗上，这段话又被日本人简称为“风林火山”。武田信玄按照《孙子兵法》，把军队打造成了“风林火山”一样的队伍，大杀四方，号称日本战国第一兵法家。

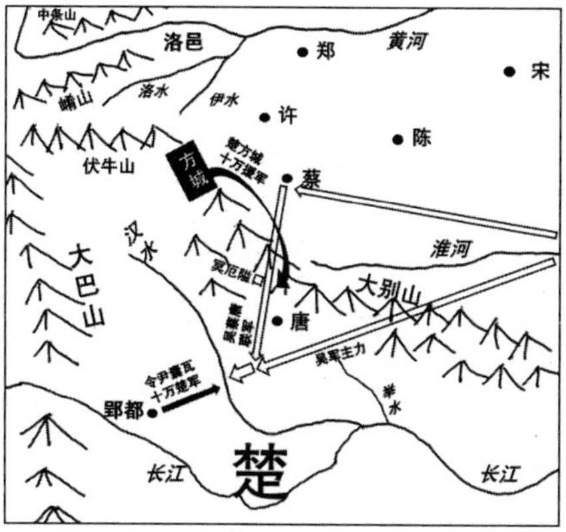

柏举之战

而在两千年前的汉水边上，孙武将用三万多吴军，展开一场关于《孙子兵法》的现场演绎，让对面的楚军明白，什么叫作“风林火山”。

吴军在汉水东岸并没有主动攻击楚军，而是在岸边摆好阵势与楚军对峙。整个吴军如同泰山一样不可动摇地屹立在河对岸，这就是“不动如山”。

汉水西岸的令尹囊瓦与左司马沈尹戌看到吴军只有三万多人，长长地舒了一口气。自己手上的十万大军比吴军人数要多，挡住吴军是没有问题的。但是吴楚交战多年，楚人深知吴军的战斗力，挡住对方没有问题，但要全歼对方，可能性不大。于是左司马沈尹戌萌生出一个想法：不如凑齐全国兵力，以绝对优势兵力全歼吴军。

左司马沈尹戌对令尹囊瓦说：“您先在汉江拖住吴军，我快马加鞭去方城，把方城附近精锐的十万大军调过来。吴军孤军深入，我带着十万人抄了他们后路，最后我们两军前后夹击，以二十万人的兵力，一定能全歼吴军。”

令尹囊瓦批准了沈尹戌的意见，沈尹戌驾着车朝方城风驰电掣般去了。

沈尹戌走后，楚军就在汉水西岸与吴军对耗。这耗着耗着就出问题了，因为下起了连绵不断的大雨。

下雨会导致河水泛滥，阻碍部队行进，甚至可能水淹部队。这次下雨倒没有淹死人，但是让楚军盔甲产生了严重的质量问题。

楚国因为不差钱，给军人装备的都是皮甲。大家洗过衣服都知道，皮革只能干洗，不能用水洗，因为一旦泡水基本上就毁了。楚国过去在争霸中原的过程中也遇到过两军对峙时下雨的情况，但是中原各国也都普遍装备皮甲，你下雨受潮，我下雨也受潮，所以大家防护力一起降低，就不影响战争胜负了。

然而楚军对面的吴军，铠甲非常奇葩，是用木头造的。吴国作为春秋造船大国，木头加工工艺水平极高。古代都是木船，用木头造船是很有讲究的，造船材质要坚硬，遇水更要变硬，比如铁桦树、铁刀木树等。吴军的木头铠甲硬度堪比钢铁，遇到水后反而变得更加坚硬。

雨下了几天后，楚国的铠甲变得松软酥脆，而吴国的铠甲变得跟钢铁一样，穿上木甲的吴军，个个都是刀枪不入的“钢铁侠”。

楚军将领看着帐外的大雨彻底坐不住了，赶紧去找令尹囊瓦请战。

楚军一位叫武城黑的将领对囊瓦说：“吴军铠甲用的是木头，楚军铠甲是皮甲，不能这样耗下去了，赶紧速战速决！”

另一位叫史皇的将领也说：“如果让左司马带兵突袭抄了吴军的后路，最后战功最卓著的就是他，而不是您！为了大家，为了您，赶紧打吧！”

“请令尹大人速战速决！”众将领齐声喊道。

囊瓦听完觉得也有道理，没有主见的他听从了众将领的要求。于是，巍巍楚国已然半截身子入土了。

汉水西岸战鼓声响了起来，楚国十万大军开始渡河了。汉水东岸的吴军没有半渡而击，而是向后撤了。

楚军看见吴军后撤，以为吴军是惧怕自己。傻乎乎的楚军没有注意到，缓缓后撤的吴军队形如同林木一样井然有序，这就是“其徐如林”。

渡过河后，楚军还没有列好阵就开始向吴军发起冲锋。数千辆驷马战车像无数只狂奔的猛兽扑向吴军，战车上的贵族们都想获得军功。

吴王阖闾、伍子胥、孙武同乘一辆战车坐镇中军。阖闾与伍子胥什么都不说，只是抱着学习的心态，看着孙武对整个战场进行熟练的指挥。

孙武竖起军旗，于是吴军停止后撤，全军转向楚军。弩手排成数排，举起弩，瞄准冲锋的楚军战车。

孙武看见楚军战车已经进入弩的射程之内，于是将手中军旗落下，第一排弩手射出了乌云般的箭雨。冲在最前的战车如同被钉在地上一样动弹不得，战马与车上的贵族浑身是箭，如同刺猬一样。后排战车上的车左想朝吴军放箭，可是距离太远，弓的射程远远不够。楚军只能硬着头皮继续往前冲。

吴军的第一排弩手射完后，撤至后排接着张弩上箭，第二排弩手则走到阵前开始射击。又是一阵箭雨砸向楚军战车，无数战马被射死，失控的战车横冲直撞，数不清的贵族被掀飞出去，侥幸不死的也被弩箭钉在了地上。

就在楚国贵族驾着战车驶入地狱时，孙武的军旗再次落下，吴军左右军阵开始包抄楚军。只见吴军左右两翼动作神速，如同疾风掠地一般，这就是“其疾如风”。

眼瞅着要被吴军包饺子的楚军拼命往回跑，众多步兵被往回撤的战车碾压致死。眼看吴军要把楚军合围了，孙武却又鸣金收兵。吴军立刻停止了追击，全部返回本阵。

逃出生天的楚军士兵在大雨里哀号着，每个人都胆战心惊。吴军的强弩像机枪一样收割楚军将士的性命，楚军都没有接触到吴军就已损失惨重。

令尹囊瓦收拢大军后发现，楚军虽然损失惨重，但是由于吴军网开一面，因此楚军主力尚存，仍有与吴军决战的实力。于是他决定向西撤退到小别（汉川地区）进行休整，等待沈尹戌的十万援军。

然而，楚军的噩梦才刚刚开始。吴军训练有素又有弩加持，管你楚军是十万还是二十万，来了都只能送人头。

吴军在汉水与楚军对峙时，孙武之所以没有主动进攻楚军，是为了避开楚军锐气，让楚军主动攻击，自己以逸待劳。而他之所以放楚军走，是因为若想要全歼楚军，必定逼得楚军鱼死网破。吴军只有三万多人，想要一口吃掉十万敌人，必然会付出沉重的代价。所以，不如把这只身受重伤的老虎放回去，等它松懈麻痹时，再杀死它。

《孙子兵法》有云：“善用兵者，避其锐气，击其惰归，此治气者也。”

就在囊瓦带着大军在小别地区休整的那天晚上，当楚军大营陷入梦乡时，幽灵般的吴军突然出现，一场夜袭开始了。吴军对楚军的侵袭惊扰，如同燎原之火，熊熊燃烧不可遏制。楚军来不及组织抵抗，全军向西奔逃。

残存的楚军跑到了大别（今武汉地区），原本想在这里喘口气，却又看见吴国追兵像魔鬼一样追了上来。吴军二话不说，把楚军打得继续向西逃窜。

吴军在孙武的指挥下，打出了“风林火山”的气势。楚军三战三败，最后退守到柏举（今湖北安陆地区）。令尹囊瓦一直没有看到方城来的十万援军，而自己的十万大军已经被打得所剩无几，濒临崩溃了。

囊瓦明白，除非奇迹诞生，否则自己很难有翻盘的机会。只要吴军再发动一次攻击，剩下的楚军只有死路一条。想到这里，囊瓦想逃跑了。但史皇在他收拾行李的时候拉住了他，愤怒地说道：“你作为令尹，临阵脱逃，你就是国家的罪人。还不如战死沙场，也算保留自己的名节。”

囊瓦无奈地留了下来，在柏举指挥残存的楚军准备展开最后的决战。

周历十一月十九日，吴楚在柏举展开决战，这是决定楚国生死的一仗。

楚军摆好阵势，但每一个士兵都毫无斗志。他们已经连战连败，接下来的一仗对于他们来说，又是一场毫无悬念的战败。楚军的战车也不冲锋了，他们知道自己就是冲出去也要被射成马蜂窝，还不如静静地待在原地，哪儿都不去。

吴军三军见楚军纹丝不动，于是主动发起攻击。吴王阖闾的弟弟夫概亲率五千人冲击楚军，楚军一触即溃，全军又逃到了柏举西南的清发水。

当楚国残军渡河渡到一半时，吴军发动猛烈攻击。这十万楚军彻底报销了，无数将领战死，负有直接领导责任的囊瓦逃亡到了郑国。

在囊瓦的十万楚军被全歼后，沈尹戌带来的方城十万援军才终于赶到战场。

可是，囊瓦从郢都带来的十万大军是由精锐的王卒与宫甲组成的楚军精华。精华都被打没了，剩下的军队还有什么用呢？

由于情报消息滞后，沈尹戌不知道之前楚军是怎么失败的，他带着十万方城楚军与挟大胜之余威的吴军交战。战场上，他带头驾车冲向吴军，结果身中三支弩箭，死了。

于是，沈尹戌的十万援军一战就全军覆没了，败得比打了四场仗的囊瓦还要惨。

吴军五战全胜，楚国的二十万大军灰飞烟灭，贵族也几乎全部战死沙场。

申包胥哭秦宫

周历十一月二十九日，五战五胜的吴国大军，仅用了一个月不到的时间，就抵达郢都城下。楚国从建国至今，从未发生过外国军队兵临郢都的情况，而吴国人是首先做到的。

吴王阖闾、伍子胥、孙武三人站在郢都城墙下，仰望着这座伟大的都城。

孙武有种妙不可言的快感，因为他把毕生所学所悟的知识付诸实践，取得了前无古人的功绩。南天一霸的首都即将被他拿下，什么春秋五霸的赫赫武功，在孙武面前都不值一提。他就是天下第一兵圣，未来所有的将领都要亦步亦趋地学他。

此时的孙武就像高考考了全省第一的学霸，内心充满了成就感。可是当孙武转头看到吴王阖闾和伍子胥时，却发现他俩虽然也在高兴，可是笑容却不对劲。

吴王阖闾望着城墙，露出的是邪魅的笑容。郢都城内有楚国积攒数百年的奇珍异宝，城内有奢华的王宫，宫内有美女如云，他要好好享受一番。

伍子胥露出的是歇斯底里的笑容。他的家人惨死在楚平王之手，为了复仇，他四处逃亡；为了过昭关，他一夜白了头。他日日夜夜想的都是手刃仇人。现在，他终于杀到郢都城下，终于可以用仇人的血来告祭亲人，多年的大仇终于可以报了。

看到这两位不正常的笑容，孙武向他们二位说道："善待自己的敌人，让他们有归顺之心，这才是战胜敌人使自己强大的方法，我在兵书里也是这么写的。"

吴王阖闾与伍子胥听完，不屑地看着孙武。

吴王阖闾说："我记得先生的兵书里有这么一句话：'掠于饶野，三军足食。’”

伍子胥说：“先生，我身负血海深仇，但我不光要替自己报仇，更要替吴国惩戒楚国。您在兵书里不也说过‘威加于敌’的话吗？”

孙武听完无语了。眼前的这俩家伙，真是把自己兵书的知识活学活用，不过没用在战场上，而是用在害人上。

孙武什么话也不说了，还是干好自己的本职工作，指挥大军攻城吧。

攻城的士兵们登上城楼后，没有听到厮杀的声音。过一会儿，巨大的“嘎吱”声响了起来：攻城的士兵发现城墙无人防守，于是把城门打开了。原来楚昭王早就逃亡到了随国，郢都现在是一座空城。

打造一支铁军，需要数年工夫；可是要腐蚀一支铁军，一天就够了。

三万多吴国大军蜂拥而至，在郢都这座数百年的大都城里到处奸淫掳掠。他们把能抢的都抢走，不能抢走的直接破坏，连楚国太庙里巨大的镇国之宝“九龙之钟”也被吴军砸毁。

吴王阖闾带着亲兵率先奔向了楚王宫。楚昭王为了轻装简行，一个妃子都没有带走，这可便宜了吴王阖闾。他把楚王的后宫佳丽纳为己有，在那里寻欢作乐。

伍子胥找不到楚昭王报仇，于是直奔楚平王的陵墓，掘墓鞭尸以泄愤。

吴军只有三万多人，却要占领楚国庞大的地盘，就像是一把盐被撒到操场，瞬间就没影了。由于楚国王室已存在数百年，在国内还是有点威望的，吴军的暴行激起了楚国人民的集体反抗。楚国老百姓与残军一起开展游击战，时不时摸个哨、放把火，吴军深深地陷入了楚国人民自卫战争的汪洋大海里。

当楚国战火连天、君王流亡在外之时，有一个大臣没有留在国内从事抵抗运动，也没有与楚王一同流亡，而是去秦国搬救兵了。这人就是千古第一哭——申包胥。

申包胥年轻的时候与伍子胥是好朋友，两个人因为命运的捉弄，走上了截然相反的人生道路，一个亲手毁了自己的祖国，一个亲手挽救自己的祖国。

申包胥之所以选择去秦国求救，是因为秦国是一个大国，还是楚国的铁杆盟友，最重要的是，秦国是一个讲信誉的国家。

秦国在春秋时期的各国中信誉非常好，没有不良记录，讲义气，重感情，是一个有担当的大国。

申包胥到达秦国，面见秦哀公，请求秦国出兵救援楚国。

秦哀公不想打仗。自从弭兵大会后，中原久不闻战事，秦国一直享受着难得的和平时光。于是秦哀公敷衍申包胥，让他住在客栈里，等候消息。

申包胥住在客栈里也没有闲着，他知道秦哀公在敷衍他，于是干了一件轰动秦国的事。

一天早上，秦国大夫们上朝的时候，看见一个身穿楚服的人趴在宫墙下大声哭泣。退朝后，秦国大夫们出宫的时候，发现那个身穿楚服的人还在那里哭。于是秦国大夫们好奇地围了过去，一问才知道这人正是申包胥。

申包胥跪在地上，向秦国大夫一边磕头一边哭诉："我们楚国被吴国灭掉了，楚国与秦国是兄弟之邦，各位大夫请救救楚国啊！"

就这样，申包胥在宫墙下连续哭了七天，周末都不休息，秦国大夫们每次上下朝都能看见申包胥。大家出于同情每次都安慰他，一来二去大家都成好朋友了。

到第八天，秦国早朝的时候，大夫子蒲对秦哀公说："天下之所以和平，是因为晋、楚实力均衡。现在楚国亡了，晋国一家独大，如果晋国对我秦国有不轨的企图，仅靠我们一国，实在难以抗衡。"

秦哀公听完后，意识到了问题的严重性，赶忙召见申包胥。一见到申包胥，秦哀公就唱起了秦国著名战歌《无衣》："王于兴师，修我戈矛，与子同仇。"

申包胥一听，心里的石头终于落下了。他对着秦哀公连续磕头，如捣蒜般。

儿时，家长常对我们说，哭是没有用的。而申包胥告诉我们，哭有时候也很管用，关键是看场合。

公元前505年夏季，申包胥带着秦国援军打回了楚国。已经腐化堕落的吴军散落楚国各地，无法快速集结。秦军在楚国残军与人民的指引下，打了数场漂亮的歼灭战。

沉浸在温柔乡里的吴王阖闾彻底愣了，他万万没想到秦国人会来，更没想到前一年还战无不胜的吴军现在战斗力竟然直线下降。

没两天，阖闾又收到了另一封十万火急的战报：自己的兄弟夫概潜回吴国自立为王，越国趁吴国国内空虚，倾全国之兵攻打吴国，姑苏危在旦夕。

阖闾深刻体会到什么叫祸不单行，人倒霉的时候，喝凉水都塞牙。现在分基地没开好，老家又要被一锅端，必须赶紧回家救援。阖闾留下部分吴军交由孙武统领，让其与秦军周旋，自己亲率主力回国平叛。

孙武不愧是兵圣，仅凭自己手上为数不多的吴军，将秦军死死拖住，让吴王阖闾可以安心平叛。

到了年底，吴军全部撤回本土，吴国国内的叛乱已平定，越国的进攻也被打退，但原本是鱼米之乡的太湖地区也变得满目疮痍。楚国在秦国的帮助下，再次复国。楚昭王也从随国回来了，为了躲避吴军再次奇袭，暂时迁都至鄀（今湖北宜城）。昔日的南天一霸楚国，已经成为躺在抢救台上的重伤员，靠着秦国的救治，苟延残喘地活了下来。

这场大战，没有一个胜者，大家都是输家。如果说有谁能算得上赢家的，那就是孙武。他不图高官厚禄，只希望人生理想得以实现。以往春秋大战都是一天定胜负，孙武的出现改变了整个战争面貌，深深影响了后世两千年。

在吴楚战争中，孙武使出了各种令人眼花缭乱的打法，迂回奔袭，运动歼敌，寻机作战，出奇制胜，硬是用三万多人的吴军灭了二十万的楚军，完成了蛇吞象的壮举。他也当之无愧地成了中国兵家的祖师爷。

然而就在吴国上下沉浸在史诗级胜利中时，身旁的越国成了它的掘墓人。

贰拾伍

争霸或灭国

吴越之争

越国经常在吴国背后捅刀子，吴王阖闾为了彻底解决越国，于公元前496年发兵攻打越国。

就在这年，老越王允常死了，他的儿子继承王位，这就是历史上大名鼎鼎的越王勾践。吴王阖闾认为，越国正值国丧，新王又年轻，正是打击越国的天赐良机。吴国三军在灭楚之战后经历了长达九年的休整，战斗力达到了巅峰，在他们眼中越军只是待宰的羔羊。

吴王阖闾亲率大军杀入越国境内，越王勾践也亲率大军前往阻击，两国大军在檇（zuì）李（今浙江嘉兴一带）相遇。

当吴国大军列好阵后，吴王阖闾在自己的军阵之中远眺越军，发现对面的越军也训练有素地排好了整齐的步兵方阵。春秋第一场步兵对步兵的大战即将爆发。

在阖闾的印象中，越军以往都是缺乏训练的乌合之众，只会搞点偷袭，从来不敢正面决战。今天越军排兵布阵的表现，活脱脱就是吴军的翻版。

是什么原因使得越军竟然在短期内快速升级呢?

答案是，越国现在的“操盘手”是两个楚国人。

只能说，楚国在人才选拔机制上太失败了。楚国是个集体所有制国家，公族牢牢掌握了国家政权，重要职务的人选都是在公族里选拔，说直接点就是任人唯亲。楚国对人才不重视，而吴越两国正在大张旗鼓地开展国外高层次人才引进计划。只要你是人才，来了就给安家费、官职。

跑到越国混得风生水起的两个楚国人，一位叫文种，一位叫范蠡。这两人是好朋友，而且都具有很高的才能。

由于他们在楚国只是低级贵族，想混到楚国上层简直是痴心妄想，所以他们决定去吴越两国发展。

两人一致选择去越国。他俩是不愿意屈居别人之下的，伍子胥在吴国已经混到了二把手，所以他俩只有去越国才会有更大的发展。因此，吴越两国的战争其实也就是楚国人的内战。

文种与范蠡何时进入越国，史书没有详细记载。他俩很有可能是在柏举之战后就到了越国。要知道，越国敢这么正面对抗吴国的步兵方阵，肯定对吴军实力有着深入的了解。极有可能，文种与范蠡作为楚国低级贵族时参加过楚国抗击吴国的柏举之战，并在战争中幸存了下来，所以才对吴军这么了解。

文种与范蠡到达越国后，参照吴军的军队情况，对越军进行了深入的改制。很快，一支翻版的吴军就出现了。

槜李的战场上，两个大步兵军阵对峙着。越王勾践属于脾气比较急的，他组织了两支敢死队，率先向吴军发起冲锋。由于吴军纪律严明，很快打退了敢死队。

据史书记载，为了打败吴军，越王勾践玩起了阴招。他找来了一群犯人，让他们站成三排，然后拿剑抹脖子。吴军看见越军在阵前玩这种自杀性游戏，顿时胆战心惊。

越军趁吴军惊恐，立即向吴军发动总攻，吴军顿时阵形大乱。越国大夫灵姑浮挥戈重伤吴王阖闾，吴军看到主帅负伤，顿时乱了阵脚。战斗最后以越军大获全胜而告终。

要知道，吴军这时离打完灭楚之战还没过几年，主力尚存，具有作战经验的老兵仍在，军队的灵魂人物孙武也依旧在吴国。吴军曾以三万多人深入楚国腹地，横扫二十万楚军，见过的死人比活人都多。这么一支钢铁雄师，怎么会因为见到三排死囚自杀，就吓得胆战心惊呢？

最合理的解释是，越王勾践让死囚在阵前自杀的事情应该是子虚乌有。如果勾践要派死囚上前线，应该会让他们打头阵戴罪立功，打赢了就可以赦免死罪。死囚为了生存，就会激发出无穷的战斗力。

光靠死囚想取胜可能性不大，毕竟他们人太少，最多打乱吴军阵形。最终能扭转乾坤的还是越军本身，越军经过文种与范蠡的训练，战斗力与吴军不相上下。

曾经差点灭了南天一霸楚国的吴王阖闾竟然阴沟里翻船，栽在自己看不起的越国手里，这简直是阖闾一生最大的讽刺。阖闾身负重伤回国，没多久就死了。

阖闾死后，他的儿子夫差正式继位。夫差继位后，每天脑海里都浮现着老爹临死前的遗言："必毋忘越！"身负杀父之仇的他，要让越国血债血偿。

他大举进攻越国，越军兵败如山倒。从来没吃过亏的越王勾践没想到，自己刚继位几年就要当亡国之君了。

勾践找来范蠡询问对策。范蠡无奈地说道："乞和。"

勾践思索了很久，然后长叹一声，咬着牙说道："就听您的话，乞和！"

于是勾践派沟通能力强的文种前往吴军大营和谈。文种到达吴军大营后，跪着向吴王夫差求和，哀求道："吴王就是天王，我们越国得罪了天王，让天王起兵讨伐我们，是我们的不对。我们越王愿世世代代为吴国做牛做马。如果我们越王生了女儿，就送给吴王打扫卫生；如果生了儿子，就给吴王当仆人。未来越国将像侍奉天子一样，侍奉吴王。"

吴王夫差听完开始心动。然而在场的伍子胥当场否决，怒喊道："吴国与越国是死敌，吴国与越国所处地域狭小，过多的老百姓无处迁移，吴越两国不可能并存。"

吴王夫差还很年轻，也没有太多政治经验。他听了伍子胥的话后觉得很有理，决定不同意越国媾和，要彻底灭了越国。

文种带着这个坏消息回去了，越王勾践与范蠡听完感觉五雷轰顶。为了生存，他们开始想一切能自救的办法。

突然，文种和范蠡想到吴军大营里有一位叫伯嚭（pǐ）的楚国同胞。他曾因为楚国内乱逃到吴国，如今在吴国担任太宰，政治地位仅次于伍子胥、孙武。虽然他俩跟伯嚭不是很熟，但是也可以从他身上下功夫。

文种再次出使吴军大营，这次他不是找吴王，而是找伯嚭。

伯嚭接见了文种，文种带来大量的美女与财宝送给伯嚭，还对伯嚭许诺："越国愿意和谈，只要太宰大人能帮越王和谈成功，越国就是太宰大人的小金库。"

伯嚭听完立马心动了。灭了越国对于自己来说没有一丝好处，而留下一个越国，自己将富可敌国。于是伯嚭拍着胸脯向文种保证：“让越王放一百二十个心吧。”

伯嚭对吴王夫差劝说道：“越王愿意老老实实当吴国的臣子，不如饶恕越国。让越国成为吴国附属国，到时候可以问他们要兵要粮，省得我们花费时间与精力去占领它。”

伍子胥听到伯嚭的话后暴脾气发作，怒斥道：“今天不灭了越国，日后必留祸患！”

年轻的吴王夫差面对战和问题也为难了。

突然，他想到自己的梦想是争霸中原，号令天下。如果要当一名天下霸主，就得让自己的小弟心甘情愿地臣服于自己。动不动就灭了一个国家，以后还怎么收小弟？

为了自己的争霸梦想，为了让自己能永垂史册，吴王夫差决定放越王勾践一马。

卧薪尝胆

公元前494年周历六月，越国君臣来到吴国当人质。

吴王夫差给越国君臣安排了很多体力劳动，让他们进行劳动改造。勾践负责喂马，夫差出门的时候，勾践要替夫差牵马执鞭。随同勾践前来的越国臣子都干着奴仆的工作。

吴王夫差还给越王勾践与妻子挑了一块风水宝地居住，这就是吴王阖闾的墓。越王勾践作为吴王夫差的杀父仇人，给夫差的老爹守陵，那是理所应当的事。

年轻的越王勾践没有抱怨什么，他知道自己没有讨价还价的资格，只有伺候好吴王夫差，才能换取自己早日回国。

勾践在吴国踏踏实实地劳动改造了三年，在此期间文种大夫经常从越国带来金银财宝孝敬太宰伯嚭。文种与伯嚭都是楚国人，两人一来二去就成了铁哥们儿。吃人的嘴短，拿人的手软，伯嚭自然没少照顾越王勾践。

有一天，夫差生了重病，勾践让范蠡占卜一下。范蠡占卜完后告诉勾践："夫差没什么大毛病，这病过两天就好。"

可是范蠡说的下半句，差点没让勾践把吃的饭全吐出来："大王您不如假装去探视生病的吴王，然后要求尝一尝他的粪便，再看看他的脸色，随后告诉他，他的病很快就会好的。只要大王这么做，吴王一定会被您感动，到时候没准就放了我们。"

面对如此重口味的提议，越王勾践无奈地叹了口气。是在吴国遥遥无期地待下去，还是选择放弃尊严，换取回家的机遇？

越王勾践思前想后，决定选择后者，站着死固然伟大，但是为了国家的生存而舍弃尊严，也不失为一种悲壮。

第二天，越王勾践找到了太宰伯嚭，对他说："吴王病了，我很替他担忧。我想去看望吴王！"

太宰伯嚭看到大金主让自己帮忙，很乐意穿针引线。伯嚭带着勾践去见了吴王夫差。勾践看了看夫差的气色，然后对夫差说："请大王让我尝一下您的粪便，来判断您的病情。"

夫差猛地一惊，头一次听说尝大便还能诊断病情的。夫差就当开眼界，让侍从端来了粪便。只见勾践抓了一把粪便，尝了一口。

虽然口味很重，但是勾践还是装出很高兴的样子对夫差说："大王，您的病过一段时间就好了。"

吴王夫差半信半疑，结果过了一段日子，病情果然好转。夫差太感动了，再加上勾践在吴国期间任劳任怨，改造表现良好，符合释放条件，于是把勾践放回了国。

勾践离开吴国首都姑苏时，受到了吴国君臣们的热烈欢送。

夫差对勾践说："我赦免了你，请你记住这份情谊。"

勾践立马跪下，如捣蒜般地磕头，说道："今日大王可怜我，让我回国，我一定牢记大王的恩情，永远不敢反叛。"

吴王夫差望着越国君臣远去的背影，内心充满了得意。他让两国重归于好，让曾经的杀父仇人变成了忠于自己的臣子。

可悲的是，吴王夫差太天真了。越王勾践不是一个老实人，老实人才不会想到用这种方式换得自由。

公元前491年周历正月，勾践回国后，一面向吴国称臣，一面整军备战。因为摆在勾践面前的只有一条路可以走：要想让越国强大，就必须灭了吴国。为了激励自己，越王勾践睡在柴草上，每天都要尝一口苦胆。勾践在范蠡与文种的辅佐下，开始了越国十年的经济建设。

勾践鼓励老百姓开荒种地，奖励生产，尤其是鼓励生育人口。那时，一个国家人越多，劳动力与兵源就越充足。越国政府规定，青壮年男子不许娶老妇女，老头不许娶年轻女子。在越国是没有剩男剩女的，女子十七岁还不结婚，男子二十岁不娶老婆，父母都必须治罪。如果谁家要生孩子，国家派大夫免费接生。如果生的是男孩，国家奖励两壶酒一条狗；生女孩，国家奖励两壶酒一头猪。生了三胞胎，国家配给奶妈；生了双胞胎，国家免费发放粮食。

通过奖励耕种与激励生育的政策，越国经济与人口快速增长。

军队建设由范蠡主持。为了提高越军的战斗力，范蠡专门找了两位大师，一位是制弩大师，一位是剑术大师。

制弩大师叫陈音，是楚国人。陈音收到同为楚国人的范蠡的高薪聘请，高兴地来到了越国。越王勾践亲自接见了陈音，饱含深情地对陈音与范蠡说：“我们之前对吴国作战，无论陆战还是水战，都被吴国的强弩所伤，我们也要自己造弩！”

陈音对越王勾践说：“弩是从弓衍生出来的，而弓又是从弹弓衍生出来的。楚国有位工匠叫琴氏，他为了增强弓的杀伤力，将弓横过来，加上木臂，这就是弩的雏形。”

越王勾践问：“那怎么在战场上正确使用弩呢？”

陈音一边拿起弩演示，一边说：“这很简单，首先身体要挺直，头要平稳，左脚向前，右脚向后。左手像握着树枝，右手像怀抱婴儿。心平气和，屏住呼吸，瞄准敌人，扣准扳机就可以了。”

越王勾践：“大师，我有个问题想问，弩上箭的速度没有弓快吧？”

陈音：“是的，这是弩唯一的不足。”

越王勾践：“那打仗的时候，弩射完一支箭后，在上第二支的时候敌人冲上来了，怎么办？”

陈音：“用三箭连射之法。让弩手排成三列，第一列射完，退后上箭，换第二列射，第三列准备。这样就可以持续不断地射出弩箭。”

越王勾践听完大加赞赏，让陈音大规模制造强弩。

范蠡请来的剑术大师非比寻常。这位大师是名女子，隐居在荒郊野岭之中，修炼的剑术高深莫测，可以横冲直撞、正击反刺，来去自如。她一人可以击杀百人，如果百人学此剑术就可以击杀万人。越王勾践为这女子取名叫“越女”，武侠小说大师金庸先生还专门写了一本小说叫《越女剑》。

越王勾践不光重视剑术，还重视铸剑。越国的铸剑工艺堪称独步天下。现在湖北省博物馆里珍藏的越王勾践剑，工艺精美，锋利无比，历经两千多年而不腐。

勾践不光注重国内发展，还注重与吴国的关系。他一边向伯嚭输入金银财宝，一边向吴王送美女，比如西施。西施作为中国古代四大美女之一，长得那是倾国倾城。范蠡发现这个美女后，花了三年时间教她舞蹈礼仪，然后献给吴王夫差。

很多人都认为，吴王夫差沉迷于酒色，天天与西施缠绵，最终使吴国败亡。其实这都是无稽之谈。夫差爱不爱西施我们不知道，但可以肯定的是，吴国的灭亡是从吴王夫差铲除老臣开始的。

黄池之会

此时的吴王夫差已经四十岁出头了。他的前半生一直顺风顺水，这让他一直有着青年人的激情与梦想。无数经验告诉我们，人顺风顺水的时间越长，后面栽的跟头也就越大。

伍子胥作为辅国老臣，见证了吴国的崛起，也知晓吴国的软肋。他知道，吴国看似一片欣欣向荣的景象下面暗藏着巨大危机。伍子胥预料到，吴王夫差称霸中原之日，就是越王勾践灭吴之时。为了让自己的子孙能不颠沛流离，伍子胥将自己的孩子托付给齐国贵族，自己则留在吴国当裸官。

伯嚭得知后，为了扳倒伍子胥让自己上位，向吴王夫差告发这件事。夫差听说后暴跳如雷，赐给伍子胥“属镂”剑，令其自尽。

伍子胥自刎死了。有人说伍子胥的死是因为奸臣伯嚭的谗言，也有人说是吴王夫差故意诛杀老臣，还有人说是因为伍子胥的暴脾气。其实这些解释都不对，伍子胥与吴王夫差真正的矛盾，是争霸与灭国两条国家发展路线之争。

后来的事实证明伍子胥的路线是无比正确的！

伍子胥死了，他的好哥们儿孙武心灰意冷，辞去官职，隐居起来，从此杳无音信。

两个将吴国推上历史顶峰的人消失了，盲目自信的吴王夫差即将亲手打开通往地狱的大门。

在北上中原之前，吴王夫差收服了众多中原诸侯国当小弟。公元前482年春天，他率领吴军主力北上前往宋、卫、郑、晋四国交界的黄池，要在那里举行会盟，正式成为天下霸主。对此次会盟，吴王夫差格外重视，特意花了巨额出场费，让周王室派遣单平公作为周天子代表，来见证霸主夫差诞生的伟大时刻。

周历五月，与会诸侯都到达了黄池。在谁先歃血、谁当盟主的问题上，吴王夫差与晋定公发生激烈争吵。

晋定公平时虽然不管什么事，但是关乎面子的事，他还是要据理力争的：“我姓姬，晋国更是天下第一超级大国，怎么能让吴国当盟主呢？”

吴王夫差也不示弱，说道：“我们是太伯之后，吴国更是新兴强国，而你们晋国已经是明日黄花了。吴国当为盟主。”

当吴王夫差在黄池与晋定公两人吵得不可开交的时候，越王勾践等到了千载难逢的复仇时机。

周历六月丙子日，越王勾践征集了一支庞大的军队兵分两路攻打吴国，这支军队包括两千名水师、四万名轻步兵、六千名重装步兵和一千名各级军官。主力由勾践亲自率领，另有一支偏师迂回至姑苏的北面，切断吴军从黄池回国的归路。

姑苏城内的守军是太子友统领的一万人的老弱病残，这些人哪是越军的对手？训练有素的越军迅速突入吴国境内，吴国城池接连失守。越军以优势兵力攻入姑苏城，俘获吴国太子友。

此时，吴王夫差还在一千公里之外的黄池傻乎乎地与晋定公讨价还价。直到有一天，一位以火箭般的速度从吴国赶来的信使，将越军攻入吴国境内的信息报告给他。

夫差顿时瘫坐在地上。他万万没想到，勾践竟然偷袭了自己的老家。一想到此前勾践那张无比老实忠诚的脸，夫差就感觉一阵恶心，几乎要晕倒。

第一位信使走后没多久，又来了第二位信使，告知夫差越军直逼姑苏城。

接着第三位信使又来了。他告诉吴王夫差，越军围困姑苏城，姑苏城告急。

就这样，几天之内，一共有七位信使前来，带来的消息一个比一个紧急。最后一个信使告诉吴王夫差，姑苏城破，太子被俘，夫差顿时一头栽倒在地上。

众臣赶紧掐人中救醒夫差。苏醒后，夫差本应该即刻回援老家，但是他为了得到霸主的头衔，像着了魔一样，做出了一个疯狂的举动。

吴王夫差对近臣说："传我命令：把七个信使立即处死，国内的消息不得泄露。所有将士半夜列好军阵，于鸡鸣时分开拔到晋军大营前一里处。当太阳升起时，全军擂鼓呐喊。"

周历七月辛丑日早晨，还在睡梦中的晋定公被不远处的鼓声、呐喊声吵醒了。他起身，揉着眼睛出了营帐。当看到不远处的景象时，晋定公立马震惊了。

不远处，吴军排成了三个大军阵，每个军阵都有一万人。吴王夫差持戟位于中军阵中央，身后每位将士都身穿白衣白甲，远看像白茫茫的茅草花。吴军左军阵的将士身穿红衣红甲，远看像一片火焰；右军阵的将士身穿黑衣黑甲，远看像一片乌云。

晋定公从来没有见过如此训练有素的大军，他被彻底震撼了。晋定公明白，如果不同意吴王夫差当霸主，人家立刻就能把自己给灭了。于是晋定公派人向吴王夫差表示，愿意让吴王当盟主先歃血。

吴王夫差成功主持会盟后，向周王室派出了使者，汇报会盟的情况。周王室赐给了吴国一些纪念品，并给了夫差“号谥”，吴王夫差正式成为天下霸主。

吴国都快被越王勾践灭了，吴王夫差还在中原大地争所谓的“霸主”头衔，这要是不亡国，简直就是活见鬼。

等吴王夫差率领主力火急火燎地赶回国后，留给他的是满目疮痍。吴王夫差意识到越国现在已经做大做强，吴国别说消灭越国，自己不被越国吃掉就算不错了。于是夫差主动派人向越王勾践乞和。

越王勾践觉得吴军主力已回国，如果决一死战，将会胜负难料，于是同意了乞和，班师回国。

吴王夫差自从继位以来，隔三岔五发动战争，表面看上去打得顺风顺水，可如此穷兵黩武，让吴国消耗了太多的元气。虽然吴军主力尚存，但是虚弱的国力已经无法支撑吴军再打一场大战。吴王夫差原本有一手好牌，可是为了自己虚幻的霸主梦想，把这一手好牌打得稀烂。

越王勾践继位不久就被吴王夫差打败，还到吴国做了人质，受尽人生挫折。历经过死亡威胁的勾践明白，活着才是最大的胜利，只有灭了吴国，才能让自己和越国太平。于是，越国在暗地里花了十年时间积蓄实力。

吴越实力的天平，彻底倒向了越国。

兔死狗烹

公元前478年，吴国遭受百年不遇的干旱，仓廪空虚。

越王勾践觉得这是灭吴的最好时机，于是在周历三月任命范蠡为大将军，亲率越军五万人直扑吴国境内。吴王夫差也毫不示弱，亲率六万大军抵御越军进攻。吴越两军在笠泽（今江苏苏州市吴江区附近）相遇，两军隔江对峙。

勾践并没有在白天交战，而是选择夜里突袭吴军。越王勾践让左军与右军各挑出一支敢死队，称为“句卒”，嘴里含着小树枝，以防行动时发出声响。左军挑出的句卒溯江五里处待命，右军挑出的句卒顺江五里处待命。到了深夜，两处句卒开始击鼓渡江。

吴王夫差在军帐中听到上、下游的鼓声，顿时慌张起来，误以为自己被越军两翼包抄了。于是他把军队分成两块，分别去迎战上、下游的越军。

勾践看见吴军兵分两路，中军空虚，便集中部队，以六千重装步兵为先锋，以优势兵力渡江攻打吴军中军阵。

等夫差反应过来越军这是调虎离山时，越军已经击破吴军中军阵，吴军溃不成军。

溃败的吴军一路狂奔，越军开始长途追击。在没溪及姑苏城外，越军又接连两次大败吴军，残存的吴军躲进姑苏城内坚守不出。

笠泽之战让吴军大部分精锐力量报销，吴王夫差只能带着残兵败将龟缩在姑苏城内苟延残喘。他万万没想到的是，勾践是铁了心要灭吴国。

公元前475年，越国大军再次突袭吴国，并且一路高歌猛进，兵临姑苏城下。

越军并没有直接攻打姑苏城，而是在姑苏城的西门修建了一座越城来围困吴军。眼看着自己要被活活围死，吴军不断出城向越军挑战，范蠡命令越军将士不准应战。

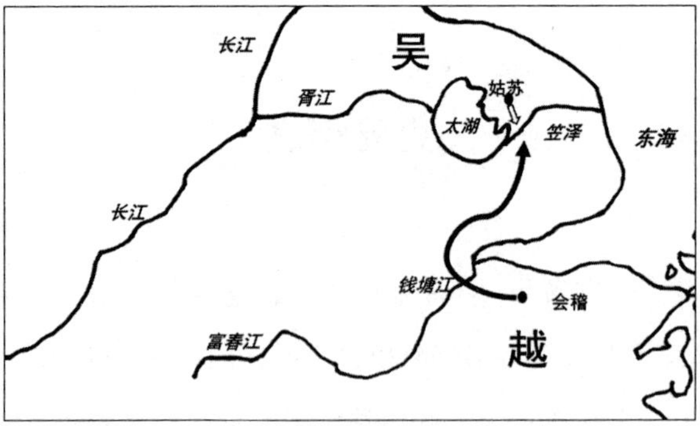

笠泽之战

于是姑苏城就这么被围了三年。这三年里，越国除了围城，还不断蚕食吴国土地，慢慢把姑苏城变成了一座孤城。吴军被困于姑苏城里，实力越来越弱，而越军有充足的补给，变得越来越强。

公元前473年周历十一月，范蠡建议越王勾践对姑苏城发动总攻，一举歼灭吴军，活捉吴王夫差，勾践同意了。越军在范蠡的指挥下向姑苏城发动总攻，被困了三年的吴军如今和饥饿的难民没什么区别，根本没有力气组织有效抵抗，姑苏城瞬间失陷。

吴王夫差见大势已去，率领亲兵趁夜突围，逃往附近的姑苏台。越军追上了夫差，并将其重重包围。

夫差知道自己插翅难逃，派使者向勾践求饶。勾践冷冷地说："昔天以越赐吴，而吴不受；今天以吴赐越，孤敢不听天之命，而听君之令乎？"意思是，以前上天把越国赐给吴国，吴王不接受。今天上天把吴国赐给越国，越王怎敢不听上天的命令，而听你吴王的命令呢？

使者回来把勾践的原话告诉夫差，夫差明白，自己活不了了。他现在最想对伍子胥的在天之灵说一声"对不起"，如果自己早点听伍子胥的话，也不至于落个身死国灭的下场。

周历十一月丁卯日，吴王夫差自缢身亡，强盛一时的吴国宣告覆灭。

吴国被越国灭亡的消息传到了各地，天下诸侯震动。在诸侯们的意识中，小国被大国吞并很正常，而吴国作为一个曾吊打楚、齐两国，还拿到霸主头衔的强国，竟然在几年之内就被越国灭掉，这简直不可思议。

越王勾践并未收手，而是挟灭吴国之余威，北上中原，号令诸侯，并向周天子讨要霸主头衔。周天子赐给越王勾践"伯"的称号，勾践正式成为天下霸主。

就在越王勾践登上人生顶峰之时，范蠡不见了，西施也不见了。有人传说，范蠡带着西施去经商了，还成为富甲一方的商人。

文种在没有离开越王勾践时，有一天收到一封信，是范蠡写给他的。信中写道："飞鸟尽，良弓藏；狡兔死，走狗烹。越王为人长颈鸟喙，可与共患难，不可与共乐。子何不去？"意思是，鸟儿射杀光了，弓箭就会藏起来；狡猾的兔子都捕捉光了，猎人下面就要烹吃自己的狗了。越王此人工于心计，只可共患难，不可同富贵！你为什么还不走呢？

文种知道范蠡是为自己好，但是他舍不得放下荣华富贵。直到有一天，越王勾践赐给了文种一把宝剑，文种一看，是当年伍子胥自杀用的属镂剑。文种明白，越王这是要自己死了，于是文种自刎而死。

当南方的楚、吴、越在互相发动灭国战争时，北方齐、晋两国内部也在斗争。这是国家内部大夫争夺土地、架空国君的斗争。正是北方的大夫们，终结了春秋时代，拉开了战国大幕。

贰拾陆

凡是过往皆为序章

田氏代齐

公元前476年，齐国大贵族田氏将国内其他大贵族全部剿灭，扩大了自己的封地。从此，田氏的封地比国君的土地都要大，再加上田氏控制了齐国国君的废立，因而整个齐国都掌握在田氏手里。

齐国田氏的第一代创始人叫陈完，是陈国国君的儿子。公元前672年，陈国发生内乱，陈完避难逃到了齐国，当时在位的正是春秋第一霸主齐桓公。

齐桓公接见逃难来的陈完后，发现这个小伙子一表人才，又能说会道，于是就让陈完在齐国当官。陈完就在齐国扎下根来，他的子孙将自己的氏由“陈”改为“田”，因为古代“陈”“田”两个字发音接近。

孤身一人来到齐国的陈完原本只想躲避内乱，安安稳稳地过自己的日子，可没想到，他的子孙一个比一个狠，就此开启了逆袭之路，最终架空“老板”，掌控“股权”。

纵观中国古代历史，谋朝篡位所花时间长短不一。有的人几年就登上了君王的宝座，而有的人花了几代人的工夫才谋得天下。齐国田氏从一个普通大夫到夺取国君之位，花了将近三百年，从春秋一直忙到战国。可见齐国田氏这一家的韧性太强了。

齐国有四大家族，分别是国氏、高氏、鲍氏、庆氏，田氏能在每次的血腥斗争中存活下来，实力不容小觑。初到齐国的田氏知道自己的弱小，所以，“韬光养晦，站好队伍，伺机而动”成为他们家族的生存口诀。

公元前545年，国氏、高氏、鲍氏要灭了对自己有威胁的庆氏。田氏虽然弱小，但是站在国氏、高氏、鲍氏一边，四家组队一起灭了庆氏，田氏从此开始跻身齐国权力核心圈。

阻碍田氏进一步发展的就是国氏与高氏，这两家是“天子二守”，从齐国建国开始，就一直是仅次于国君的势力。

田氏不光使出各种计谋来削弱齐国传统大贵族，还收买老百姓的心。

齐国大贵族们只管自己吃好喝好，从不管底层百姓的死活，老百姓怨声载道。田氏家族却是大贵族里的一股清流。田氏的第六代族长田乞体恤百姓，当穷苦百姓缺粮的时候，他就开仓借粮。田乞借给百姓粮食时，盛米的量具“钟”比国家标准大出四分之一；当老百姓还米的时候，田氏再用国家标准的量具收粮。这么一借一还，老百姓不但不用偿还田氏的利息，还多赚了田氏的粮食。

人心都是肉长的，这一举动让全国老百姓倒向了田氏，很多人都往田氏的封地上跑，因而田氏的封地人丁兴旺。在当时，哪个领主手里人多，实力就强。

公元前485年，田乞去世，他的儿子田常继任族长。

田常刚继承家业没多久，一件天大的好事砸中了田氏，间接地为田氏独揽大权扫清了一切障碍。田氏再也不需要辛辛苦苦积攒人气，收买人心了。

帮助田氏扫除异己的正是吴王夫差。

公元前484年，吴王夫差亲率大军攻打齐国，齐国除田氏以外的众多大贵族全部出动，大夫带着自己的私卒，国君派出自己的亲兵，八百多乘战车、六七万人奔向前线。在这些大贵族眼中，上前线打仗是自己的义务，更是为自己积攒军功的好机会。

吴齐两军在艾陵相遇，结果齐军被打得全军覆没，贵族不是死于阵前就是被吴军生擒，大夫们的私卒与国君的亲兵都死伤惨重。田常却因为保存实力，成为齐国实力最大的贵族。夫差也没有想到，自己攻打齐国，最大受益者竟然是齐国田氏。

公元前481年，田常一不做二不休，直接杀了看着不顺眼的齐简公，立了齐平公为国君。从此田氏成功逆袭，成为齐国实际的操纵者，控制了全国绝大多数的土地，国君也只是田氏的玩偶。到了战国时期，田氏直接撕开遮羞布，废了齐国国君，自己取而代之。

说完了齐国，我们再来说说曾经的天下第一超级大国晋国的政权又是如何落入大夫手里的。

重要的推手都是赵家人。

铁之战

晋国作为曾经的天下第一号强国，国内六卿的实力相互制衡，直到有一天，一个硬茬出现，打破了六家的平衡。而平衡一旦被打破，就要掀起一股腥风血雨。

这个人就是赵武的孙子赵鞅，是战国时法家的偶像。

纵观老赵家的家族史，既出权臣，也出人才，赵鞅就是权臣与人才的复合体。赵鞅的父亲赵成死得早，所以他年纪轻轻的就继任赵氏的族长。好在时任中军将的是韩起，韩氏与赵氏一直是亲密的盟友，韩起对晚辈赵鞅非常关照，安排赵鞅担任下军佐。

公元前520年，赵鞅刚上任没多久，赶上了周王室爆发内乱，作为庶长子的王子朝要推翻嫡长子出身的周悼王。晋国作为周王室的嫡系诸侯，率领诸侯平定了王子朝之乱。赵鞅作为晋国平叛的指挥官，在前线展露了卓越的才华，开始成为政坛上一颗耀眼的新星。

平叛后，赵鞅并没有闲下来，他开始在晋国做起了普法宣传工作——铸刑鼎。

铸刑鼎就是将国家的法律条文铸刻在鼎上，然后再将鼎公之于众，让老百姓懂法、守法。这种再简单不过的普法工作，在春秋时却被视作大逆不道。因为当时法律都是掌握在贵族手里的，他们不想让老百姓懂法，这样可以方便贵族随意处置犯事的百姓。

然而，总是要有时代先锋去打破旧时代的枷锁的。公元前536年，郑国大夫子产率先铸刑鼎，并将鼎公之于众，结果造成天下舆论震动。

赵鞅作为晋国的先锋人物，于公元前513年铸刑鼎，晋国举国哗然。孔子听说后，怒斥赵鞅的所作所为是亡国之举。虽然此举备受争议，但是赵鞅并不在乎。只要能让老百姓知道法律是怎么一回事，不再吃不懂法律的亏，从而让老百姓觉得赵鞅是替他们着想的人，那铸刑鼎就值了。一时间，赵鞅在国内收获了较高的人气。

赵鞅铸鼎的材质不是铜而是铁。鼎一般都很大，需要的铁很多。有人说，春秋末期，中国人已经开始能够熟练地铸造铁器了，其实这是一个错误的认识。当时，铁质工具使用得很少，主要的金属还是铜，虽然春秋末期已经有牛耕了，但耕地的农具还是以石器木质为主。因为铁的熔点比铜高，铜在1000多摄氏度就熔化了，铁要在1500多摄氏度才能熔化，所以冶铁工艺比冶铜工艺复杂。

到了春秋时期，人们可以铸造大的铁制物件，比如鼎。可是要造小的东西，那工艺难度就高了。到了战国，铁质农具才普及；直至汉代，铁质兵器才彻底淘汰铜制兵器。

政绩卓越的赵鞅在公元前497年继任为中军将。可他上任后却发现自己根本管不了手下的五卿，中军将已经成了虚职。那也别谈什么忠君报国了，还是为自己和子孙着想吧。

赵鞅干了一件卓有远见的事，就是把赵氏家族基地搬到远离新绛的晋阳。

六大家族主要蜗居在新绛附近的临汾盆地与运城盆地，那里靠近晋国政治中心，经过数百年的经营，交通便利，经济发达，物产丰富，相当于现在的一线城市。而晋阳在当时属于荒郊野岭，曾经还是狄人的地盘。人都喜欢往富裕的大城市走，而赵鞅偏要往偏远的地方去，这个举动在其他五大家族看来，简直是不可思议。

赵鞅却不这么认为。天高皇帝远，才是最适合发展的风水宝地。晋阳在现在的山西省省会太原附近，处于晋中盆地北端，土地肥沃，非常适合拥兵自重。赵鞅把晋阳打造成了一座军事堡垒，安置了众多愿意跟随他的老百姓，修建了高大的城墙，在府库里囤积了众多的物资。修建完晋阳城后，赵鞅多次对自己的儿子赵无恤说：“以后赵家有大难，不要嫌晋阳远，直接来这里避难就行了。”

赵鞅不光大搞基建，还搞了另一件极具争议的事。这件事在当时极为先进，却让其他五卿感觉是在割肉放血，这就是扩大亩制。

当时，晋国六卿都搞“职业经理人”制度，家臣都是只拿“工资”不拿“股份”的“职业经理人”。六卿把自己的土地分给老百姓，让老百姓耕种，自己收租就可以了。为了吸引更多的老百姓到自己的封地来耕作，六家就相互比谁给老百姓的地多。

远在南方的吴王阖闾听说后，与孙武就这件事聊了起来。

阖闾问："晋国由六卿把持，在激烈的政治角逐中，谁会先灭亡，谁会笑到最后？"

孙武答："范氏、中行氏会先灭亡。"

阖闾问："那接下来会是谁呢？"

孙武答："应该是智氏。"

阖闾问："谁会成为最后的胜利者呢？"

孙武答："韩、魏两氏也会灭亡，最后晋国将落入赵氏手里。"

孙武之所以认为赵氏会笑到最后，就是因为赵氏是六卿里给老百姓土地最多的。

按照当时的度量制度，一百步是一亩地。但是六卿都故意把尺子放大，好分出去更多的土地。范氏与中行氏以一百六十步为一亩，智氏以一百八十步为一亩，韩氏、魏氏以两百步为一亩。而财大气粗的赵氏直接以两百四十步为一亩。

对于赵氏来说，不怕你不耕，就怕你耕不动。赵鞅用自己的实际行动告诉每一位老板，什么叫"财聚人散，人聚财散"。

在收买人心这方面，赵鞅做得很好。而在收拢人才方面，他做得更好。

著名的乱臣贼子阳虎，在被鲁国赶跑后竟然被赵鞅高薪聘用，这让全天下都哗然。阳虎作为季孙氏的家宰，一个小小的家臣，竟然把封君季孙氏架空，还控制了鲁国朝政。赵鞅敢用阳虎当家臣，就不怕被阳虎架空了？

孔子听说自己的仇敌阳虎被赵鞅高薪聘用后，又开始斥责赵鞅，诅咒道："赵氏其世有乱乎！"意思是，赵氏世世代代都会有祸乱。

其实，不能拿鲁国的分封制去对照晋国，因为晋国六卿的家臣是分不到土地的，阳虎在赵家只能拿工资。

阳虎被赵鞅收服之后，再也不敢把自己的聪明才智用在架空"老板"上，而是老老实实地当起了家臣，想办法帮赵鞅创造更多的效益。在阳虎的辅佐下，赵氏封地的经济建设搞得红红火火，老百姓丰衣足食。

公元前497年，赵鞅为了更好地建设晋阳，打算继续扩充人口。他想到了当年攻打卫国时得到的五百户人口，由于当时晋阳没有营建好，他就把这五百户人口安置在了邯郸赵氏那里，现在可以把那五百户人口迁到晋阳来了。

没想到这个迁户口的事，却引发了一场国内外众多势力纠缠在一起的战争。

邯郸赵氏的老祖宗正是赵盾的侄子、弑杀晋灵公的赵穿。赵穿这一支赵氏小宗一直生活在邯郸，又以“邯郸”作为自己的新氏。邯郸赵氏的首领叫邯郸午，他与赵氏大宗赵鞅隔了五代，血缘关系早就淡了，严格意义上说已经不是一家人了。邯郸赵氏的首领宁愿别人叫自己邯郸午，而不愿别人叫自己赵午。

邯郸午收到赵鞅让自己把那五百户人口迁到晋阳的命令，心里很不高兴。我早就跟你不是一家人了，你凭什么对我吆五喝六的呀？再说邯郸靠着卫国，把这五百户送到晋阳，就是得罪了卫国。我才不当冤大头，人就是不送！

赵鞅收到邯郸午拒绝执行命令的消息，立马火了。他请邯郸午到晋阳来做客，然后一刀把邯郸午砍了。

赵鞅处死邯郸午，本来只是赵氏的家事，却引燃了一个巨型火药桶。

邯郸午是中行寅的外甥，中行寅的儿子又娶了范氏的女儿。所以，邯郸赵氏、中行氏、范氏是一个利益集团。他们为了防止赵鞅做大做强，率兵攻打赵鞅在新绛的府邸，赵鞅自知身单力薄，退到赵氏主基地晋阳。

韩氏、魏氏、智氏一直与中行氏、范氏不和，于是他们站在了赵氏这一边。赵鞅非常聪明，又把晋定公给拉下水。虽然晋定公不管什么事，但好歹是晋国名义上的合法国君，国君说谁是乱党，谁就在道义上站不住脚。

有了晋定公的站台，赵氏、韩氏、魏氏、智氏就成了奉旨讨贼。结果，邯郸赵氏、中行氏、范氏兵败如山倒，各自逃回了自家的封地。

两大集团就这样你来我往打了好几年，双方背后都有各自的大人物支持。赵氏、韩氏、魏氏、智氏背后有晋定公支持，邯郸赵氏、中行氏、范氏则找到了外援齐景公。

齐景公为了颠覆晋国，让齐国成为天下最强的国家，便干预晋国内政，给邯郸赵氏、中行氏、范氏送钱送粮。墙头草郑国这次也雄起了一回。郑国南边的强敌楚国被吴国打成了残废，威胁解除了，而北面晋国正在打内战。为了颠覆晋国，消除来自北方的威胁，郑国把宝押在了邯郸赵氏、中行氏、范氏身上。

赵鞅为了彻底消灭反对派，决定出兵攻打反对派的老巢朝歌。中行氏与范氏就蜗居在朝歌，经常以朝歌为基地攻打赵鞅。

公元前493年周历八月七日，齐国、郑国派大军送粮给朝歌的中行氏、范氏。中行氏、范氏派了自己的军队前往接应。赵鞅得知后，决定夺取这批粮食，并给予敌人致命一击。

赵鞅率领自己的军队在铁丘附近与敌军相遇开战，这场战争又被称为“铁之战”。

看到敌军人数远远多于自己，赵鞅有点犹豫到底打还是不打。此时家臣阳虎提出了建议：“在战车上插满旗子，让敌人误以为我们人很多，让他们惧怕我们。”赵鞅觉得这建议不错，就照办了。

开战前，赵鞅做了战前动员，激励将士奋勇杀敌。他没想到的是，自己的激励机制将会成为战国时期各国军功制的雏形。

赵鞅先说：“中行氏、范式大逆不道，里通外国，人人得而诛之！诸位将士要在此战中奋勇杀敌。”领导激励下属都会说些高调的话，这不重要，最重要的是赵鞅后面的话：“如果我们战胜了敌人，是上大夫的，封给县邑；是下大夫的，封给郡邑；士人赏田十万亩；平民、工匠、商人可以获得当官的资格；奴隶可以获得自由身。”

赵鞅的激励机制太厉害了。过去是贵族社会，大家阶层固定，上下阶级不流动。而现在，只要在战场上表现出色，就可以往社会上层走，并且还有丰厚的物质回报。

不过，以往的封赏是把土地所有权直接赏赐给功臣，这很容易导致下属拥兵自重。而赵鞅给的封赏只是土地上的租税，但是所有权依然是赵家的，你不能买也不能卖，只能收土地上的租税。拿到土地的功臣只能当包租公，无法建立独立的小王国。

有了丰厚的物质激励，赵氏的军队士气大振，向人数远多于自己的敌军发起了进攻。

带头冲锋的赵鞅虽然身上中了一箭，但是依然奋勇向前。在赵鞅的率领下，赵氏军队击溃了敌军，缴获了千车粮食。失去粮食支援的中行氏、范氏只能在朝歌城内等死。

随后三年，赵鞅陆续平定了中行氏、范氏的叛乱，将邯郸城收入自己的手中。此后晋国只剩下赵、魏、韩、智四家了。

四家表面上维持了一段和平的时光，但是他们心里都清楚，这只不过是为下一场火并做准备。

三家分晋

公元前476年，赵鞅去世，死后谥号“简”，所以他又被后世称为赵简子。赵鞅死后，智氏的智瑶继任为中军将。智瑶是晋国在位时间最长的一位中军将，也是最后一位中军将。

智瑶当初被挑选为智家的继承人，在智家是经过一番争吵的。智宣子觉得儿子智瑶一表人才，身材高大，能文能武，果敢刚毅，是未来智家族长的不二人选，可是智家的一位长辈智果提出了自己的反对意见。智果对智宣子说：“智瑶什么都好，就是刚愎自用，这样会害了智家。不如改立智家其他孩子为继承人。”

智宣子十分宠爱智瑶，执意立智瑶做继承人，于是种下了家族灭亡的祸根。

其实，智瑶能在中军将位置上干二十二年，是有一定能力的，要怪只能怪他最大的竞争对手赵无恤的实力实在太强了。

如果把战国时的赵国比作一座大楼，赵鞅是打地基的人，赵无恤就是搭建大楼框架的人。

赵无恤不是嫡子，他的母亲是狄人，所以赵无恤从小在赵家地位低下。随着年龄的增长，赵无恤表现出了过人的才智，并且被赵鞅注意到了。

赵鞅的嫡长子伯鲁反应迟钝，很平庸，而赵家有一个传统，就是如果嫡长子不行，可以立庶子作为家族接班人。于是，赵无恤就被赵鞅立为家族接班人。赵鞅的眼光非常准，正是这位赵无恤将赵家从危难之中救出，并带来辉煌。

作为中军将，智瑶心里清楚四卿里以赵家的势力最大，如果任由赵家发展下去，整个晋国将落入赵家人的手里。唯一的出路就是不断扩大自己的势力，再联合韩、魏两家一同灭了赵家。

智瑶带着自家的私卒攻打晋国旁边的中山国，抢占了不少土地。与此同时，赵无恤也对赵家领地旁的代国（今河北省蔚县东北）动起了心思。

代国东接燕国，南接中山国，北面是匈奴，又与楼烦接壤，战略位置极为重要，战国时期赵武灵王夺取中山国与楼烦的军事行动，都是从原来代国的位置出发的。更重要的是，代国盛产马匹，拥有重要的战略资源。

老爹赵鞅刚死没多久，自己还在服丧期间，赵无恤就来到夏屋山，邀请代王赴宴。代王是赵无恤的姐夫，收到小舅子的盛情邀请，就带着少量随从来了。代王哪知道，赵无恤摆下的是一桌鸿门宴。

宴会上，赵无恤与代王两人边喝边聊。酒过三巡，菜过五味，负责给代王斟酒的人突然用斟酒的铜勺杀了代王。随后赵无恤的伏兵一拥而上，把代王的随从全部杀掉。代国群龙无首，赵无恤带着私卒迅速吞并了代国。

由此可以看出，赵无恤是一个目的性很强的人，为达目的可以不择手段，甚至六亲不认。

当时，向外扩张已不能满足晋国这几个大家族的胃口了，于是他们瞄准了曾经的范氏与中行氏。自从范氏、中行氏被赶出晋国，他们的地就归了晋国国君。智瑶作为中军将，带着赵、魏、韩三家把范氏、中行氏土地给瓜分了。当时在位的晋出公既愤慨又无奈，他没有任何能力去阻止四卿，只能乞求齐、鲁两国帮助自己夺回权力。

没有实权的国君想借外部势力夺回权力，这个想法相当天真。

四卿听说晋出公有这么一个大胆的想法，就把他赶出国，立晋哀公当傀儡。从此，晋国真正的掌权者就是智、赵、韩、魏四大家族。

中军将智瑶成为晋国的一把手。他一直想把最大的敌人赵氏消灭掉，所以经常拉拢韩、魏两家，有事没事喊上韩、魏两家族长一起吃个饭，叙叙感情。

有一次智瑶邀请韩康子与魏桓子来吃饭。本来这是一个发展感情的社交活动，人家两大族长谁家没好吃的，也不差你这一顿，来赴宴完全是卖你的面子。谁知智瑶情商不是一般的低，把本该友好互敬的饭局搞砸了。

在宴会上，喝大了的智瑶拿韩康子开玩笑，开完了又拿魏桓子的家臣开涮。韩康子嘴上不说，心里早就怒火中烧了。在一旁的魏桓子也觉得智瑶这家伙不上道，打狗还看主人呢，智瑶竟完全不把魏氏放在眼里。狂妄到这种程度，智瑶已经丧失理智了。

智瑶下一步要把最强的敌人赵家消灭。公元前455年，智瑶为了找借口讨伐赵氏，故意对赵、魏、韩三家说："现在国君的土地太少，我们四家的土地太多，为了国君更有尊严地活下去，不如我们各拿出自己一万户的城邑给国君。我智氏带头拿出一万户的城邑交给国君。"

赵、魏、韩知道，智瑶现在是晋国真正的一把手，哪还会替国君着想？他真正的目的不过是想削弱赵、魏、韩三家。

实力比较弱的魏、韩两家只能老老实实上交了一万户的城邑。轮到赵氏上交时，赵无恤只回复了一个字："滚！"

收到赵氏的回复，智瑶高兴了，这正是自己需要的战争借口："赵家敢不上交土地，就是与国君作对，我要代表国君讨伐你。"于是智瑶胁迫魏、韩两家出兵攻打赵氏。

赵无恤逃亡到主基地晋阳坚守不出。智、魏、韩三家军队攻打晋阳三个月，损兵折将也没能攻下。晋阳作为赵家的主基地，城池高大坚固，城里囤积了够吃几年的粮食。光靠人力想摧毁这座固若金汤的堡垒，几乎不可能。

就在智瑶着急的时候，他突然发现晋阳旁边靠着汾河，于是一条毒计从脑中冒出。

智瑶命人掘开汾河倒灌晋阳，汹涌的汾河迅速淹没了晋阳。然而智瑶低估了晋阳城内军民的决心，城内军民都受过赵氏的恩惠，铁了心要跟赵氏混。

晋阳城就这样在水里泡了三年，城内的粮食快吃光了，再这样下去就只能吃人了。眼看就要城破，一个叫张孟的家臣向赵无恤请命，愿意作为赵氏代表前往魏、韩两军大营，想办法让赵、魏、韩三家联合，给智氏反戈一击。

反正被困下去就是死路一条，死马当活马医吧。赵无恤同意了张孟的请求。

张孟没有想到的是，他在魏、韩两家大营内竟然受到了热烈欢迎，韩康子、魏桓子都热情地说：“你怎么不早来啊！我们等得好苦啊！”

韩康子、魏桓子对赵家使者竟然是如此反应，都要怪智瑶。

有一天，智瑶带着韩康子、魏桓子在晋阳城外巡视晋阳受灾情况，情商极低的智瑶再次没有管住自己的嘴，随口说了一句让身边的韩康子、魏桓子冒冷汗的话：“我原本不知道，用水淹竟然可以消灭一座城池！”

韩康子、魏桓子回到各自营帐后寝食难安。魏氏的主基地安邑靠着汾水，韩氏的主基地平阳靠着绛水，智瑶这么一说，分明是想把水淹战术发扬光大，用来对付魏、韩两家。

于是，当赵家使者张孟来后，韩康子、魏桓子铁了心要和赵无恤串联起来，给智瑶反戈一击。

他们约定，三月丙戌日晚上三家一起动手，里应外合消灭智氏。

三月丙戌日晚上，月黑风高。韩、魏两家派人杀掉看守堤坝的智氏官员，反向掘开堤坝，汾水开始倒灌智氏军营。三年间从未开启的晋阳大门敞开了，赵氏军队从城中杀出，与魏、韩两家一起包围了智氏大军。

智氏大军在梦里被汹涌而来的汾水冲得七零八落，溃不成军，没被河水淹死的也被三家联军屠戮殆尽，曾经威震晋国朝堂的智瑶死于乱军之中。至此，智氏正式退出历史舞台。在水里泡了三年，差点成为蛙人的赵无恤没有放过已死的智瑶，他把智瑶的头骨做成了喝酒的器皿。

赵无恤为赵国的建立立下了汗马功劳，死后被谥“襄”，后世尊称他为赵襄子。

公元前453年，最后的胜者赵、魏、韩三家瓜分了晋国，晋国国君只剩下新绛与曲沃两个城市，晋国已经名存实亡。

然而故事并没有结束。智氏被灭，三家分晋，这些人都是为了自己的利益相互厮杀，没有什么道义可言，上演的无非是成王败寇的戏码。可是失败的智瑶没想到，自己死后，有一位义士要为自己复仇。

这人叫豫让，是智瑶的家臣。豫让曾经先后给范氏、中行氏当过家臣，可是这两家给他的福利待遇较低，后来他就“跳槽”去了智氏。智瑶没把豫让当员工，而是把他当兄弟，并给他高薪待遇，因此豫让对智瑶感激涕零。

智氏覆灭后，豫让成功潜逃，并决定为智氏复仇。他还说了一句千古名言：“士为知己者死，女为悦己者容。”

豫让更名改姓，伪装成装修人员进入赵无恤的宫内装修厕所。他身上带着一把匕首，准备趁赵无恤上厕所时刺杀他。但是赵无恤上厕所的时候看见一个人鬼鬼祟祟，第六感极强的他马上命人拿下那个人。一经审问，赵无恤才知道这鬼鬼祟祟的人是来刺杀自己为智瑶复仇的。

赵无恤被豫让的行为感动了，他敬佩豫让是条好汉，于是放了豫让。可是顽固的豫让并未就此罢手，他要再次行刺赵无恤。为了不让人认出，豫让把油漆涂在自己身上，让皮肤出现溃烂，又吞炭让自己嗓子沙哑，最后装成乞丐沿街乞讨。经过这样的自残，豫让的妻子从他身边路过时都没有认出他。

有一天，赵无恤要坐马车出门，豫让潜伏在赵无恤必过的桥下。赵无恤的马停在桥下死活不走，赵无恤感觉到危险，命人四处搜查，躲藏在桥下的豫让暴露了。

赵无恤问眼前的乞丐：“你是谁，为何要刺杀我？”

“我是豫让，我要为智氏报仇！”

赵无恤彻底无语了，怎么又是这家伙，还没完没了了。

“我之前放你一马，结果你现在又来行刺，这次我不能饶恕你！”赵无恤无奈地说道。

豫让说：“我感谢您之前放我一条生路，但是智氏对我恩重如山，我不能忘恩负义。既然我杀不了您，请您把身上的衣服给我，我拿剑刺几下，就算我替智氏报仇了。”

赵无恤被豫让震撼到了。他敬佩豫让心中的忠义，于是脱下衣服给豫让刺。豫让对着赵无恤的衣服连刺几剑，随后对天大喊道：“我已刺杀了赵无恤！”话音刚落，豫让就自刎而死。在场的每一个人都对豫让肃然起敬。

豫让并不知道，即使他刺杀赵无恤成功，三家分晋也已经完成。赵、魏、韩三家作为新生的诸侯国正式登上历史舞台，战国大幕正式开启。

即将到来的战国时代，是一个黑暗的时代。诸侯们不再追逐“霸主”的虚荣，“吃掉别人，喂饱自己”成为诸侯们竞争的动力。战争强度越来越高，处处是“杀人盈野复盈城”的惨状。

即将到来的战国时代，也是一个黄金时代。人才成为那个时代的无价之宝，是各国争抢的对象。只要你有才，便可出将入相，在列国寻找适合自己的位置。纵横捭阖，睥睨天下，成为当时每个读书人的终极梦想。

秦、楚、燕、赵、韩、魏、齐战国七雄的精彩大戏，即将上演。